# Ethische Ökonomie. Beiträge zur Wirtschaftsethik und Wirtschaftskultur

*Herausgeber der Reihe*

Peter Koslowski

*Herausgeberrat*

Knut Wolfgang Nörr
Albert Löhr
Birger P. Priddat
Bertram Schefold

# Titel der bisher erschienenen Bände

Band 1: Peter Koslowski, Yunquan Chen (Hrsg.)
Sozialistische Marktwirtschaft – Soziale Marktwirtschaft
Theorie und Ethik der Wirtschaftsordnung in China und Deutschland
XI, 308 Seiten
1996. ISBN 3-7908-0926-8

Band 2: Rolf Kühn
Leben als Bedürfen
Eine lebensphänomenologische Analyse zu Kultur und Wirtschaft
XII, 247 Seiten
1996. ISBN 3-7908-0927-6

Band 3: Annette Kleinfeld
Persona Oeconomica
Personalität als Ansatz der Unternehmensethik
XII, 399 Seiten
1998. ISBN 3-7908-1112-2

Band 4: Peter Koslowski (Hrsg.)
Shareholder Value und die Kriterien des Unternehmenserfolgs
X, 261 Seiten
1999. ISBN 3-7908-1179-3

Band 5: Peter Koslowski (Hrsg.)
Wirtschaftsethik – Wo ist die Philosophie?
VIII, 227 Seiten
2001. ISBN 3-7908-1389-2

Josef Wieland (Hrsg.)

# Die moralische Verantwortung kollektiver Akteure

Mit Beiträgen von:
Ch. Hubig, M. Kettner, M. Maring, I. Pies, B. P. Priddat,
G. Seebaß, J. Wieland

Springer-Verlag Berlin Heidelberg GmbH

Prof. Dr. habil. Josef Wieland
Fachhochschule Konstanz
KIeM-Konstanz Institut für Werte Management
Brauneggerstraße 55
D-78462 Konstanz

Redaktion: Karin Ewert

Mit 10 Abbildungen

ISBN 978-3-7908-1401-9

Die Deutsche Bibliothek – CIP-Einheitsaufnahme
Die moralische Verantwortung kollektiver Akteure / Hrsg.: Josef Wieland. – Heidelberg: Physica-
Verl., 2001
  (Ethische Ökonomie; Bd. 6)
  ISBN 978-3-7908-1401-9    ISBN 978-3-642-57578-5 (eBook)   ·
  DOI 10.1007/978-3-642-57578-5

Dieses Werk ist urheberrechtlich geschützt. Die dadurch begründeten Rechte, insbesondere die der
Übersetzung, des Nachdrucks, des Vortrags, der Entnahme von Abbildungen und Tabellen, der Funk-
sendung, der Mikroverfilmung oder der Vervielfältigung auf anderen Wegen und der Speicherung in
Datenverarbeitungsanlagen, bleiben, auch bei nur auszugsweiser Verwertung, vorbehalten. Eine Vervielfältigung dieses Werkes oder von Teilen dieses Werkes ist auch im Einzelfall nur in den Grenzen
der gesetzlichen Bestimmungen des Urheberrechtsgesetzes der Bundesrepublik Deutschland vom
9. September 1965 in der jeweils geltenden Fassung zulässig. Sie ist grundsätzlich vergütungspflich-
tig. Zuwiderhandlungen unterliegen den Strafbestimmungen des Urheberrechtsgesetzes.

© Springer-Verlag Berlin Heidelberg 2003
Ursprünglich erschienen bei Physica-Verlag Heidelberg 2003
Die Wiedergabe von Gebrauchsnamen, Handelsnamen, Warenbezeichnungen usw. in diesem Werk
berechtigt auch ohne besondere Kennzeichnung nicht zu der Annahme, dass solche Namen im Sinne
der Warenzeichen- und Markenschutz-Gesetzgebung als frei zu betrachten wären und daher von
jedermann benutzt werden dürften.

Umschlaggestaltung: Erich Kirchner, Heidelberg

SPIN 10835203      88/2202-5 4 3 2 1 0 – Gedruckt auf säurefreiem Papier

# Vorwort

Die Beiträge dieses Bandes, die fast alle auf der letzten Jahrestagung des Arbeitskreises „Wirtschaftsethik" der Allgemeinen Gesellschaft für Philosophie in Deutschland (AGPhD) im November des Jahres 1999 vorgetragen und erörtert wurden, kreisen im Kern um zwei zu unterscheidende Fragestellungen:
  1. Ist es möglich, in sinnvoller Weise von der Moralfähigkeit und moralischen Verantwortungsfähigkeit kollektiver Akteure zu reden?
  2. Auf welche Verfasstheit kollektiver Akteure könnte sich eine solche Rede überhaupt beziehen?
Beide Fragen hängen selbstverständlich eng miteinander zusammen, aber die hier publizierten Beiträge zeigen ein sehr differenziertes Feld der Argumentation. Dies scheint seine Ursache nicht nur darin zu haben, dass sich der Arbeitskreis aus professionellen Philosophen und Ökonomen zusammensetzt, sondern auch darin, dass die Frage nach der Verfasstheit kollektiver Akteure erst am Beginn der zeitgenössischen philosophischen Diskussion zu stehen scheint. Dennoch ist allen Beiträgen gemeinsam die Akzeptanz der Sinnhaftigkeit einer Rede von der Verantwortung kollektiver Entitäten. Aber inwiefern sich diese Verantwortung als eine moralische bezeichnen lässt, die auf moralische Akteure zurückverweist, ist kontrovers.

Die Linie dieser Kontroverse in diesem knappen Vorwort nachzuzeichnen ist nicht möglich, sondern erschließt sich rein aus der Lektüre der Beiträge. Es scheint mir dennoch bemerkenswert, dass die Beiträge der professionellen Philosophen (Hubig, Kettner, Maring, Seebaß) bei allen Unterschieden der Argumentationsstrategie und auch der Diskussionsresultate letztlich doch darin übereinstimmen, dass ein starkes Konzept moralischer Verantwortung immer auf individuelle Akteure zurückverweisen muss. Der ökonomischen Argumentation (Pies, Priddat, Wieland) scheint dagegen die Vorstellung eines distinkten kollektiven moralischen Akteurs kaum Schwierigkeiten zu bereiten.

Im *ersten Teil* dieses Buches sind jene Arbeiten versammelt, die sich im Schwerpunkt mit der Frage nach den Adressaten moralischer Aspirationen in der Wirtschaft befassen, also mit der Frage nach der Verfasstheit des kollektiven Akteurs „Organisation".

*Christoph Hubig* stellt in seinem Beitrag „Die Modellierung institutionellen Handelns im ökonomischen Bereich – zur Frage nach den Adressaten einer Wirtschafts- und Unternehmensethik" auf die Ermöglichungsfunktion von Institutionen und damit auch von Kooperationen für das individuelle moralische Handeln ab. Es ist diese Ermöglichungsdimension institutionellen Handelns, die es einerseits möglich macht, sowohl Individuen als auch Institutionen als Adressaten moralischer Ansprüche zu bestimmen, die aber andererseits immer zurückverweisen auf individuelles Handeln.

*Josef Wieland* argumentiert demgegenüber in seinem Beitrag „Die Tugend kollektiver Akteure" dafür, dass es über den Aspekt der Ermöglichungsfunktion von Institutionen und Kooperationen hinaus Sinn macht, von distinkten und handlungsfähigen moralischen Akteuren zu sprechen. Das setze allerdings einen Wechsel vom Handlungsbegriff auf den der Struktur voraus, denn nur im Akt der Konstituierung eines kollektiven Akteurs, also nicht im Prozess des Organisierens von Handlungen, sondern im Prozess der Konstituierung einer Organisation als einer eigenständiger Form liegen die Möglichkeiten, in sinnvoller Weise von einem kollektiven moralischen Akteur zu reden.

*Birger Priddat* zeigt in seinem Beitrag „Moral: Restriktion, Metapräferenz: Adjustierung einer Ökonomie der Moral", worin genau das Problem der Verankerung moralischer Ansprüche in einer Handlungstheorie liegt. Ökonomisch formuliert handelt es sich dabei um das Verhältnis von Präferenzen und Restriktionen, wobei Moral als Restriktion rational handelnder ökonomischer Akteure erscheint. Priddat argumentiert in der Folge nun dafür, dass in diesem Theorieaufriss das Problem der Moral in der Ökonomie verfehlt wird; er verweist darauf, dass Moral nicht nur als Restriktion, sondern auch als Option, als Ressource codierbar ist. Diese Ressource ist jedoch nicht individueller, sondern gesellschaftlicher Art und kann sowohl durch Individuen als auch durch Akteurskollektive kommunikativ aktualisiert werden.

*Gottfried Seebaß* argumentiert demgegenüber in seinem Beitrag „Kollektive Verantwortung und individuelle Verhaltenskontrolle" dafür, dass Organisationen über Normen zwar steuerbar sind, aber normativ nicht den Status von Personen annehmen können. Zwar bezweifelt er nicht, dass man in sinnvoller Weise Unternehmen kollektive Verantwortung zurechnen könne, aber für ihn handelt es sich dabei um einen Steuervorgang, der für eine Gesellschaft nützlich sein könne, aber nichts über die normative Verfasstheit des Trägers dieses Steuervorgangs aussage, weil ein Rekurs auf das Wollen und die aktive freie Willensbildung nicht möglich sei. Auch in einer modernen,

VI

globalisierten Welt gäbe es letztlich keine Alternative zum tradierten System der individuenbezogenen normativen Zurechnung von Verantwortung.

Im *Teil II* dieses Buches sind diejenigen Beiträge versammelt, die ihren Schwerpunkt auf dem Aspekt der Verantwortung haben.

*Matthias Maring* liefert in seinem Beitrag „Verantwortung von Korporationen" eine Übersicht über den Stand der Diskussion auf diesem Gebiet im Bereich philosophischer und soziologischer Theorienbildung. In der Konsequenz argumentiert er dann einerseits gegen eine Verengung der ethischen Diskussion auf die individualistische Perspektive, argumentiert aber gleichzeitig dafür, nicht in das andere Extrem einer kollektivistischen Moral zu verfallen. Sein Vorschlag zielt auf Vermittlung und Ergänzung der unterschiedlichen Ansätze.

*Matthias Kettner* geht in seinen Überlegungen „Moralische Verantwortung in individueller und kollektiver Form" dem Problem der Moralverantwortung als Grundbegriff der Ethik nach. Im Ergebnis seiner Diskussion findet sich die These, dass kollektive Akteure nur in einem abgeleiteten Sinn als normative Akteure zu verstehen seien, da sowohl die moralische Mitbetroffenheit als auch das Phänomen der Menschenwürde nur auf individuelle Personen zuschreibbar seien. Dennoch sieht er durch die Unterscheidung von unspezialisierten (Individuen) und spezialisierten (Organisationen) Strukturen die Möglichkeit, korporativen Akteuren Moralverantwortung in einem genuinen Sinne zuzurechnen.

*Ingo Pies* setzt sich in seinem Aufsatz „Können Unternehmen Verantwortung tragen? – Ein ökonomisches Angebot an die philosophische Ethik" aus ökonomisch-imperialistischer Perspektive mit dem philosophischen Programm einer individualistischen Tugendethik auseinander. Für ihn handelt es sich dabei nicht um das Problem der Moralfähigkeit kollektiver Akteure, sondern um deren Handlungsfähigkeit. Gerade an diese erweiterte Handlungsfähigkeit kollektiver Akteure durch einen längeren Zeithorizont und durch transparente Entscheidungsabläufe lasse sich dann die gegenüber individuellen Akteuren bessere Verantwortungsfähigkeit – auch moralische Verantwortungsfähigkeit – von Organisationen der Wirtschaft belegen.

Die hier abgedruckten Aufsätze bieten einen Überblick sowohl über den Stand der Diskussion als auch über die Entwicklung konzeptioneller Forschungsprogramme. Sie sind ein Beitrag zu einer notwendigen und unausweichlichen Diskussion, die sich aus dem Entwicklungsgang der modernen Gesellschaft selbst ergibt. Moderne Gesellschaften werden zunehmend von Organisationen und deren Entscheidungen in ihrem Entwicklungsgang beeinflusst. In dieser Situation allein auf die Steuerungsfähigkeit individueller Moral einerseits und staatlicher Regelungen andererseits zu setzen, scheint den dadurch entstehenden gesellschaftlichen Problemlagen nicht angemessen. Welche Rolle kollektive Akteure, also Organisationen, und hier vor allen Dingen Organisationen der Wirschaft, übernehmen können, ist eine Frage, die sowohl für die ökonomische als auch für die philosophische Diskussion von höchstem Interesse ist.

Im Namen aller Autoren danke ich Karin Ewert vom KIeM (Konstanz Institut für WerteManagement) für ihre engagierte und professionelle Redaktion dieses Buches.

J.W.

# Inhalt

Vorwort .......................................................................................................... V


Teil I

Kollektive Akteure als moralische Adressaten


1. Kapitel

Die Modellierung institutionellen Handelns im ökonomischen
Bereich – Zur Frage nach den Adressaten einer Wirtschafts- oder
Unternehmensethik
CHRISTOPH HUBIG ........................................................................................ 3


2. Kapitel

Die Tugend kollektiver Akteure
JOSEF WIELAND .......................................................................................... 22


3. Kapitel

Moral: Restriktion, Metapräferenz: Adjustierung einer
Ökonomie der Moral
BIRGER P. PRIDDAT ..................................................................................... 41


4. Kapitel

Kollektive Verantwortung und individuelle Verhaltenskontrolle
GOTTFRIED SEEBASS ..................................................................................... 79

# INHALT

## Teil II

## Kollektive Akteure und moralische Verantwortung

### 5. Kapitel

Verantwortung von Korporationen
MATTHIAS MARING ................................................................. 103

### 6. Kapitel

Moralische Verantwortung in individueller und kollektiver Form
MATTHIAS KETTNER ................................................................ 146

### 7. Kapitel

Können Unternehmen Verantwortung tragen? – Ein ökonomisches
Kooperationsangebot an die philosophische Ethik
INGO PIES ............................................................................. 171

Verzeichnis der Autoren ........................................................... 201

X

# Teil I

# Kollektive Akteure als moralische Adressaten

# 1. Kapitel

# Die Modellierung institutionellen Handelns im ökonomischen Bereich – Zur Frage nach den Adressaten einer Wirtschafts- oder Unternehmensethik

CHRISTOPH HUBIG

I. Die Problemlage
II. Act-type und act-token
III. Act-type und act-token institutionellen Handelns
IV. Das Subjekt institutionellen Handelns
V. Die Relativität dieser Bestimmungen
VI. Der Umgang mit Institutionen
VII. Moralische Adressaten

## I. Die Problemlage

Im Rahmen eines Forschungsprojekts zur Ethik institutionellen Handelns habe ich 1982 vorgeschlagen (Hubig 1982b), institutionelles Handeln kategorial von individuellem Handeln zu unterscheiden. Im Ausgang einer anthropologischen Fassung des Institutionsbegriffs habe ich institutionelles Handeln dahingehend modelliert, dass es ein Handeln ist, welches sich auf die *Ermöglichung* individuellen Handelns bezieht. Eine Anschlussfähigkeit an ethische Überlegungen war insofern gegeben, als der Rechtfertigungshorizont maßgeblicher ethischer Argumentationslinien diese „Ermöglichungsdimension" entweder einschließt oder sich gerade auf diese Dimension konzentriert: Klugheitsethiken in der aristotelischen Tradition sehen hier die Spezifik einer politischen Ethik in ihrer Funktion, die Individualethik „zu vervollkommnen" (Aristoteles, Nikom. Ethik 1181b 15 f., 1094b 8-11, 1179b 32 ff.), indem das politische Subjekt als „Architekt" auftritt, welches die Möglichkeitsspielräume individuellen Handelns eröffnet und begrenzt (Aristoteles, Politik VII,

1325a-1325b); die utilitaristischen Ethiken sehen den weiteren Erhalt des Handelns- und Entscheidenkönnens als wichtige „implizite" Präferenz und leiten davon den Optionswert bestimmter Güter ab (Birnbacher 1988, S. 77; 1993, S. 311); die deontologischen Ethiken schließlich konzentrieren sich in ihrer Orientierung am Prinzip des Autonomie- bzw. Freiheitserhaltes ganz auf diese Dimension einer notwendigen Voraussetzung moralischen Handelns (welches dadurch als solches entsprechend unterbestimmt bleibt). Diese Ansatz habe ich später weiter ausdifferenziert und werde im Folgenden die wichtigsten Unterscheidungen wieder aufnehmen.

Kritik hat dieser Ansatz von verschiedener Seite erfahren, wobei aber auch, im Blick auf aktuelle Diskussionsbeiträge ersichtlich wird, dass sich die Problemlage insgesamt nicht wesentlich geändert hat: Zum einen wurde moniert, dass – unterstellt, die kategoriale Unterscheidung sei in rekonstruktiv-analytischer Absicht durchaus sinnvoll – keine Anschlussmöglichkeit an Moralkonzepte bestehe, weil der Ermöglichungscharakter institutionellen Handelns, funktionalistisch begriffen, aus moralischer Perspektive unterbestimmt sei (z.B. Gimmler 1996, S. 39 ff.). Ferner wurde moniert (Lenk 1992, S. 107 ff.), dass von diesem Ansatz aus lediglich ein spezifischer Typ individuellen Handelns, nämlich in Wahrnehmung von Rollenverantwortung, im Blickfeld liege und die Spezifik korporativer Verantwortung nicht erreicht würde (Maring 2000, Kap. 4,7). Diese Sichtweisen wären durchaus zutreffend, wenn sie nicht auf einer selektiven Lektüre und Betrachtung des Gesamtzusammenhangs beruhten: Denn es wurde zwar der Institutionsbegriff zunächst entsprechend einer funktional-anthropologischen Sichtweise gefasst, dann aber normativ „aufgeladen" unter Verweis auf ein *starkes* Konzept des Handelns, welches ermöglicht werden soll, nicht eines bloßen Agierens nach Effektivitäts- und Effizienzgesichtspunkten unter beliebigen Anreizen. Und die Wahrnehmung von Rollenverantwortung ist zwar in der Tat ein Element der *Realisierung* institutionellen Handelns, sofern ja Rollen- und Arbeitsteilung in unserer Gesellschaft einen Ermöglichungsgrund negativ und positiv freien individuellen Handelns ausmachen; institutionelles Handeln lässt sich aber nicht auf dieses Element reduzieren. Ferner ist zu betonen, dass – im Unterschied zur individuellen Mitverantwortung für kollektives Handeln – für Korporationen Handlungsschemata rekonstruierbar sind, welche – bei durchaus unterschiedlichem act-tokens (s.u.) – auch eine Subjektposition zu modellieren erlaubt.

Der Verweis auf ein *starkes* Konzept individuellen Handelns (Mittelwahl und Zwecksetzung unter entsprechenden Werten), welches als solches in all

4

seinen Konstituenten rechtfertigungsfähig sein muss, wenn es diesen Namen verdienen soll, ist der Ausgangspunkt jedweder moralischer (und als reflektierter: ethischer) Erörterung. Allerdings wird m.E. die Argumentation von dieser Basis aus verschiedentlich nicht hinreichend weit in die Problematik einer Institutionenethik vorangetrieben. So sehen viele unter Verweis auf die notwendige normative Zurechenbarkeit des Handelns nur Individuen als Adressaten einer Ethik, nur Individuen als Subjekte moralischer Steuerung und nur Individuen im empathischen Sinne als Subjekte der Verantwortung (Zimmerli 1987, Kleinfeld 1996 u.a.). Institutionelle oder korporative Handlungsvollzüge sind dann nur insofern ethisch sensitiv, als die Teilhabe individuellen Handelns klar modellierbar ist und die Rechtfertigungshypothek auf individuelles Niveau heruntergebrochen werden kann. Moralische Subjekte bleiben die Individuen. Komplementär hierzu erscheint mir die Auffassung, dass sich für Korporationen (wie z.B. Unternehmen) allenfalls funktionale und/oder technische Entscheidungsrechtfertigungen eruieren lassen, die auf dem Wissensbestand einschlägiger Fachwissenschaften ruhen (so z.B. Wieland 1999), während die moralische Dimension Thema wirtschaftsethischer Begründungen ist und als gesellschaftliches Wertgeschehen hierbei eine Stellgröße unter anderen abgibt für die Erfolgsträchtigkeit entsprechend ökonomischen Agierens, aber jenseits von dessen eigentlichem Rechtfertigungshorizont liegt. Und schließlich kann man aus der Not eine Tugend machen (Homann/Pies 1994), indem man unter einem *economic approach* die Ausgangsbasis, nämlich das individuelle Handeln, moralisch entlastet und formal zweckrational modelliert, und unter Hinweis auf die oftmals angetroffene Suboptimalität von Entscheidungen beim ökonomischen Interagieren institutionellen Akteuren die Aufgabe zuweist, eine optimale Koordinierung von individuellen Präferenzen (gleich welcher Art) zu realisieren, die „Spielregeln" so zu gestalten, dass die egoistischen individuellen „Spielzüge" in ihrer Gemengelage für jeden einzelnen ein optimales Ergebnis zeitigen, d.h. institutionell indizierte Moral als Anreizsystem vorzustellen. Diese Sichtweisen sind, wie ich meine, keineswegs konträr, sondern ergänzen sich sinnvoll, erreichen aber das Anliegen einer Institutionenethik nicht in Gänze, weil sie die Ermöglichungsfunktion institutionellen Handelns nicht radikal genug weiter verfolgen und jeweils in ihrer Weise verkürzen: Im ersten Fall (Kleinfeld 1996), indem Individuen die gesamte moralische Hypothek des Freiheitserhaltes überhaupt überantwortet wird und unter diesem Prinzip die Zurücknahme und der Verzicht auf eigenes Vorteilsstreben abverlangt wird, sofern ein Subjekt sich als moralisch sensitives Handlungssubjekt begreift,

5

also als „Person", die ihr Unternehmen dann als individuelle Unternehmung zu begreifen hätte; auf der anderen Seite wird unter dem neutralen Konzept der Präferenz (welche natürlich auch moralische Präferenzen einschließen können muss) jenseits eines individualistisch modellierten Unternehmenshandelns eine wirtschaftsethische Dimension korporativen Handelns eröffnet, welche die verschiedenen Unternehmungen nach dem Prinzip der Optimalität der Ergebnisse zu koordinieren hat (Pies in diesem Band). Die Frage stellt sich aber dann, warum eine solche Koordination überhaupt erfolgen sollte: Der Hinweis, dass einzelne Akteure an für sie optimalen Handlungsergebnissen faktisch interessiert seien, ist hier entweder untriftig, sofern eine naturalistische Argumentation sich anschließt (welche dann in einen naturalistischen Fehlschluss führt, der – abgesehen von der logischen Fragilität – aus materialen Gründen von denjenigen verworfen wird, die eine Koordination ihrer Präferenzen mit denjenigen anderer nicht wünschen, weil sie andere als ökonomische Interessen verfolgen [s.u.]), oder er ist unzureichend, sofern damit eine Reflexion über *Kriterien* optimaler Ergebnisrealisierung abgeblockt werden soll unter Hinweis darauf, dass dann dogmatische Moralkonzepte ohne Anspruch auf Akzeptanz den einzelnen Akteuren oktroyiert würden.

Die intrinsische Struktur des Handelns birgt vielmehr (und das ist der Ausgangspunkt sowohl der aristotelischen wie der kantischen Ethik – der beiden repräsentativen Argumentationsformen in diesem Feld) eine ganze Reihe von stärkeren notwendigen Bedingungen, deren Erhalt sich in Kriterien übersetzen lässt, welche eine Institutionenethik orientieren können – auch und gerade im ökonomischen Bereich: Für die individualethische Sichtweise würde dies bedeuten, dass gut begründete Forderungen an überindividuelle Akteure aus dem individualistischen Handlungs- und Rechtfertigungskonzept heraus dann erhoben werden können, wenn Individuen als Garanten dieses Bedingungserhaltes nicht mehr auftreten können bzw. als „Don Quijotes" eine solche Intention nur noch simulierten; für die Wirtschaftsethik unter einem economic approach würde dies bedeuten, dass *über die Koordinationsfunktion hinaus* Kriterien institutionellen Handelns im ökonomischen Bereich formuliert werden müssten, welche nicht bloß eine neutrale Koordinationsleistung sichern, sondern darüber hinaus auch sowohl den Bestand einer individuellen Präferenzenverfolgungskompetenz, als auch den Bestand der Ermöglichungs- und ggf. Koordinationskompetenz überhaupt („Systemerhalt" – welchen „Systems"?) durch die korporativen Akteure zu gewährleisten hätten, was ggf. einer Koordination zur Optimierung rein ökonomischer Präferenzen entgegenstehen kann.

Zahlreiche abgeleitete Fragestellungen hängen an diesen Punkten, so die Frage einer Rechtfertigbarkeit von Macht, Herrschaft oder Zwang (was oft vermischt oder verwechselt wird [Hubig 1999]), die Frage nach dem Zustandekommen einer (fern-)ethischen (nicht bloß funktional-technischen) Steuerung des Wirtschaftsgeschehens einschließlich und gerade in eins mit der Frage nach den Subjekten dieser Steuerung, die Frage nach der Kulturrelativität von Handlungs-, Subjekt- und Freiheitskonzepten (sofern man den neutralen präferenzutilitaristischen Horizont überschreiten will) und schließlich – und damit verbunden – die Generalfrage, ob Wirtschafts- und Unternehmensethik überhaupt als Ethik auftreten können oder sie sich nicht auf eine Binnenoptimierung von kontingenten Moralen zu beschränken habe. Dass auch der economic approach eine kontingente Moral ist, wird aus empirischen Untersuchungen zur Wirtschaftsmoral durchaus ersichtlich, etwa wenn aufweisbar ist, dass ökonomisches Handeln keineswegs dem ökonomischen Vorteilsstreben allein unterliegt, sondern durch Werte unterschiedlichster Art zusätzlich aufgeladen ist, welche von einem neutralen Konzept ökonomischen Vorteils (und das neutralste Konzept ist eben die Herstellung der Äquivalenz zu pekuniären Werten) nicht erfasst werden (vgl. die Forschungen von Ernst Fehr, Zürich, die in eine Kritik am homo-oeconomicus-Modell münden [Fehr 1998a, b]).

Nachfolgend soll nun im Ausgang von einer allgemeinen Modellierung institutionellen Handelns das Problemfeld nochmals soweit rekonstruiert werden, dass die Anschlussfähigkeit an moralische Argumentation und deren ethische Rechtfertigung auch und gerade für den ökonomischen Bereich ersichtlich wird.

## II. Act-type und act-token

Von der jeweiligen Modellierung des Handelns hängt ab, wie die Möglichkeit, moralischer Adressat zu sein, gefasst wird; die Festlegung dieser Möglichkeit wiederum impliziert, dass ein im normativen Sinne verantwortliches Handlungssubjekt angenommen wird. Dieses Subjekt ist Subjekt einer Zuschreibung der Handlung zu ihm. Eine solche Zuschreibung bewegt sich auf zwei Ebenen: Zum einen muss das Handlungsereignis (act-token) – z.B. im kausalen Sinne – dem Subjekt zuschreibbar sein, zum anderen muss die Interpretation dieses Ereignisses als Handlungs-Interpretation, als Verwirklichung eines Handlungsschemas (act-type) durch dieses Subjekt diesem zuschreibbar sein. Die Unterscheidung zwischen act-token und act-type ist hier deshalb triftig, weil bereits im Bereich individuellen Handelns auf der Basis jener Unterscheidung ersichtlich wird, dass das Subjekt des act-types nicht mit demjenigen des act-tokens identisch sein muss, so z.B. bei Veranlassung, Beauftragung etc. Ferner ist zu berücksichtigen, dass ein act-token mittelbar unterschiedliche act-types instantiieren kann, je nachdem, wieweit der Deutungshorizont (die Handlungsinterpretation) ausgeweitet wird. So hätte bereits Aristoteles (Nikom. Ethik, 3. Buch) zwei Ebenen moralischer Verfehlungen unterschieden: den Fall, dass ein act-token als Instantiierung eines moralisch schlechten act-types schlecht ist, und ferner den Fall, dass ein act-token als solches dem Subjekt nicht zugerechnet wird (Unabsichtlichkeit, Unkenntnis, mangelnde Fertigkeit, Fahrlässigkeit etc.). Im zweiten Fall kann das Vorliegen der Nichtzuschreibbarkeit jedoch als Instantiierung eines Unterlassungs-act-types gelten, weil das Subjekt in der Vergangenheit institutionelle Angebote nicht genutzt hat, welche im Falle ihrer Nutzung zu einem anderen Handlungsverlauf geführt hätten, weshalb trotz Nichtzurechenbarkeit des konkreten act-tokens dennoch eine moralische Verantwortung zugeschrieben werden kann. Schließlich kann auch Verantwortlichkeit unterstellt werden, ohne dass eine kausale Realisierung durch dieses Subjekt selbst vorliegt (Versuch, Planung, Anstiftung etc.). In diesem Fall unterbleibt das act-token, die Verantwortlichkeit bezieht sich auf die Zuschreibung lediglich des act-type, für dessen Nicht-Realisierung kontingente Bedingungen ursächlich waren oder dessen Realisierung von einem anderen Subjekt unternommen wurde.

Unter Berücksichtigung der Unterscheidung type-token lässt sich eine weitere Problematik, welche im Spannungsfeld individueller und institutioneller Verantwortung in letzter Zeit diskutiert wurde, differenzierter fassen: das Verhältnis von retrospektiver Kausalhandlungsverantwortung zu prospektiver Verantwortung als Rollenverantwortung, z.B. Vorsorgeverantwortung (Hubig 2000). Im einfachen Fall besteht die Zuschreibung retrospektiver Kausalhandlungsverantwortung in der Zuschreibung des act-tokens in eins mit dem act-type an das Verantwortungssubjekt. Prospektive Verantwortung erscheint dann weniger als komplementärer Verantwortungstyp (Jonas 1979, S. 174) denn als – gut begründete – Zuschreibung eines act-types in

Verbindung mit einem bloß potentiellen act-token, so wenn z.b. die Verantwortung eines Bademeisters für die Sicherheit der Badegäste die Zuschreibung des act-types „in Gefahr geratene Personen durch die und die Maßnahmen retten" darstellt in Antizipation eines act-tokens der Realisierung oder Nichtrealisierung, welches dann retrospektiv zugeschrieben werden kann (Zimmermann 1992, S. 1089). Bei Unterlassung kann sich die Kritik sowohl gegen das Individuum im Blick auf dessen fehlende „Umsetzung" seiner (Rollen-) Verantwortung richten als auch ggf. gegen das Handlungsschema, welches die Aufgaben der „Institution" (hier verkörpert im Bademeister) beschreibt, wobei dann natürlich die Frage nach dem „Subjekt" dieser Zuschreibung in radikalerer Weise problematisch und klärungsbedürftig erscheint. Zuvor ist jenes „institutionelle" Handeln genauer zu betrachten.

## III. Act-type und act-token institutionellen Handelns

Individuelles Handeln, bei dem ein Handlungsvollzug als geeignetes Mittel zur Realisierung eines Zwecks nach Maßgabe einer Bewertung durch ein individuelles Subjekt erachtet wird, bedarf aufgrund der anthropologischen Defizite partikularer Individuen zuallererst seiner Ermöglichung, sowohl auf der Mittelebene als auch der Zweckebene sowie der Ebene der Identitätsbildung des Handlungssubjektes. Die Ermöglichung liegt der individuellen Handlung voraus und kann nur in äußerst begrenztem Maße durch individuelles Handeln dieses Subjektes realisiert werden. Die Gesamtheit einer Handlungsermöglichung durch das Angebot geeigneter Mittel, möglicher Zwecke (qua Kenntnis der Realisierbarkeit und Wünschbarkeit) sowie von möglichen Subjekt-Identitäten nenne ich zunächst „institutioneller Hintergrund". Institutionelles Handeln ist die Herstellung, Gestaltung, Eröffnung. Begrenzung oder Verschließung solcher „Hintergründe". Wir werden sehen, dass in dieser Hinsicht auch Individuen sich selbst gegenüber als Institution auftreten können (wenn sie sich bilden, sich üben, sich belohnen oder bestrafen etc.). Gehlen spricht hier von Persönlichkeit als „Institution in einem Fall" (Gehlen 1957, S. 118). Es ist nun zunächst nach den act-types sowie den act-tokens eines solchen Handelns zu fragen.

Institutionelles Handeln stellt notwendige und/oder hinreichende Bedingungen für *mögliches* individuelles Handeln im Sinne eines Angebotes vor, so dass das Individuum sich dazu im Modus der Annahme oder Ablehnung in Beziehung setzen kann (wären es die Bedingung für wirkliches individuelles Handeln – als notwendige *und* hinreichende –, so wären institutionelles und individuelles Handeln äquivalent). In Orientierung zunächst am Konzept von „Institution" als „Instinktersatz" lassen sich diese Bedingungen in dreifacher Weise fassen: (1) Die Abkopplung von Handlungsmotiven (desire) von Handlungszwecken (Gehlen u.a.) ermöglicht erst deren (neue) Zuordnung im Modus des *Begründens*; (2) die Verfestigung und Stabilisierung von typischen Handlungsverläufen macht die Erwartbarkeit von Handlungserfolgen aus und ermöglicht *Planen*; (3) die Bereitstellung von Mitteln zur Bedürfnisbefriedigung (Malinowski 1975, S. 103 ff.; dazu Türk 1978, S. 3) ermöglicht ein Verfügen jenseits einer bloß reaktiven Verminderung „niederziehenden Leides", welche zur Amoralität führt (Wiese 1961, S. 22). Diese drei – zunächst kaum normativ geladenen – funktionalen Leistungen von Institutionen werden in ihrer jeweiligen Konkretion durch eine „idée directrice" dargestellt, welche in den Institutionen als deren „Wert" „verkörpert" (ich würde sagen: „exemplifiziert" oder „instantiiert" wird – weiteres hierzu s.u.) wird (Hauriou 1925). Der Wertbegriff selbst ist äußerst vieldeutig, allerdings lassen sich seine wesentlichen Ausprägungen im Blick auf die Dreiheit der institutionellen Funktionen plausibel machen: (1) Werte als Ideale, Maßstäbe, Kriterien geben auf unterschiedlichem Niveau materiale Regeln für die Herstellung und Anerkennung von Begründungszusammenhängen vor; (2) Werte als Regulative und Normen im Sinne von faktisch anerkannten Standards ermöglichen ein Planen und (3) Werte als Güter ermöglichen ein Verfügen über Ressourcen. Insofern „beeinflussen Werte als Auffassung des Wünschenswerten ... die Auswahl der zugänglichen Weisen, Ziele und Mittel des Handelns" (Kluckhohn 1965, S. 395). Dieses „Beeinflussen" lässt sich als Angebot präzisieren hinsichtlich eines möglichen Identifizierens von Gütern und Ressourcen, Erwartbarkeiten sowie des Anerkennens von Gesolltem bzw. Erlaubtem bzw. Verbotenem in Abhängigkeit vom jeweiligen Handlungskontext durch die Individuen (wenn Werte „Eigenwertcharakter" bekommen, werden Institutionen zu Trägern von Ideologien und das hierunter befasste individuelle Handeln wird in problematischer Weise zu einem rein gesinnungsethisch motivierten).

Eine erste Konkretisierung institutionellen Handelns auf der Ebene des Handlungsschemas als act-type stellt sich nun wie folgt dar:

*Zweck* institutionellen Handelns ist die Eröffnung oder Restriktion der Möglichkeiten der Wahl von Handlungszwecken individuellen Handelns (einschließlich der Unterstellung ihrer Herbeiführbarkeit – sonst handelt es sich nicht um Zwecke, sondern bloße Wünsche – sowie der implizierten Anerkennung der Zweckwahl des Subjektes durch sich selbst) durch Kenntnisgabe, Festlegung der Herbeiführbarkeit, Gratifikationen und Sanktionen – eine Institutionalisierung auf dem Felde der Herausbildung hypothetischer Imperative (Engfer 1982). *Mittel* institutionellen Handelns ist das *Organisieren* von rollengestützten Interaktionen zwischen individuellem Handlungen im Sinne von Regulierung und Normierung, Informieren, Kontrollieren, Belohnen und Bestrafen. Beispiele: Dem Zweck eines entsprechenden institutionellen Handlungsschemas der Ausbildung zu typisierten Kompetenzfeldern K 1-n oder Berufsbildern B 1-n entspricht als Mittel die Einrichtung eines entsprechenden Ausbildungssystems; dem Zweck der Strafverfolgung entspricht das Mittel des Organisierens eines Polizeisystems; dem Zweck des Erhalts knapper Ressourcen kann als Mittel ein spezifisches System der Besteuerung entsprechen.

Act-token institutionellen Handelns ist die jeweilige Erscheinungsweise, die Umsetzung jenes Handlungsschemas. Für *Zwecke* institutionellen Handelns wären dies Kodizes, Gesetzestexte, Leitbilder als spezifische Verbindung von Wunschvisionen mit Machbarkeitsprojektionen (Dierkes/Martz 1994), Wissensbestände und symbolische Kennzeichnungen, Corporate Identities, Konventionen, Ordnungen, Verfahrensregeln, Angebote von Verträgen und Versicherungen etc. Für die *Mittel* institutionellen Handelns wäre dies die Realisierung von Organisationen mit bestimmten Ressourcen, Rollenverteilungen, standardisierten Abläufen (welche von Individuen ausgelöst und genutzt werden können). Beispiel im Kleinen: Für ein institutionelles Handeln mit dem Zweck der Ermöglichung von Reisetätigkeit und dem Mittel der Organisation entsprechender rollengestützter Interaktionen der Vorbereitung und Realisierung einer Reise als Schema wäre ein act-token auf der Zweckebene die Erstellung eines Fahrplans, auf der Mittel-Ebene die Bereitstellung eines organisierten Systems des Schienenverkehrs (DB) – eben zum Zweck der Fahrplaneinhaltung – und auf der Ebene der Konstitution möglicher Subjektidentität das Marketing im Reisesektor, welcher ein „Bild" des Bahnreisenden entwickelt, mit dem dieser sich identifizieren kann (oder nicht).

Es ist anzumerken, dass „Organisationen" und „organisatorisches Handeln" hier nicht, wie verschiedentlich gefasst, bloß die „Außenseite" (Türk 1978) institutionellen Handelns darstellen, sondern deren intrinsisches Moment, sofern es sowohl auf der act-type- als auch auf der act-token-Ebene um die Dimension der Mittel geht, die das institutionelle Handeln einsetzt im Blick auf die Ermöglichung der Mittelwahl individuellen Handelns (und somit indirekt der Zweckwahl, was die Herbeiführbarkeitsdimension betrifft, sowie die Selbsteinschätzung von Individuen, sofern sie sich über deren „Macht" bildet).

## IV. Das Subjekt institutionellen Handelns

Institutionen bzw. institutionelles Handeln sind zur Realisierung ihrer Zwecke auf individuelles Handeln angewiesen, und zwar bezüglich aller drei Ebenen (der Ermöglichung individueller Subjektidentität, individueller Mittelwahl und individueller Zweckwahl). Erst durch die Aktivität von Individuen wird aus einem institutionellen act-type ein institutionelles act-token (dass auf der act-token-Ebene institutionellen Handelns Individuen agieren heißt nicht, dass sie die alleinigen moralischen Adressaten sind). Das Verhältnis institutioneller Subjektivität zu individueller Subjektivität kann in verschiedener Weise gefasst sein.

Als „starke Mandatierung" begreife ich den Fall, dass über eine Repräsentation der Institution durch ein Individuum die Handlungen des Individuums als Handlungen der Institution gelten, somit die Handlungen der Repräsentanten den Institutionen direkt zugerechnet werden können (Verträge schließen/unterzeichnen, Bekanntgaben vornehmen, Erklärungen abgeben etc.). Individuen sind dann *Organe* der Institutionen. Diese Art der Repräsentation ist von derjenigen einer juristischen Vertretungsfunktion abzugrenzen (so haftet ein Kind nicht für Delikte seines Rechtsvertreters, auch wenn es hinreichend begütert ist). Das Auftreten von Individuen ist die Erscheinung des *Subjekts* institutionellen Handelns.

Was nun die Realisierungsweise der *Mittel* institutionellen Handelns betrifft, also das organisatorische Handeln, bedarf es ebenfalls individueller Subjekte, die aber nun im Sinne einer schwachen Mandatierung eine *Rolle* wahrnehmen, welche das institutionelle Handlungsschema vorgibt. Sie fungieren als Instrumente im Rahmen der instrumentellen Rationalität institutionellen Handelns. Im Fall einer *geordneten* schwachen Mandatierung manifestiert sich die Aktivität von Individuen in der Wahrnehmung einer konkret definierten Rolle (z.B. als Polizist oder Eisenbahner); im Falle einer *unge-*

*ordneten* schwachen Mandatierung manifestiert sie sich durch die bloße Teilhabe am Kollektiv (z.B. Mitgliedschaft in einem Verein). Der Übergang ist graduell. Durch die bloße Festlegung der Rolle und ihre organisatorische Einbindung wird die Handlungsrealisierung nicht determiniert; sie ist vielmehr in hohem Maße auch von den Individuen selbst geprägt, was im negativen Falle so weit gehen kann, dass individuelle Interessen an Eigengratifikation bei Mitgliedern der entsprechenden Organisation das Organisationsprofil selbst in eine bestimmte Richtung zu lenken und zu einer – dem ursprünglichen Institutionszweck fremden – Eigeninstitutionalisierung der Organisation zu führen vermögen. Dieser Spielraum im negativen Sinne („Verselbständigung" von Organisationen, Bürokratieproblem) wird gerade durch die schwache Mandatierung eröffnet. Die Erscheinung des Mittels institutionellen Handelns ist die Rollenwahrnehmung.

Neben der identischen Repräsentation in Organen sowie einer Manifestation im Zuge der Wahrnehmung von Rollenverantwortung durch Individuen kann sich die Institution als Subjekt institutionellen Handelns auch über Symbolisierungen und Exemplifikationen in Erscheinung bringen, welche in concreto den Institutionszweck darstellen. In der Vergabe von Titeln (vom Staatsoberhaupt bis zu titulierten Vorsitzen und wissenschaftlichen Graduierungen) wird Individuen wie anderen Institutionen die Möglichkeit eröffnet, durch entsprechende Handlungen (z.B. Ehrungen oder Distanzierungen in verschiedenen Abstufungen) sich zu Institutionszwecken in ein bestimmtes Verhältnis zu setzen. Zwar können Ehrungen auch und vornehmlich dem Individuum gelten, welches einen entsprechenden Titel trägt (so z.B. im wissenschaftlichen Bereich); in vielen Fällen jedoch gilt die Ehrung (oder ihre Verweigerung) nicht in erster Linie dem titeltragenden Individuum, sondern der Institution, die es symbolisiert oder exemplifiziert (Diplomatie). Selbst im wissenschaftlichen Bereich drückt sich im Respekt vor einer Titelträgerschaft nicht bloß eine Haltung zu dem entsprechenden Individuum aus, sondern eine Haltung zu der titelvergebenden Institution (hier: der Wissenschaft) selbst, was daran erkenntlich ist, dass in Bereichen, in denen das Ansehen der institutionalisierten Wissenschaft aus welchen Gründen auch immer abgenommen hat, der Titelführung und Titelnennung eine geringere Rolle zufällt (z.B. dort, wo wesentliche Innovationen im Bereich außerhalb etablierter Wissensakquisition stattfinden, so dem IT-Bereich, ferner in Bereichen, in denen das Anforderungsprofil von Leistungen gegenüber dem wissenschaftlichen Anforderungsprofil divergiert). Die Unterschrift, die ein Titelträger unter eine Urkunde setzt, symbolisiert nicht in erster Linie die

13

Anerkennung des unterschreibenden Individuums zum Text der Urkunde, sondern die Anerkennung der Institution (Staat, Stadt, Zertifizierungsbehörde, Scientifical Community etc.) zu der urkundlichen Verlautbarung. Im Falle der schwachen Mandatierung wird diese – in Abgrenzung zur starken Mandatierung oder der Symbolisierung – dadurch ausgedrückt, dass „im Auftrage" unterschrieben wird. Im Falle des Organisationsversagens modifiziert oder beendet institutionelles Handeln die Aktivität der Organisation.

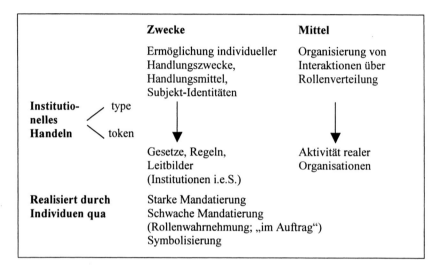

Abb. 1: Institutionelles und individuelles Handeln im Zusammenhang

## V. Die Relativität dieser Bestimmungen

Die bisher vorgelegten Bestimmungen erlauben nun gerade nicht, bestimmte Handlungsvollzüge in *klassifikatorischer* Absicht als institutionelle oder individuelle zu deklarieren. Vielmehr handelt es sich um *kategoriale* Unterscheidungen, d.h. solche, die *Hinsichten* erfassen, unter denen ein entsprechendes Handeln dann prädiziert werden kann. Solche Hinsichten können nebeneinander bestehen, sie können zugleich angemessen sein, was die

Betrachtungsweisen betrifft, sie können in harmonischen oder disharmonischen Beziehungen stehen, im Verhältnis der Komplementarität oder des Widerspruchs. Konkrete Bestimmungen von Handlungsvollzügen hinsichtlich der zugrundeliegenden act-types und des Verweises auf entsprechende act-tokens sind immer relativ zur kategorialen Hinsicht der Bestimmung. Betrachten wir zur Erläuterung dieses Punktes nun genauer Handlungsvollzüge von Unternehmen:

Wir finden hier zum einen Handlungsvollzüge, die kategorial als institutionelles Handeln bestimmt und dann genauer prädiziert werden können, im Zuge der Einwirkung von Unternehmen auf andere, neben- oder übergeordnete institutionelle Handlungsvollzüge (in der Sprache von Homann/Pies [1994]: der Gestaltung von Spielregeln). Über das Engagement von Unternehmen in Unternehmensverbänden und über den Lobbyismus nehmen Unternehmen Einfluss auf die Gestaltung von Leitbildern, Regeln und Ordnungen etc., welche die Möglichkeiten von – relativ hierzu gesehen – „individuellen Handlungsvollzügen" festlegen. Ferner können aber auch Unternehmen als individuelle „Spieler" modelliert werden, die bereitgestellte Möglichkeitsspielräume unter ihren Präferenzen optimal nutzen, indem sie Gewinne machen, Transaktionskosten senken etc. In anderer Hinsicht lassen sich Handlungsvollzüge von Unternehmen als institutionelles Handeln bezüglich ihrer stakeholder und shareholder, welche ihrerseits auch Institutionen sein können, begreifen. In Orientierung z.B. am Unternehmenserhalt, dem Erhalt innerer Stabilität, der Gewährleistung von Zukunftsfähigkeit werden Optionen für individuelles Handeln eröffnet oder verschlossen, über Gratifikationen und Sanktionen durchgesetzt, wobei hier wiederum das „modale Gefälle" zwischen institutionellem und individuellem Handeln ersichtlich wird. Umgekehrt kann aber auch – was allerdings nicht Thema dieser Überlegungen ist – der Fall eintreten, dass Institutionen individuelles Handeln dahingehend „verkörpern", dass sie zum Instrument des Verfolgens von Eigengratifikation für bestimmte Individuen werden. Denn selbstverständlich kann sich individuelles Handeln auch bestimmter Institutionen als seines Instruments bedienen. Individuelles Handeln von stakeholdern und shareholdern kann seinerseits bezüglich der Institution modelliert werden als Form von identischer Repräsentanz, Rollenwahrnehmung oder Symbolisierung und ist in diesem Sinne institutionelles Handeln in individuellen act-tokens; jenes individuelle Handeln kann aber in anderer Hinsicht wiederum als institutionelles Handeln modelliert werden sofern die Individuen sich selbst gegenüber als Institution auftreten (z.B. im Kontext von Verzichtleistungen z.B. im Blick auf späteren

Optionenerhalt) – ein Aspekt, den Kleinfeld (1996) in den Vordergrund stellt (charakterisiert man institutionelles Handeln einzig dadurch, dass kollektives Handeln von Individuen – je nach Organisationsgrad mehr oder weniger korporativ – vorliegt, verbleibt man auf der act-token-Ebene und erreicht allenfalls die Dilemmaproblematik kollektiven Handelns; vgl. hierzu Maring 2000).

Es hängt also von der Hinsicht der Betrachtungsweise ab, ob und inwieweit ein Handlungsvollzug als institutionelles und/oder individuelles Handeln modelliert wird. Die Relativität dieser Bestimmungen schreibt sich fort im Blick auf die Frage, inwieweit dieses Handeln anschlussfähig ist für normative Erwägungen, die in ihrer unterschiedlichen Ausprägung gleichzeitig oder disparat einschlägig werden können. Zuvor soll aber individuelles Handeln bezüglich seiner Einflussnahme auf institutionelles Handeln noch etwas genauer betrachtet werden.

# VI. Der Umgang mit Institutionen

Es entspräche nun umgekehrt einer verkürzten Sichtweise, wenn das Verhältnisses von institutionellem zu individuellem Handeln als eines erschiene, bei dem das individuelle Handeln unter institutionellen Vorgaben auf technisch kluges Handeln verkürzt, ökonomisches Handeln also moralisch entlastet, und die wirtschaftsethische Rechtfertigungshypothek allein dem institutionellem Handeln aufgebürdet würde. Mit der Eröffnung oder Verschließung von Möglichkeitsspielräumen individuellen Handelns durch institutionelle Handlungsvollzüge wird zwar implizit der normative Anspruch erhoben, dass sich individuelles Handeln innerhalb dieser Möglichkeiten abspielen solle. Insofern sind Individuen Binnenadressaten normativer, regional-moralischer ethischer Ansprüche institutionellen Handelns. Zu dieser Adressierung können sich Individuen jedoch in ein Verhältnis setzen, indem sie die (ethische) Rechtfertigung dieser Adressierung (Gebote, Verbote, Erlaubnisse) problematisieren; die Sollensregeln wirken ja nicht auf individuelles Handeln determinierend. Individuen können institutionelle Vorgaben durch die Praktizierung eines Handelns, interpretiert unter den entsprechenden Regeln, im Modus der Affirmation, der Modifizierung, der Fortschreibung, aber auch der Ablehnung durch systematische Regelverstöße – im Guten wie im Schlechten – (Verweigerung von Unterschriften, sukzessive Aushöhlung des Regelsystems im Zuge individueller Binneninteraktionen, Solidarisierung, Boykott, aber z.B. auch Korruption etc.) vornehmen. Darüber hinaus wird in mancherlei Ansprüchen institutionellen Handelns, z.B. nach „qualifiziertem" Rechtsgehorsam, signalisiert, dass u.U. ein pünktliches und formal korrektes Agieren unter institutionellen Vorgaben angesichts komplexer Sachlagen, die niemals in Gänze von einem Regelsystem antizipiert werden können, gegen die ursprünglichen Institutionszwecke verstoßen kann. Die Möglichkeit des Einwirkens von Individuen auf institutionelles Handeln bis hin zur Aufhebung, Zerstörung oder Neueinrichtung von Institutionen macht vielmehr deutlich, dass neben den Institutionen selbst auch und gerade Individuen mittelbare moralische Adressaten für institutionelles Handeln in dem Sinne sein können, dass ihrem Handeln die Rechtfertigungslast sowohl für die Konstitution als auch der Erscheinungsweise institutionellen Handelns zu einem großen Teil zufällt. Neben einer institutionellen Verantwortung für individuelles Handeln in dem Sinne, als die eröffneten oder verschlossenen Möglichkeitsspielräume individuellen Handelns rechtfertigungsbedürftig sind, kommt individuellem Handeln für institutionelle Vollzüge indirekt eine Institutionenverantwortung dahingehend zu, dass jenes Handeln ja keineswegs sakrosankt gegenüber individueller Einflussnahme ist. Gerade wenn Individuen unter institutionellen Ansprüchen handeln wollen (als „Institutionen in einem Fall"; Gehlen s.o.) ist es aus pragmatischen Gründen geboten, dass Individuen ihre Handlungsziele auch auf dem „Umweg" (Hubig 1993, S. 110 ff.) über eine Veränderung des Institutionengefüges verfolgen, wenn sie eben nicht als Don Quijote oder Michael Kohlhaas dastehen wollen.

Entsprechend der Vielfalt, die über eine Relativität der Bestimmungen individuellen und institutionellen Handelns ersichtlich wird, und über eine entsprechende Vielfalt möglicher unterschiedlicher Bezüge beider zueinander wird eine Vielfalt von Anknüpfungspunkten für moralische/ethische Überlegungen eröffnet. Klare „Arbeitsteilungen", welcher ethische Rechtfertigungsmodus für welchen Handlungstyp einschlägig sein könnte, erscheinen daher wenig aussichtsreich. Übersehen wird dabei nämlich oftmals die Dialektik zwischen Regelsetzung und Regelbefolgung (van den Boom 1982), welche nicht erlaubt, die Rechtfertigungshypothek den „Spielregeln" aufzubürden und die „Spielzüge" moralisch zu immunisieren.

## VII. Moralische Adressaten

Im Ausgang der bisher erarbeiteten Bestimmungen lässt sich nun die Anschlussfähigkeit für ethische Überlegungen auf verschiedenen Ebenen und bezüglich der unterschiedlichen Handlungsdimensionen ins Blickfeld nehmen. Eine vollständige Erschließung dieses Problembereichs würde allerdings den Rahmen dieser Untersuchung sprengen. So kann nur ein Ausblick riskiert werden: Argumentationslinien, die auf eine universal-moralische, deontologisch gefasste Verantwortung abheben, welche als Grenzmoral des Freiheitserhaltes gilt und bezüglich positiver Rechtfertigung von Zweck- und Mittelwahl unterbestimmt ist, findet ihre Adressaten sowohl bei Individuen als auch bei Institutionen und ihren Ausprägungen in gleicher Weise. Allerdings ist in Erinnerung zu rufen, dass selbst für Kant ein universalmoralischer Anspruch auf die Gewährleistung seiner eigenen Realisierungsbedingungen verwiesen ist, wenn Kant darauf verweist, dass die Wahrnehmung einer „uneigentlichen Pflicht" zur Glückseligkeit die Voraussetzung dafür abgibt, dass wir überhaupt moralitätsfähig werden; dies in dem Sinne, dass die Garantie einer Mindestanforderungen zur Sicherung einer entsprechenden materiellen Existenzbasis die Voraussetzung dafür ist, dass wir nicht, durch existentielle Sorgen getrieben, in einer Weise reagieren, die weitergehende – autonomie-orientierte – Überlegungen verstellt (Kant: Grundlegung zur Metaphysik der Sitten, 1. Abschnitt/AA 399). Vor der Alternative „Mindestmaß an Wohlfahrt" *oder* (negative) Freiheit gestellt, werden Fragen einer moralischen Rechtfertigung nicht behandelbar (Russell 1988, S. 137). Da die Erfüllung von basic needs in der Regel nicht im Vermögen von Individuen gründet, erscheint hier eine „uneigentliche Pflicht" institutionellen Handelns.

Klugheitsmoralische Regeln, insbesondere solche einer provisorischen Moral (Hubig 2000) finden ihre Adressaten sowohl bei Individuen als auch bei Institutionen, wobei hier nun allerdings das Schwergewicht auf der Adressatenschaft von Institutionen liegt. Denn aufgrund ihrer Verfasstheit sind Institutionen die bevorzugten Akteure (wie bereits aus der rein anthropologisch-funktionalen Modellierungen des Institutionensubjekts bekannt), die Möglichkeit von gelingenden Gesamtlebensvollzügen, die Aufrechterhaltung des Handelnkönnens selbst, also das, was Gegenstand der „Fernethik" sowie der Überlegungen zu einer „Fernverantwortung" ist, wahrzunehmen. Die Garantie basaler Werte (Options- und Vermächtniswerte), die dem wertpluralistischen Dissens enthoben sind, weil sie zuallererst dessen Voraussetzung ausmachen, indem sie die Subjektfähigkeit als Herausbildung subjektiver Identität über bestimmte Vermächtnisse (z.b. stabile Sozialgefüge) und das Handelnkönnen durch die Bereitstellung der Option, sich überhaupt zu konkreten Zwecken und Zielen in ein Verhältnis zu setzen, gewährleisten, müssen von Institutionen gewahrt werden (Hubig 1993). Insofern „vervollkommnen" Überlegungen zu einer politischen Ethik diejenigen zu einer Individualethik (Aristoteles), als sie deren Ermöglichungsdimension ins Blickfeld nehmen. Eine utilitaristisch-konsequentialistische Ethik für institutionelles Handeln als triftig zu erachten ist den Argumenten ausgesetzt, welche auf die dilemmatischen Bestimmungsversuche eines Gesamtnutzens oder Durchschnittsnutzens abheben. Insbesondere die Kritik am Durchschnittsnutzen-Utilitarismus tangiert auch diejenigen Überlegungen, welche dem institutionellen Handeln eine Koordinationsfunktion individueller Präferenzverfolgung zuschreiben (Hubig 2000). Denn die mit einer solchen Koordinierung verbundenen Strategien, etwa die Präferenzerfüllung einzelner Individuen dadurch zu optimieren, dass die Zahl der Präferenzsubjekte eingeschränkt wird, ist wohl kontraintuitiv. Adressaten einer utilitaristischen Ethik bleiben in ihrem begrenzten Bereich die Individuen.

## Literaturverzeichnis

ARISTOTELES: *Nikomachische Ethik,* O. GIGON (Hg.): München (Deutscher Taschenbuch Verlag) 1972.
BIRNBACHER, D.: *Verantwortung für zukünftige Generationen,* Stuttgart (Reclam) 1988.
BIRNBACHER, D.: „Ethische Dimensionen der Bewertung technischer Risiken", in: SCHÄDELBACH, H./ KEIL, G. (Hg.): *Philosophie der Gegenwart – Gegenwart der Philosophie,* Hamburg (Blaue Eule) 1993.
DIERKES, M./MARTZ, J.: „Leitbildprägung und Leitbildgestaltung" in: BECHMANN, G./ PETERMANN, T. (Hg.): *Interdisziplinäre Technikforschung,* Frankfurt/M. (Campus) 1994, S. 35-71.

ENGFER, J.: „Regeln institutionellen Handelns", in: HUBIG, CH. (Hg.): *Ethik institutionellen Handelns*, Frankfurt/M. (Campus) 1982.

FEHR, E. (1998a): „When Social Norms Overpower Competition – Gift Exchange in Labor Markets", in: *Journal of Labor Economics* (1998) 16/2, S. 324-351.

FEHR, E. (1998b): „Reciprocity and Economics – The Economic Implications of Homo Reciprocals", in: *European Economic Revue* (1998) 42, S. 845-859.

GEHLEN, A.: *Die Seele im technischen Zeitalter*, Hamburg (Rowohlt) 1957.

GIMMLER, A.: *Institution und Individuum*, Frankfurt a.m. (Campus) 1988.

HOMANN, K./PIES, I.: „Wirtschaftsethik in der Moderne: Zur ökonomischen Theorie der Moral", in: *Ethik und Sozialwissenschaften* (1994) 5/1, S. 3-12.

HAURIOU, M.: „La théorie de l'institution et de la fondation", in: *Cahiers de la nouvelle journée*, H. 4 (1925) sowie in: HAURIOU, M.: *Aux sources du Droit*, Paris (Gallimard) 1933.

HUBIG, CH. (Hg.) (1982a): *Ethik institutionellen Handelns*, Frankfurt a.m. (Campus) 1982.

HUBIG, CH. (1982b): „Probleme einer Ethik institutionellen Handelns", in: HUBIG, CH. (Hg.): *Ethik institutionellen Handelns*, Frankfurt a.m. (Campus) 1982, S. 11-27.

HUBIG, CH. (1982c): „Die Unmöglichkeit der Übertragung individualistischer Handlungskonzepte auf institutionelles Handeln und ihre Konsequenzen für eine Ethik der Institutionen", in: HUBIG, CH. (Hg.): *Ethik institutionellen Handelns*, Frankfurt a.m. (Campus) 1982, S. 56-80.

HUBIG, CH.: *Technik- und Wissenschaftsethik. Ein Leitfaden*, Berlin-Heidelberg-New York (Springer) 1993.

HUBIG, CH.: „Pragmatische Entscheidungslegitimation", in: GRUNWALD, A./SAUPE, S. (Hg.): *Ethik in der Technikgestaltung*, Berlin-Heidelberg-New York (Springer) 1998, S.194-209.

HUBIG, CH.: „Sachzwänge: Herausforderung oder Entlastung einer Technik- und Wirtschaftsethik", in: KAMPITS, P./WEINBERG, A. (Hg.): *Applied Ethics*, Wien (öbv) 1999.

HUBIG, CH.: „Langzeitverantwortung im Lichte provisorischer Moral", in: MITTELSTRASS, J. (Hg.): *Die Zukunft des Wissens*, Berlin (Akademie-Verlag), im Erscheinen.

JONAS, H.: *Das Prinzip Verantwortung. Versuch einer Ethik für die technische Zivilisation*, Frankfurt a.m. (Suhrkamp) 1979.

KANT, I.: *Grundlegung zur Metaphysik der Sitten*, Hamburg (Meiner) 1972.

KLEINFELD, A.: *Persona Oeconomica. Personalität als Ansatz der Unternehmensethik*, Heidelberg (Physica) 1996.

KLUCKHOHN, CH.: „Values and Value-Orientation in the Theory of Action", in: PARSONS, T./SHILS, E. (Hg.): *Toward a General Theory of Action*, New York (Harper & Row) 1965.

LENK, H.: *Zwischen Wissenschaft und Ethik*, Frankfurt a.m. (Suhrkamp) 1992.

MALINOWSKI, B.: *Eine wissenschaftliche Theorie der Kultur*, Frankfurt a.m. (Suhrkamp) 1975.

MARING, M.: *Kollektive und korporative Verantwortung: Begriffs- und Fallstudien aus Wirtschaft, Technik und Alltag,* Habilitationsschrift, Universität Karlsruhe 2000.

RUSSEL, B.: *Moral und Politik,* Frankfurt a.M. (Suhrkamp) 1988.

TÜRK, K.: *Soziologie der Organisation,* Stuttgart (Kohlhammer) 1978.

VON DEN BOOM, H.: „Sprache der Politik und institutionelles Handeln", in: HUBIG, CH. (Hg.): *Ethik institutionellen Handelns,* Frankfurt a.M. (Campus) 1982, S. 129-148.

WIELAND, J.: *Die Ethik der Governance,* Marburg (Metropolis) 1999.

WIESE, K. VON: *Ethik der sozialen Gebilde,* Frankfurt a.M. (Athenäum) 1961.

ZIMMERLI, W.CH.: „Wandelt sich die Verantwortung mit dem technischen Wandel?", in: LENK, H./ROPOHL, G. (Hg.): *Technik und Ethik,* Stuttgart (Reclam) 1987, S. 92-111.

ZIMMERMANN, M.J.: „Responsibility" *in:* BECKER, L./BECKER, C.B. (Hg.): *Encyclopedia of Ethics,* New York-London (Garland) 1992, Vol. II, S. 1089-1143.

2. Kapitel

# Die Tugend kollektiver Akteure

JOSEF WIELAND

I.   Phänomene und Theorien
II.  Institutionen und Organisationen
III. Personale und apersonale Kooperation
IV.  Die Tugend kollektiver Akteure

## I. Phänomene und Theorien

Die gegenwärtige Diskussion um die Entschädigung von Zwangsarbeitern, die während des Herrschaft der Nationalsozialisten von deutschen Firmen ausgebeutet wurden, hat eine ganze Reihe von wichtigen wirtschaftsethischen Problemen aufgeworfen. So etwa die Frage nach der Berechtigung dieser Forderung im Hinblick auf die vergangene Zeit und im Hinblick auf die zum größten Teil nicht mehr lebenden individuellen Akteure der damals involvierten Unternehmen. Auf einer rein tugendethischen Basis sind solche Problemstellungen wohl kaum noch zu bearbeiten, da der Sache nach hier kollektive Akteure oder Korporationen und gerade nicht Individuen juristisch und moralisch verantwortlich gehalten werden. Mehr noch: Moralische Zurechnung kann hier überhaupt nur noch auf kollektive Akteure gelingen, und zwar nicht nur aus biologischen Gründen. Es ist die Kombination von Dauerhaftigkeit und Verfasstheit von Organisationen, die dazu gemeinsam die Voraussetzungen bilden. Erst eine solche Perspektive erlaubt es zu erkennen, dass dieser Vorgang für moderne Gesellschaften durchaus kein Novum bedeutet. Kinderarbeit, Entwicklungshilfe oder Menschenrechte, es existieren in der globalisierten Welt offensichtlich immer mehr moralische Fragen, für die den Unternehmen und gerade nicht den individuellen Akteuren der Wirtschaft Lösungskompetenz und damit verknüpft auch Verantwortung zugerechnet wird. Spitz formuliert: Die Zurechenbarkeit auf kollektive moralische

Akteure wird mehr und mehr zur Bedingung der Möglichkeit moralischer Diskurse in modernen Gesellschaften.

Die soziologische Diskussion[1] hat gute Argumente dafür vorgetragen, dass die faktische Existenz der Unternehmen als kollektive moralische Adressaten ein Zurechnungsprodukt moderner Gesellschaften ist. Diese hat nicht nur ein Interesse daran, ihre Organisationen, vor allem die der Wirtschaft, normativ einzubinden, sondern rechnet gerade der Form Organisation wegen des dort vermuteten rational-strategischen Potentials erhöhte Verantwortlichkeit und Fähigkeit zur Realisierung moralischer Ansprüche zu. Auf einer phänomenologischen Ebene scheint daher die Moralität kollektiver Akteure unproblematisch. Diese ist ein empirisch zu konstatierendes Phänomen und basiert auf gesellschaftlichen Zurechnungsprozessen. Dieser Gesichtspunkt ist nicht zuletzt für die adressierten Unternehmen der entscheidende, da sich aus ihm eine ganze Reihe praktischer Folgerungen für die einzuschlagende Strategie und Politik eines Unternehmens, also das organisationale Verhalten, ergibt.

Dennoch gewinnt man gelegentlich den Eindruck, als ob die gesamte europäische philosophische Tradition gegen ein solches Konstrukt „kollektiver moralischer Akteur" in Stellung gebracht werden könnte. Vor diesem Hintergrund von der Tugend kollektiver Akteure zu sprechen, scheint daher abwegig. Dennoch möchte ich in diesem Aufsatz den Versuch unternehmen, die dahinter stehende Konstellation zu plausibilisieren. Dass ein solcher Versuch nicht von vornherein aussichtslos scheint, kann sich vor allem auf die Art der Argumentation gegen die Rede von einem kollektiven moralischen Akteur stützen. Sie ist in der Regel so gebaut, dass a) die Merkmale eines individuellen moralischen Akteurs (Gewissen, Mitgefühl etc. pp.) definiert werden, dann b) gefragt wird, ob kollektive Akteure diese Merkmale teilen, um c) diese Frage zu verneinen und daraus schließlich d) die Schlussfolgerung zu ziehen, dass die Rede vom kollektiven moralischen Akteur nicht sinnvoll sei. Die Tautologie dieses Verfahrens ist evident, da bereits in der Fragestellung die Antwort enthalten ist. Identitätstheoretisch kann ein kollektiver Akteur nicht die Attribute eines individuellen Akteurs teilen. Wissenschaftlich fruchtbar und praktisch interessant wird die Problemstellung erst, wenn man differenztheoretisch danach fragt, was einen kollektiven von einem individuellen moralischen Akteur unterscheidet, welche zusätzlichen moralischen

---

1    Vgl. GESER 1988.

Optionen eine Gesellschaft mit einem solchen Konstrukt öffnen kann und in welcher Weise sich die beiden Akteursformen dabei aufeinander beziehen.

Wir entwickeln daher den Begriff des kollektiven moralischen Akteurs im Folgenden differenztheoretisch. Ganz im Sinne der philosophischen Tradition wollen wir dabei unter Tugend die Bereitschaft und Fähigkeit zur Verwirklichung moralischer Werte durch angemessene Handlungen verstehen, also die Vortrefflichkeit (ökonomisch: best practices) des Verhaltens und Handelns einer Organisation. Denn dass Organisationen und hier vor allen Dingen Unternehmen die Fähigkeit zum Handeln und zum Verhalten nicht abgesprochen werden kann, scheint unstrittig. Die Fokussierung der Tugend auf die Gesinnung von Individuen ist zwar aus kantianischer Perspektive geboten, aber aus sozialwissenschaftlicher Sicht lässt sich auf diese Weise nicht das Abstraktionsniveau der Zurechnung von Verantwortung erreichen, das modernen Gesellschaften eigen ist. Freilich hatte und hat die ökonomische Theorie mit einer kantianischen Ausrichtung der Tugend auf individuelle Gesinnung keinerlei Schwierigkeiten. Sie reformuliert individuelle Tugend als Präferenz oder Metapräferenz individuellen Handelns, die dann als Restriktion gegenüber dem ökonomischen Kalkül zur Wirkung kommt (vgl. hierzu den Beitrag von Priddat in diesem Band). In der Tat ist diese Form der Modellierung ‚the main stream' in der neoklassischen Standardtheorie. Aus der Geschichte der Entwicklung der ökonomische Theoriebildung der letzten 100 Jahre lässt sich allerdings auch lernen, dass es keinen Weg gibt von preistheoretisch modellierten Präferenzen und Restriktionen strikt individuellen Verhaltens zur Erklärung der Konstitution und des Handelns kollektiver Akteure, wie es etwa die Unternehmen der Wirtschaft sind.[2] Bis auf den heutigen Tag hat diese Strömung der ökonomische Theoriebildung daher zu keinen adäquaten Begriff des Unternehmens als Organisation gefunden[3], was für eine Theorie, die an der Erklärung wirtschaftlichen Verhaltens interessiert ist, keine geringe Hypothek darstellt. Erst die Institutionen- und Organisationsökonomik[4] hat die theoretischen Voraussetzungen dafür geschaffen, dass Unternehmen als Organisationsformen, in denen individuelle Akteure kooperieren und damit zu einem kollektiven Akteur werden, verstanden und analysiert werden können. Man kann daher heute feststellen, dass innerhalb der

---

2  Vgl. hierzu WIELAND 1996.
3  Vgl. hierzu etwa HART 1990.
4  Vgl. zur Übersicht hierzu ARENA/LONGHI 1998.

ökonomischen Theorie alle Versuche, kollektive Akteure als quasi- oder abgeleitete individuelle Akteure zu verstehen, gescheitert sind. Hin und wieder gewinnt man den Eindruck, dass die philosophische Theoriebildung gegenwärtig vor einer ähnlichen Problemlage zu stehen scheint. Unter kollektiven Akteuren wollen wir daher konstitutionelle Kooperationsformen individueller Akteure verstehen, also Organisationsformen, und hier in erster Linie die Unternehmen der Wirtschaft.

Als ihre Tugend sei ihre Bereitschaft und Fähigkeit zur Verwirklichung moralischer Werte in Handeln und Verhalten dieser Organisation – und dies schon vorweg: nicht ihrer einzelnen Mitglieder – verstanden. Die folgenden Überlegungen zielen darauf, für diese theoretische Figur die Argumente zur Verfügung zu stellen.

## II. Institutionen und Organisationen

Institutionen und Organisationen sind charakteristische Merkmale der modernen Gesellschaften. Obgleich diese beiden Begriffe gelegentlich synonym verwandt werden, ist das damit Gemeinte es nicht. Aus institutionenökonomischer Sicht sind Institutionen informale oder formale Spielregeln der Gesellschaft (also etwa nicht kodifizierte Moral und kodifiziertes Recht), die das Handeln der Menschen steuern und beschränken. Organisationen sind demgegenüber Gruppen individueller Akteure, die sich zur Verfolgung eines gemeinsamen Zieles zusammengeschlossen haben. Diese Organisationen beziehen sich auf die Institutionen der Gesellschaft. Sie handeln in ihrem Rahmen und versuchen zugleich, diese Rahmenbedingungen in ihrem Sinne zu verändern. Ich komme später auf diesen Punkt noch ausführlich zurück.

Selbstverständlich kennt auch das alte Europa informale und formale Institutionen und sich darauf beziehende Organisationen. Aber in personalen Gesellschaften, die ihre soziale Interaktion und ökonomischen Transaktionen als Austauschbeziehungen zwischen Personen kodieren, die zur Reziprozität und Einfügung in vorgängige Sozialordnungen verpflichten, wirken Institutionen und Organisationen nur vermittelt über personale Qualitäten. So hat Platon nicht den geringsten Zweifel, dass eine oikonomia, in der „Regelung und Ordnung herrschen dürfte gut, eine ungeordnete schlecht sei"[5], aber der systematische Ausgangspunkt seiner Überlegungen zur oikonomia ist die Interaktion von Personen, genauer: die richtige und gelungene Führung von Menschen durch Menschen hinsichtlich der zu erfüllenden wirtschaftlichen Operationen. In solchen Gesellschaften ist der Adressat wirtschaftlicher Anforderungen gleichsam natürlich die individuelle Person und deren Tugend.

Der für das europäische Ordnungsdenken paradigmatische Bezugspunkt ist hier die Wirtschaftsethik des Aristoteles. Im Ersten Buch der Politik unterscheidet er zwei Formen der privaten Organisierung des Wirtschaftens: die oikonomia als Personalrelation und die oikonomia als Wirtschaftseinheit. Im ersten Fall geht es um die richtige Führung, im zweiten Fall um den Erwerb.[6] Der normative Aspekt beider Formen des Wirtschaftens ergibt sich für Aristoteles aus der anthropologischen Bestimmung des Menschen. Es sind die menschlichen Fähigkeiten zur Wahrnehmung und zur Sprache, die es ihm ermöglichen, die ökonomische (das Nützliche/das Schädliche) und die moralische (das Gerechte/das Ungerechte) Seite seiner Existenz sowohl zu bestimmen als auch zueinander zu ordnen. Denn: „Die Gemeinschaft in diesen Dingen schafft die oikonomia und die polis"[7], deren Evaluierungskriterien, deren Spielregeln und deren Erzwingungsmechanismen gleichsam vorgängig in der polis institutionalisiert sind.[8] Anders hingegen, so Aristoteles, wenn man die oikonomia nicht unter dem Gesichtspunkt ihrer Normativität, sondern unter dem ihrer Praxis betrachtet. Hier geht es um das „Wo" und „Wie" des Wirtschaftens, das nicht aus der Theorie, sondern aus der Erfahrung der Notwendigkeit des Lebens folgt.[9] Man sollte hier beachten, dass Aristoteles über die Tätigkeit des Organisierens an dieser Stelle argumentiert, nicht aber über eine spezifische Form der wirtschaftlichen Organisation nachdenkt. Auf die Bedeutung dieser Distinktion werden wir noch ausführlich zurückkommen. Jedenfalls ist es kein Zufall, dass Aristoteles in der Erörterung des „How to do it" der oikonomia deskriptiv und nicht normativ argumentiert.[10] Im Kapitel 13 dieses Ersten Buches der Politik bestimmt er sodann die Relation der normativen und der deskriptiven, also der institutio-

---

5   *Gorgias,* 503e-504c, vgl. 520d-521b.
6   ARISTOTELES, 1253b 12-14.
7   Ebenda, 1253a 15-20.
8   Ebenda, 1253a 30-35.
9   Ebenda, 1258b 10.
10  Ebenda, 1258b 34.

nellen und der organisatorischen Seite des Wirtschaftens wie folgt: „Es ist also klar, daß die Aufmerksamkeit der Hausverwaltung sich mehr auf die Menschen richten wird als auf ihren Besitz, und mehr auf die Tüchtigkeit von jenen als auf den Vorzug des Besitzes, den man Reichtum nennt, und mehr auf die Tugend der Freien als auf die der Sklaven."[11]

Aus dieser Perspektive ergibt sich zwanglos, dass Aristoteles zwar eine Vorstellung über die Institutionalisierung wirtschaftlichen Handelns (die informellen und formellen Regeln, so wie sie in die Polis seit jeher eingelassen sind) und über das Organisieren wirtschaftlichen Handelns (die techne der oikonomia) entwickeln kann, nicht aber über die wirtschaftliche Organisation als einer gegenüber ihren Mitgliedern distinkten Entität. Eine von ihren Mitgliedern unabhängige Organisation, die gleichsam eigene Handlungs- und Verhaltensmuster generiert, ist mit tugendethisch aufgeladenen Kategorien daher nicht zu haben. Dies gilt bis auf den heutigen Tag.

Dieser Perspektivenwechsel gelingt der Philosophie erst mit Thomas Hobbes. Auf die Behauptung des Aristoteles „Die Gerechtigkeit dagegen ist der staatlichen Gemeinschaft eigen."[12] antwortet Hobbes in seinem Leviathan: „Abgeschlossene Verträge sind zu halten (...) in diesem natürlichen Gesetz liegen Quelle und Ursprung der Gerechtigkeit."[13] In diesem kategorialen Bruch spiegelt sich ein Wechsel in der philosophischen Beobachtung menschlicher Kooperationsbestrebungen. Ihre Basis wird mit Hobbes nicht mehr in einem metaphysischen Gemeinschaftsbezug gesehen, sondern die Gemeinschaft selbst ist eine zu erbringende Kooperationsleistung, die sich auf private Verträge und staatliche Erzwingungsmacht dieser Verträge abstützt. Der Staat als „third party" muss von seinen Mitgliedern nicht nur begrifflich unterschieden werden, sondern auch in der Form einer eigenen Akteursidentität. Bekanntlich hat Hobbes dieses Vertragskonstrukt des Staates „Leviathan" genannt, die „zu einer Person vereinte Menge."[14] Diese philosophische Figur, nämlich die Unterscheidung und Gegenüberstellung der Staatsorganisation gegenüber den konstituierenden Mitgliedern des Staates, ist eine der fundamentalen denkgeschichtlichen Voraussetzungen der Neuzeit und moderner Ökonomie. Hobbes überträgt dann diese Denkfigur im 22.

---

11 Ebenda 1259b 20.
12 ARISTOTELES, *Politik* I, 1253a 35ff.
13 HOBBES, TH., *Leviathan*, 1651/1914, 110.
14 Ebenda, 134.

Kapitel des Leviathans auch auf „private Vereinigungen, wie etwa die Korporationen von Kaufleuten für den Binnen- und Außenhandel."[15] Indem Hobbes die Entstehung dieser privaten Organisationen aus dem individuellen Vorteilsstreben ehemals unabhängig und selbständig agierender Kaufleute erklärt hat (Erhöhung des Gewinns aus bestmöglichen Einkaufs- und Verkaufsbedingungen), verweist er auf deren vertragliche Grundlagen im Gesetz und im Privatvertrag. Wie schon im Fall des Leviathans bedeutet diese Vertragsorientierung für die Mitglieder der Handelskorporationen zugleich einen Verzicht „auf das Recht auf alles" des Einzelnen gegenüber den anderen Mitgliedern der Korporation. Ökonomische Besserstellung, so die Idee von Hobbes, wird durch eine vertraglich vereinbarte Kooperation von Individuen zu einer Organisation erreicht, die die Form einer „repräsentativen Person"[16] annimmt. Hobbes kann daher, anders als Aristoteles, nicht nur die einzelnen Aspekte der Organisierung ökonomischer Transaktionen seiner Zeit im 22. Kapitel sehr detailliert beschreiben, sondern sein vertragstheoretischer Zugriff lässt einen kollektiven wirtschaftlichen Akteur sichtbar werden, der erstens strikt zu unterscheiden ist von seinen individuellen Mitgliedern und der zweitens aufgrund seiner Vertragsbasis konstitutiv die Zurechnung von moralischen Fragen nicht nur erlaubt, sondern geradezu erfordert. Denn „das Wesen der Gerechtigkeit (liegt) im Einhalten gültiger Verträge."[17]

Aus vertragstheoretischer Perspektive sind es daher nicht Attribute (z.B. Reflexionsfähigkeit, Selbstzwecksetzung, Betroffenheit, Willensfähigkeit usw.), die einer Person die Fähigkeit zur Moral verleihen, sondern die Art und Weise ihrer Konstituierung durch einen Vertrag, der von vornherein Verhaltensbeschränkungen und Verhaltensversprechen beinhaltet, deren Erfüllung immer auch einen moralischen Aspekt hat. Das Abstellen auf Attribute ist demnach das konsequente Ergebnis einer handlungstheoretischen Perspektive, die zwar möglich ist und in der zeitgenössischen Philosophie offenbar auch dominiert (vgl. die Beiträge von Hubig, Kettner, Maring und Seebaß in diesem Band sowie die Beiträge in Edelstein/Nunner-Winkler/Noam 1993), von der philosophischen Tradition und der Sache her aber nicht zwingend ist. Die zweite Möglichkeit ergibt sich aus einer strukturtheoretischen Analyse konstitutioneller Akte.

---

15  Ebenda, 178 f.
16  Ebenda, 181.
17  Ebenda, 110.

Ähnlich wie der neoklassische Mainstream der ökonomischen Theorie hat auch die philosophische Ethik für ihre grundlegende Handlungs- und Personenorientierung einen hohen Preis gezahlt. Sie verfügt über keinen theoriegeleiteten Begriff der Organisation, sondern neigt nicht selten dazu, Institutionen und Organisationen als synonyme Entitäten zu denken oder interpretiert den Begriff der Organisation im Sinne des Organisierens, setzt demnach also die Form, in der sich wirtschaftliche Akte vollziehen, gleich mit diesen Akten selbst. (vgl. hierzu den Beitrag von Maring in diesem Band). Die Reichweite und die Konsequenzen dieser kategorialen Unterscheidung werde ich weiter unten noch ausführlicher erörtern. Jedenfalls lässt sich mit Hobbes das Verhältnis von Institution und Organisation so denken, dass formelle und informelle Institutionen (hier vor allen Dingen der Vertrag) und Organisationen (repräsentative Personen) sich in einem konstitutionellen Sinne aufeinander beziehen und füreinander die Relevanzbedingungen sind.

## III. Personale und apersonale Kooperation

Alle auf Anwendung zielende Ethik hat zum Vorwurf das Problem der Kooperation zwischen Akteuren. Dabei macht es keinen Unterschied, ob man das Gelingen der Kooperation über einen vorgängigen Gemeinschaftsbezug menschlicher Existenz philosophisch sicherstellt, oder ob man gerade in der Fragilität von Kooperationsbeziehungen, also in der Möglichkeit des Scheitern von Kooperationen, den Grundzug aller menschlichen Existenz sieht. Ohne Institutionalisierung und Organisierung kann weder der aristotelische Polismensch noch der Hobbessche Wolf seine Interaktionen mit dem Anderen auf Dauer sicherstellen. Wir haben im vorangegangenen Abschnitt versucht zu zeigen, dass sich alle Gesellschaften mit der Verhältnisbestimmung von Institutionalisierung und Organisierung von Kooperationsbeziehungen zu beschäftigen haben und dass darin eine ordnungspolitische Aufgabe liegt.

Der Prozess der Institutionalisierung und Organisierung in den modernen Marktgesellschaften Europas, für die Hobbes die paradigmatische Denkfigur geliefert hat, bedeutet vor allem die Umstellung personaler auf apersonale Interaktionen und Transaktionen. Der im 17. Jahrhundert beginnende Siegeszug des Rechts und der Märkte als institutionelle Koordinierungssysteme individueller Austauschbeziehungen steht für diesen Prozess. Es ist daher

29

auch folgerichtig, dass mit dem Rechtsstaat und den Unternehmen der Wirtschaft die wirkmächtigsten Organisationen der modernen Gesellschaft entstanden sind, die sich auf diesen Prozess der rechts- und marktförmigen Institutionalisierung beziehen.

Die ökonomische Analyse dieser Entwicklung[18] hat gezeigt, dass im Wesentlichen vier Faktoren für deren Richtung und Tempo bestimmend waren.

1. Die Ausdehnung und Entkopplung der Raum-Zeit-Dimension des wirtschaftlichen Handelns (Nationalisierung/Internationalisierung des Handels und Entkopplung von Vertragsabschluss und Vertragserfüllung) haben den Aspekt der Erwartungssicherheit ökonomischer Leistungsversprechungen in ein helles Licht gestellt. Personale Tugenden, die in face-to-face Gesellschaften hinreichende Erwartungs- und Erzwingungssicherheit schaffen, sind in dieser Umwelt defizitär. Die Kombination von individualistischer Selbstbindung und lokaler sozialer Fremdbindung scheitert an der Ausdehnung und Entkopplung der Raum-Zeit-Dimension. Das nunmehr erforderliche „third party enforcement" wird Zug um Zug auf das Vertragsrecht und die Organisationen des Staates übertragen.

2. Das ermöglichte ein Senken der Transaktionskosten wirtschaftlicher Kooperationen, also der Kosten der Anbahnung, Durchführung und Kontrolle von Tauschverträgen. Es sind daher Effizienz- und Effektivitätsüberlegungen wesentliche Triebkräfte zur Durchsetzung apersonaler Steuerungs- und Kontrollmechanismen.

3. Beide Entwicklungen gemeinsam führen zu einer Vertiefung und Ausweitung der ökonomischen Arbeitsteilung und damit dem Korridor möglicher Kooperationschancen. In der Folge findet sich eine Steigerung des Wohlfahrtsniveaus der involvierten Gesellschaften über steigende „gains from trade" und steigende Kooperationsrenten.

4. Die moderne Unternehmung hat, beginnend in der zweiten Hälfte des 19. Jahrhunderts, diese Entwicklung durch forcierte Entpersonalisierung wirtschaftlichen Handelns (vom Kaufmann zur Firma, vom Eigentümer zum Management) weiter vorangetrieben. Firmen repräsentieren gegenüber Personen einen Zuwachs an Dauerhaftigkeit und einen Zuwachs an Transparenz der Entscheidungsfindung. Hinzu kommt, dass sie eine Bündelung vormals

---

18  Vgl. NORTH 1981, 1990, SOMBART 1990 für die politischen Institutionen und CHANDLER 1962, 1977 und 1990 für die Unternehmen.

selbständiger Ressourcen darstellen, die einen positiven Effekt auf das wirtschaftliche Leistungsniveau der darin involvierten Gesellschaften hat.

Dieser hier nur kurz skizzierte Zusammenhang von steigender Erwartungssicherheit zu sinkenden Transaktionskosten und steigenden Kooperationsrenten durch vertiefte Arbeitsteilung und das Zusammenlegen von Ressourcen hat daher zu seinem logischen und praktischen Ausgangspunkt eine tiefe Skepsis hinsichtlich der ökonomischen und moralischen Rationalität tugendethischer Bindungsstrategien unter der Bedingung moderner marktwirtschaftlicher Gesellschaften. Hobbes knappe Bemerkung über das „schmale Band mündlicher Versprechen"[19] hat genau diese Zusammenhänge im Blick. Es ist daher nicht so, dass die Verrechtlichung und organisatorische Strukturierung wirtschaftlichen und gesellschaftlichen Handelns zu einer Erosion individueller Moralfähigkeit, sondern zu einer Verengung des Korridors möglicher Moralpraxis geführt hat. Das aber ist ein Reflex auf eine grundlegende Beschränkung jeder Tugendethik, nämlich ihre Wirkungs- und Erzwingungsmacht am effektivsten und effizientesten in personalstrukturierten Gesellschaften entfalten zu können. Nicht ohne Grund galten Aristoteles der Fern- und der Geldhandel als die widernatürlichsten Aspekte ökonomischen Handelns, weil beide die räumliche und zeitliche Abstrahierung der Gesellschaft und damit einen Funktionsverlust personaler Tugend mit steigendem Wohlfahrtsniveau prämieren.

Mandeville stellte diese Zusammenhänge in ein helles Licht, als er in seiner „Fable of the Bees"[20] die „public benefits" der „private vices" en detail aufmarschieren lässt. Weder grassierende Tugendvergessenheit noch die Kälte und Unübersichtlichkeit anonymisierter Gesellschaften haben daher aus ökonomischer Sicht zu einem Bedeutungsverlust tugendethischer Qualität geführt, sondern ein Mangel an ökonomischer und moralischer Effizienz und Effektivität, der von paretoinferioren Wohlfahrtsniveaus in entwickelten Gesellschaften begleitet ist.

Daraus folgt, dass die gelegentlich geäußerte Hoffnung auf eine Renaissance der individuellen Moral alteuropäischer Gesellschaften nicht nur eine Illusion ist, sondern teuer zu bezahlen wäre. Die Globalisierung der Welt und vor allem ihrer Ökonomien wird vielmehr zu einer weiteren Schwächung der tradierten Auffassung individualistischer Tugenden führen, wenn es nicht

---

19 HOBBES, TH., *Leviathan*, 1651/1914 101, 105.
20 MANDEVILLE 1716/1924.

31

gelingt, dieses Konzept in einem neuen Bedeutungszusammenhang zu plazieren. Für den Zweck der hier geführten Diskussion aber genügt es darauf hinzuweisen, dass entwickelte Gesellschaften sich mit dem Problem konfrontiert sahen und auch weiterhin sehen werden, funktionale Äquivalente für individuelle Tugenden zu schaffen, wenn sie die ökonomische und moralische Erwartungssicherheit für die Transaktionen ihrer Akteure schaffen wollen. Organisationen, Unternehmen als tugendhafte kollektive Akteure, sind exakt solche funktionalen Äquivalente.

## IV. Die Tugend kollektiver Akteure

Damit ist die Frage nach der Möglichkeit einer moralischen Verfasstheit von Organisationen und Unternehmen oder allgemeiner: kollektiver Akteure, aufgeworfen. Ich werde im Folgenden dafür argumentieren, dass diese Frage nur zu beantworten ist auf der Grundlage einer theoretischen Unterscheidung von Institutionen und Organisation und einer konstitutionellen Analyse der Organisationen der Wirtschaft.

Douglas C. North hat in seinem Buch „Institution, institutional change and economic performance"[21] aus institutionenökonomischer Sicht einen Vorschlag zur Abgrenzung der Begriffe Institution und Organisation vorgelegt. Er definiert dort: „institutions are the rules of the game in a society or, more formally, are the humanly deviced constraints that change human interaction."[22] Diese Spielregeln können formaler oder informaler Natur sein, also etwa das Recht und die moralischen Überzeugungen einer gegebenen Gesellschaft. Institutionen sind damit ein intelligibles Set von Ereignisrelationen, denen normative Macht zugebilligt wird. Sie definieren die Menge und die Art erwünschter und sanktionsfrei möglicher Handlungen und sie fungieren zugleich als Handlungsbeschränkungen. Organisationen versteht er hingegen als „groups of individuals bound by some common purpose to achieve objectives."[23] Sie sind demnach Governance-Strukturen, mit denen Individuen

---

21  NORTH 1990.
22  Ebenda, 3.
23  Ebenda, 5.

versuchen, innerhalb des gegebenen gesellschaftlichen Institutionengefüges die sich bietenden Opportunitäten effizient zu nutzen. Das führt zugleich dazu, dass Organisationen versuchen können, das institutionelle Set einer Gesellschaft so zu verändern, dass Effizienzzuwächse im Hinblick auf die Erreichung des Organisationszieles möglich sind. Es ist diese Interaktion zwischen Institutionen und Organisationen, die Organisationen zu Agenten des institutionellen Wandels macht. Organisationen sind demnach funktionsbezogene und formal regulierte Mechanismen und insofern sie Normativität (formale und informale Regeln) repräsentieren, sind sie selbst Institutionen der Gesellschaft. Zusammengefasst lässt sich vielleicht formulieren, dass Institutionen kein Ziel haben wie Organisationen, sondern eine gesellschaftliche Funktion erfüllen. Sie haben, ebenfalls im Unterschied zu Organisationen, keine Akteure oder Mitglieder, sondern haben Handlungs- und Verhaltensrelevanz für Akteure. Institutionen werden nicht konstituiert, sondern emergieren aus dem Diskurs der Gesellschaften und werden dann zu formal festgeschriebenen oder informal kommunizierten Handlungsbedingungen. Demgegenüber sind Organisationen das Ergebnis eines gezielten konstitutionellen Aktes von Akteuren, der entweder darauf gerichtet ist, die Spielregeln der Gesellschaft zu nutzen, sie zu ändern oder sie zu erzwingen.

Es sollte deutlich geworden sein, dass aus dieser Perspektive wenig für die synonyme Verwendung der Begriffe Institution/Organisation im Hinblick auf die Klärung der in diesem Band traktierten Fragen spricht. Institutionen sind selbst Ausdruck moralischer Überzeugungen. Sie sind entweder handlungsbeschränkend oder handlungseröffnend, aber die Frage ihrer „moralischen Handlungsfähigkeit" stellt sich überhaupt nicht, da sie keine Akteure, sondern Referenzpunkte für Akteure sind.[24] Damit verengt sich die Frage auf den Bereich der Organisationen, also etwa ob Unternehmen das Attribut moralischer Identität und Handlungsfähigkeit zugerechnet werden kann und, wenn ja, in welchem Sinne zugerechnet werden sollte. Solange Organisationen als abgeleitete oder quasi-individuelle Akteure verstanden werden, ist das offensichtlich nicht möglich. Um es pointierter zu formulieren: Solange Organisationen handlungstheoretisch rekonstruiert werden, lässt sich über ihre

---

24 Der in diesem Band von Hubig vorgetragenen Formulierung, dass Institutionen eine Ermöglichungsfunktion für moralisches Handeln individueller Akteure zugesprochen werden kann, ist also zuzustimmen.

genuinen moralischen Qualitäten als Organisationen wenig sagen. Erst eine vertragstheoretische Analyse eröffnet hier neue Möglichkeiten.

Ich habe diese Zusammenhänge an anderer Stelle ausführlich diskutiert[25] und beschränke mich daher hier nur auf die Grundlinie der Argumentation. Die vertragstheoretische Abgrenzung einer ökonomischen Form von ihren individuellen Akteuren lässt sich plausibilisieren über den Akt der Entstehung, also der Gründung einer Unternehmung. Eine Unternehmung konstituiert sich über einen Vertrag zwischen individuellen Ressourcenbesitzern und manifestiert sich in der Unternehmensverfassung, in ihren Verhaltensstandards und in ihren policies und procedures. Die individuellen Eigentümer von Ressourcen stimmen diesen Verträgen zu oder treten ihnen bei, weil und insofern sie durch die Kooperation mit den anderen Ressourcenbesitzern die Erträge ihrer je eigenen Ressourcen steigern können gegenüber der Situation, weiterhin alleine zu operieren. Dieses Mehr wird als Kooperationsrente bezeichnet. Unternehmen sind aus dieser Sicht vertraglich konstituierte Kooperationsprojekte individueller Akteure zur Erwirtschaftung von Kooperationsrenten. Ganz in der Hobbesschen Argumentationstradition verzichten die einzelnen Ressourcenbesitzer durch ihren Beitritt zu diesem Kooperationsprojekt auf individuelle Rechte und eine uneingeschränkte Handlungsfreiheit. Dieser Verzichtsakt ist die Erfolgsvoraussetzung des Kooperationsprojektes. Mehr noch: Der kollektive Akteur konstituiert sich gerade nicht durch die Summierung aller in ihm vertretenen individuellen Handlungspräferenzen, sondern durch deren Einschränkung.

Wenn wir diese Überlegungen auf die Frage nach der Moralfähigkeit kollektiver Akteure anwenden, dann zeigt sich das folgende Ergebnis: Insofern ein Unternehmen moralische Ansprüche und Werte zum Bestandteil des Unternehmensvertrags macht, sei es formal über einen „Code of Ethics" oder informal über eine bestimmte Atmosphäre der Unternehmenskultur, sind diese moralischen Ansprüche und Werte konstitutiver Bestandteil und damit auch Handlungsparameter für die einzelnen Mitglieder dieser Organisation. Der kollektive moralische Akteur konstituiert sich daher gerade nicht durch die Homogenisierung individueller moralischer Präferenzen (wie die Tugendethiker vermuten), sondern durch die Definition der moralischen Präferenzen der Organisation und die Einschränkung der individuellen moralischen Präferenzen. Es ist gerade diese Differenz zwischen dem kollektiven und dem

---

25  Vgl. WIELAND 1994, 1996, 2000a.

individuellen Akteur, die dem ersten eine distinkte moralische Existenzform und dem letzteren Handlungsspielräume gibt. Verhaltensstandards oder Wertemanagementsysteme sind aus dieser Sicht Kompetenzen und Ressourcen eines kollektiven Akteurs, die die „Vortrefflichkeit" seines Handelns und Verhaltens und seine Bereitschaft zur Verwirklichung moralischer Werte in seinem Handeln bestimmen.

Wir können daher jetzt versuchen, die Tugend kollektiver Akteure näher zu bestimmen. Formale oder informale moralische Spielregeln einer Organisation (Code of Ethics, Unternehmenskultur) zielen zunächst auf die Identität des moralischen Akteurs. Sie sind Selbstbeschreibungen einer Organisation, durch die sie sich selbst identifiziert. In sozialen Systemen, und darauf hat Niklas Luhmann hingewiesen[26], sind Selbstbeschreibungen ein funktionales Äquivalent für individuelle Wahrnehmung. Sie ermöglichen Wahrnehmung, insoweit sie die Unterscheidung von Konformität und Abweichung von diesen Selbstbeschreibungen erlauben. Es sind daher die moralischen und werteorientierten Selbstbeschreibungen einer Organisation, die ihr eine Identität als kollektiver moralischer Akteur geben. Die gewollte und unausweichliche Unschärfe dieser Selbstbeschreibungen steigert die adaptive Effizienz und ermöglicht kulturelle Weiterentwicklung, also temporalisierte Identitätsprozesse. Des Weiteren sind formale und informale moralische Regeln einer Unternehmung Ressourcen dieser Organisation[27], die ein Bestandteil ihrer Kooperationsbereitschaft, ihrer Kooperationsfähigkeit und damit auch ihrer Kooperationschancen sind. Kollektive Akteure setzen die Lösung des Kooperationsproblems voraus, und die Moral kollektiver Akteure emergiert in diesem Zusammenhang. Gelingende Moral ist ein Prozess der wechselseitigen Attribuierung von moralischen Ansprüchen und Akzeptanz dieser Ansprüche, der ein Interesse an Kooperation voraussetzt. Nur in diesem Prozess konstituieren sich moralische Akteure.

Die Tugend kollektiver Akteure besteht danach a) in einem konstitutionellen Akt der Identitätsbildung und b) in einer Ermöglichungs- und in einer Sicherstellungsfunktion, die sich sowohl auf seine internen als auch auf seine externen Transaktionen und Kooperationen bezieht. Im folgenden Schaubild sind die Zusammenhänge in einer kurzen Form dargestellt:

---

26  LUHMANN 2000, 418f.
27  Vgl. WIELAND 2000b.

| Identität:<br>Moralstandards<br>Atmosphäre/Kultur<br>WerteManagement-Systeme | Interne<br>Transaktionen | Externe<br>Transaktionen |
|---|---|---|
| **Ermöglichungsfunktion** | **Anreiz**<br>(z.B. Training,<br>Zielvereinbarungen) | **Investition**<br>(z.B. Partnerscreening,<br>Kundenreputation) |
| **Sicherstellungsfunktion** | **Selbstbindung**<br>(z.B. Compliance,<br>Integritätsmanagement) | **Fremdbindung**<br>(z.B. Menschenrechte,<br>Sozialstandards) |

Abb. 1: Tugendmatrix kollektiver Akteure

Die kodifizierten moralischen Standards und die Entwicklung einer spezifischen moralischen Atmosphäre (Kultur) einer Organisation signalisieren und definieren deren *Bereitschaft*, moralische Fragen als Fragen der Organisation zu behandeln. Die implementierten Managementsysteme[28] definieren die *Bereitschaft und Fähigkeit* einer Organisation zu moralischem Handeln im Sinne von moral best practices. Es sind daher präzise die Existenz und die moralsensitive Ausgestaltung der Governance-Strukturen ökonomischer Transaktionen, die die Tugend kollektiver Akteure verkörpern und prozessieren, nämlich ihre Bereitschaft (Kultur, Codes of Ethics) und ihre Fähigkeit (Managementsysteme, policies und procedures), moralische Werte in ihren Handlungen und in ihrem Verhalten zu verwirklichen. Bereitschaft und Fähigkeit, Identitätsbildung und Funktion stehen dabei in einem rekursiven Verhältnis. Nur Akteure mit einer moralischen Identität können die Funktionen der Ermöglichung und Erzwingung von Moral übernehmen, und in diesem Prozess bestätigt und entwickelt sich die moralische Identität kollektiver Akteure. Dass es dann möglich ist, „Vortrefflichkeit" im Sinne von „best practices" zuzurechnen, ist offensichtlich.

---

28 EthikManagement, WerteManagement, EthikAudit; vgl. hierzu detailliert WIELAND/GRÜNINGER 2000.

Im Hinblick auf die *Ermöglichungsfunktion* der Tugend kollektiver Akteure lässt sich feststellen, dass sie in den *internen* Austauschbeziehungen der Mitglieder des kollektiven Akteurs zu einem Sinken der Kosten und Preise für moralische Kommunikation in einer Organisation führen (z.B. durch Karriereknick, Einkommensverluste, Entlassungen usw.). Der normative Aspekt des kollektiven Akteurs ermöglicht und erleichtert daher individuelles moralisches Verhalten durch die entsprechenden organisationalen Anreize. Im Hinblick auf seine *externen* Relationen stellen Code of Ethics, Code of Conduct oder eine moralisch orientierte Unternehmenskultur investive Vorleistungen einer Organisation (nicht einzelner Mitglieder) in potentielle Kooperationsbeziehungen dar, die es anderen kollektiven Akteuren erleichtern sollen, sich selbst ebenfalls an solche Werte zu binden (z.B. Lieferanten, Partner in Joint Ventures, Kunden usw.). In Bezug auf die *Sicherstellungsfunktion* der Tugend kollektiver Akteure sind sie im Hinblick auf die *internen* Beziehungen ein Instrument der Selbstbindung und Selbststeuerung des kollektiven Akteurs und ein Medium der organisationalen Selbsterzwingung normengerechten Verhaltens gegenüber seinen individuellen Mitgliedern. Im Hinblick auf seine *externen* Relationen übernimmt dieser Aspekt der Selbststeuerung und Selbsterzwingung, zum Beispiel die proaktive Realisierung von Menschenrechten oder globaler Sozialstandards, die Funktion oder die Unterstützung von Fremdbindung, also etwa deren Erzwingung durch staatliche Regeln.[29]

Aus der hier entwickelten Perspektive zeigt sich, dass die Moralität kollektiver Akteure nicht ohne Rest auf die individuellen Akteure reduziert werden kann. Es ist gerade umgekehrt: Die Tugend *kollektiver* Akteure, die sich in ihrer Identität und der daraus abgeleiteten Ermöglichungs- und Sicherstellungsfunktion gegenüber seinen individuellen und gegenüber anderen *kollektiven* Akteuren zeigt, determiniert zugleich den Zusammenhang zwischen der Tugend eines kollektiven Akteurs und den Tugenden von individuellen und anderen kollektiven Akteuren.

Gerade in der Möglichkeit und Wahrscheinlichkeit des Auseinanderfallens kollektiver Tugenden und individueller Untugenden (und umgekehrt) zeigt sich der Sinn der Rede über kollektive moralische Akteure. Mehr noch: Unter den Bedingungen moderner weltweiter Ökonomiegesellschaften steht

---

29 Diese Zusammenhänge habe ich an anderer Stelle ausführlich erläutert; vgl. WIELAND 1998, a + b.

die Moralfähigkeit individueller ökonomischer Akteure in einem direkten Verhältnis zu ihrem vorgängig konstituierten kollektiven moralischen Akteur. Kollektive moralische Akteure sind eine weitere Stufe in der Abstrahierung moderner Interaktionsverhältnisse und deren apersonaler Steuerung. Mit ihnen emergieren neue Optionen moralischer Zurechnung in modernen Gesellschaften, die die Bearbeitung entsprechender Problemlagen überhaupt erst ermöglichen (siehe Zwangsarbeiter). Dies mag man bedauern oder ablehnen, ändern kann man es nur zu prohibitiven ökonomischen und moralischen Kosten.

Als Ergebnis dieser Diskussion lässt sich daher festhalten, dass es keinen zwingenden Grund gibt, die Moralfähigkeit kollektiver Akteure zu bestreiten, wohl aber ein ganze Reihe guter Gründe dafür. Kollektive moralische Akteure schaffen nicht nur Zurechenbarkeit und Durchsetzbarkeit moralischer Ansprüche gegenüber diesen Organisationen in modernen Gesellschaften, sie ermöglichen darüber hinaus überhaupt erst die Zurechnung moralischer Verantwortung in einem wachsenden Bereich moderner Gesellschaft. Sie sind damit auch ein Schutzmechanismus gegen die Erosion moralischer Werte, die weniger vom Sittenverfall des Einzelnen bedroht sind als vielmehr durch ihre zunehmende Nichtanwendungsfähigkeit im Kontext individuell gedachter Tugenden. Die Tugend kollektive Akteure, also die aus ihrer Identität abgeleitete Ermöglichung und Sicherstellung moralischer Praxis in der Wirtschaft und ihrer Organisationen überwindet den daraus folgenden Relevanzverfall. Die individuelle Moralfähigkeit wird dabei genauso an Vitalität und Relevanz gewinnen wie die moralische Verfasstheit einer Gesellschaft.

Man sollte beachten, dass die exklusive Zurechnung moralischer Ansprüche auf individuelle Personen keine anthropologische Konstante menschlicher Gemeinschaft und Kooperation ist, sondern das kontingente Produkt gesellschaftlicher Entwicklung. So wie die homerische Gesellschaft eine individualistische Zurechnung von Moral nicht kennt, sondern im Wesentlichen auf ein Ensemble von Göttern und Halbgöttern zurechnet[30], so gibt es auch keinerlei Grund anzunehmen, dass die globalisierte Welt dieses Jahrtausends keine anderen als individuelle Moraladressaten benötigt, denen sie moralische Verantwortung zurechnet, damit überhaupt noch ernsthaft über Moral als eine relevante Ressource zur Strukturierung gesellschaftlicher Praxis kommuniziert werden kann.

---

30  Vgl. dazu die Studien von BRUNO SNELL 1961, 1966, 1975.

# DIE TUGEND KOLLEKTIVER AKTEURE

## Literaturverzeichnis

ARENA, R./LONGHI, CH. (Hg.): *Markets and Organizations*, Berlin (Springer) 1998.

ARISTOTELES: *Politik*, O. GIGON (Hg.), München/Zürich (Artemis) 1971.

CHANDLER, A.D.: *Strategy and Structure. Chapters in the History of the Industrial Enterprise*, Cambridge (Harvard University Press) 1962.

CHANDLER, A.D.: *The Invisible Hand: The Manegerial Revolution in the American Business*, Cambridge (Harvard University Press) 1977.

CHANDLER, A.D.: *Scale and Scope: The Dynamics of Industrial Capitalism*, Cambridge (Harvard University Press) 1990.

EDELSTEIN, W./NUNNER-WINKLER, G./NOAM, G. (Hg.): *Moral und Person*, Frankfurt a. M. (Suhrkamp) 1993.

GESER, H.: „Interorganisationelle Normkulturen", in: HALLER, M. et al. (Hg.): *Kultur und Gesellschaft*, Frankfurt a. M. (Campus) 1989.

HART, O.: „An economist's perspective on the theory of the firm", in: WILLIAMSON, O.E. (Hg.): *Chester Barnard and the Incipient Science of Organisations.* Oxford (Oxford University Press) 1990.

HOBBES, TH.: *Leviathan, or the Matter, Forme and Power of a Common-Wealth, Ecclesiastical and Civil*, London (Everyman's Library) 1651/1914.

LUHMANN, N.: *Organisation und Entscheidung*, Opladen (Westdeutscher Verlag) 2000.

MANDEVILLLE, B.: *The Fable of the Bees, or: Private Vices, Public Benefits*, Oxford (Clarendon Press) 1924/1988 (Reprint Liberty Classics).

NORTH, D.C.: *Structure and Change in Economic History*, New York/London (Norton) 1981.

NORTH, D.C.: *Institution, Institutional Change and Economic Performance*, Cambridge (Cambridge University Press) 1990.

PLATON: *Gorgias*, O. GIGON (Hg.), München/Zürich (Artemis) 1974.

SNELL, B.: *Poetry and Society*, Blomington (Indiana University Press) 1961.

SNELL, B.: „Das Bewußtsein für eigene Entscheidungen im frühen Griechentum", in: *Gesammelte Schriften*, Göttingen (Vandenhoeck & Ruprecht) 1967.

SNELL, B.: *Die Entdeckung des Geistes*, Göttingen (Vandenhoeck & Ruprecht) 1975.

SOMBART, W.: *Der moderne Kapitalismus*, Band 2,1, München (DTV), Reprint 1902-1927/1987.

WIELAND, J.: „Organisationelle Formen der Institutionalisierung von Moral in der Unternehmung. Empirische Resultate, theoretische Reflexionen", in: NUTZINGER,

H.G. (Hg.): *Perspektiven der Wirtschaftsethik* II, Berlin (Duncker & Humblodt) 1994.

WIELAND, J.: *Ökonomische Organisation, Allokation und Status*, Tübingen (Mohr) 1996.

WIELAND, J. (1998a): „Kooperationsökonomie. Die Ökonomie der Diversifität, Abhängigkeit und Atmosphäre", in: WEGNER, G./WIELAND, J. (Hg.): *Formelle und informelle Institutionen*, Marburg (Metropolis) 1998.

WIELAND, J. (1998b): „Co-opetition: Globalisierung und die Verantwortung der Unternehmen", in: Evangelischer Pressedienst (epd), Zeitschrift epd-Entwicklungspolitik 2, S. 16-21.

WIELAND, J. (2000a): „Corporate Governance und Unternehmensethik", in: MITTELSTRASS, J. (Hg.): *Die Zukunft des Wissens*. 18. Deutscher Kongreß für Philosophie, Vorträge und Kolloquien, Berlin (Akademie-Verlag) 2000.

WIELAND, J. (2000b): *Die Ethik der Governance*, Marburg (Metropolis) 2000.

WIELAND, J./GRÜNINGER, ST.: „EthikManagementSysteme und ihre Auditierung: Theoretische Einordnung und praktische Erfahrungen", in: WIELAND, J. (Hg.): *Dezentralisierung und weltweite Kooperation. Die moralische Herausforderung der Unternehmen*, Marburg (Metropolis) 2000.

# 3. Kapitel

# Moral: Restriktion, Metapräferenz: Adjustierung einer Ökonomie der Moral

## BIRGER P. PRIDDAT

I. Moral als Restriktion: G. S. Beckers ‚economic approach‘
II. Moral als Metapräferenz: A. Sen et al.
  1. ‚Belief-systems‘, Kommunikation und Präferenzänderungen
  2. Präferenz und Semantik
III. Moral als Ressource

Für die Ökonomie ist das Verhältnis zur Moral prima facie methodisch geklärt:

I) ökonomische Akteure entscheiden rational, aufgrund ihrer Präferenzen und Restriktionen.

II) Moral ist eine Restriktion.

Der – aufwendigere – Rest ist Interpretation der Situation der Entscheidung.

Das Präferenz/Restriktion-Schema definiert Moral als externen Einfluss auf individuelle, methodisch als frei und unabhängig notierte ‚rational actors‘. Die Intention rationaler Entscheidungen ist die Wahl des besten Ergebnisses. Restriktionen liefern suboptimale Ergebnisse, d.h. sie selegieren aus der Menge möglicher bester Ergebnisse eine Untermenge möglicher bester Ergebnisse, die nicht notwendig das gesamtbeste Ergebnis enthält. Entweder, so lautet die implizite Maxime dieser basalen Struktur ökonomisch formulierter Moral, ist Moral a) zu minimieren, damit die gewöhnlichen Handlungen (bzw. ihre besten Ergebnisse) optimiert werden oder b) Moral muss selber einen Beitrag zur Optimierung der Handlungsmöglichkeiten liefern. Ist das angemessen?

Die Ökonomie bietet verschiedene Optionen, Moral zu integrieren. Ökonomische Konzepte der Integration von Moral sind, more methodico, Konzepte ökonomischer Moral. Deren Leistungsfähigkeit ist methodisch begrenzt. Inwieweit?

## I. Moral als Restriktion: G. S. Beckers ‚economic approach'

In G. S. Beckers Rekonzeptualisierung der ökonomischen Theorie wird ein neues rationales Verhaltensmodell entwickelt (Becker 1982), in dem „individuelle Verhaltensänderungen ($\Delta V$) ... als rationale Anpassung an Restriktionenänderungen ($\Delta R$) bei konstanten Präferenzen ($P_{const.}$)" (Pies 1998b, 16) rekonstruiert werden: $\Delta V = f(P_{const.}, \Delta R)$ (Pies 1998b, 16). Becker will
1. den Anwendungsbereich der Ökonomik erweitern (mit dem etwas pretentiösen Terminus ‚ökonomischer Imperialismus' verzeichnet), um nicht-monetäre Einflüsse auf die ‚rational choice' integrieren zu können. Die Ökonomie wird in Richtung einer allgemeinen Verhaltenstheorie ausgebaut, die auch moralisches Handeln integriert.
2. diese Extension methodisch nicht über eine Theorie der Präferenzänderungen bewältigen, sondern soziale Einflüsse als Restriktion des individuellen Verhaltens bemessen. Verhaltensphänomene, die traditionell nur auf Präferenzänderungen zugerechnet werden konnten, lassen sich aufgrund der kategorialen Umstellungen im Becker-Ansatz nun auf Restriktionenänderungen zurechnen, und zwar unter Verwendung des herkömmlichen Schemas von Preis- und Einkommenseffekten. Das gilt auch für den Einfluss von Moral. „Ist es fruchtbarer, die Wirkung moralischer Kommunikation voluntaristisch aufzufassen, also davon auszugehen, daß das Individualverhalten (V) – bei konstanten Restriktionen (R) – durch veränderte Präferenzen (P) beeinflußt wird, nach dem Muster $\Delta V = f(\Delta P, R_{const.})$? Oder ist es fruchtbarer, mit der diametral entgegengesetzten Annahme zu arbeiten, daß die moralische Kommunikation, so sie denn wirkt, das Individualverhalten beeinflußt, indem sie – bei konstanten Präferenzen – die Restriktionen verändert, nach dem Muster $\Delta V = f(P_{const.}, \Delta R)$?" (Pies 1998a, 110).
Becker erklärt dies über eine Humankapitaltheorie: „Moral ... judgements affect choices by influencing the personal and social capital" (Becker 1996, 16). Als „judgement" wird der Moral eine eigene Urteilsebene reserviert, die die Handlungsentscheidungen einrahmt. „Normatives Orientierungswissen kann, systematisch betrachtet, an zwei Stellen in den individuellen Nutzen-

kalkül Eingang finden: zum einen über die Produktionsfunktionen der Zielgüter, die mit Hilfe der Ressource Wissen erstellt werden; zum anderen über die Investitionsfunktionen der Humankapitalbestände, die in der Güterproduktion eingesetzt werden. Denn auch die Aufstockung oder Abschreibung insbesondere des Personal- und Sozialkapitals erfordert Wissen. Moralische Kommunikation kann darauf aufmerksam machen, daß ein Individuum die (des-) investive Wirkung seines aktuellen Verhaltens und/oder die wirklichen Kosten seiner Konsumproduktion möglicherweise falsch einschätzt."[1]

Becker wie seine Interpretatoren[2] definieren die basale Verhaltensgleichung der ökonomische Akteure als Präferenz/Restriktionen-Schema. Änderungen des Verhaltens werden über Restriktionenänderungen erklärt, was methodisch den Vorteil hat, die – subjektiven – Präferenzen als konstant und stabil anzunehmen.[3] Wenn Entscheidungen durch moralische Urteile – „affected by moral judgements" – beeinflusst werden, wie Pies Beckers Ansatz bezüglich der Geltung von Moral erklärt, tritt die Moral als Restriktion auf, die Entscheidungen so ändert, dass die Präferenzen der ‚rational actors' invariant bleiben, aber ihr Geltungsraum variiert.

Victor Vanberg interveniert an dieser Stelle. Die Unterscheidung von subjektiven Präferenzen und objektiven Restriktionen ließe sich in Beckers Konzeption nicht durchhalten. Vanberg unterscheidet moralisches von nutzenmaximierendem Verhalten; es gäbe keine systematische Übereinstimmung

---

1 PIES 1998a, 111.

2 BECKER 1982, 1996; HOMANN/SUCHANEK 1989; PIES 1998a + b.

3 „Die als stabil vorausgesetzten Präferenzen beziehen sich nicht auf Güter und Dienstleistungen wie Orangen, Autos oder Gesundheitsdienste, sondern auf grundlegende Wahlobjekte, die jeder Haushalt herstellt, indem er Marktgüter und -leistungen, eigene Zeit und andere Faktoren einsetzt. Diese tieferliegenden Präferenzen beziehen sich auf grundlegende Aspekte des Lebens, wie Gesundheit, Prestige, Sinnenfreude, Wohlwollen oder Neid, die nicht immer in einer festen Relation zu Marktgütern und -leistungen stehen." (BECKER 1982, 4). Lindenberg sieht hier die Gefahr von ad-hoc-Zuschreibungen bestehen bleiben (LINDENBERG 1990, 741). Doch ist das – wir kommen später darauf zurück – nicht der wichtigste Einwand: Becker formuliert, indem er von „tiefergelegten Präferenzen" spricht, gar keine Präferenzen, sondern Lebensziele, maximenartige Zielpräferenzen. Die Implikationen dieser Interpretation der Theorie Beckers lässt sich erst erschließen, wenn wir die Theorie der Metapräferenzen erörtert haben.

zwischen beiden (Vanberg 1998, 142). Verhalten wird von Auszahlungsmustern geleitet; drei Grundtypen fänden sich vor: 1) Einzelfallmaximierung (klassische ‚rational choice‘), 2) konventionelles Regelverhalten[4] und 3) Befolgung moralischer Regeln. Nur Typ (3) ist für Vanberg moralrelevant.

Regelbefolgungen finden statt, wenn sie bessere Ergebnisse versprechen; auch bei Moralregeln (Vanberg 1998, 143). Moralität sei deshalb zweckmäßiger als „Verhaltensdisposition" zu verstehen: „Wenn es um die Erklärung ‚moralischen Verhaltens‘ geht, wird nicht gefragt, ob das betreffende Verhalten für den Akteur in konkreten Einzelsituationen die günstigste Alternative ist, sondern es wird gefragt, ob die generelle Befolgung moralischer Regeln für den Akteur in der Art von Umwelt, in der er sich befindet, bessere Ergebnismuster generiert als opportunistische, diskretionäre Einzelfallentscheidungen oder alternative Verhaltensdispositionen." (Vanberg 1998, 144).

Moral als Verhaltensdisposition kann aber nicht – hier beginnt Vanbergs kritische Einschätzung des ‚economic approach‘ Beckers – eindeutig als Restriktion verbucht werden: „Dispositionen (sind) nicht den Restriktionen, sondern den Präferenzen zuzuordnen, da es sich ja offenkundig um ‚interne‘, ‚subjektive‘ Merkmale einer Person handelt. Andererseits scheint die Einordnung von Dispositionen als Präferenzen auch nicht angebracht, da es ja dabei nicht um die Bewertung von Handlungsergebnissen geht, sondern um die Frage, welche Verhaltensstrategien geeignete Mittel zu Realisierung erwünschter Ergebnisse sind." (Vanberg 1998, 144). Vanberg spricht von einem ‚halbierten Subjektivismus‘ in Beckers Konzept. „Ein vollständiger Subjektivismus muß berücksichtigen, daß das Verhalten, das eine Person unter gegebenen Restriktionen zeigt, nicht nur von ihren subjektiven Präferenzen, sondern auch von ihren subjektiven Theorien über die Welt abhängen wird, insbesondere von ihren subjektiven Theorien darüber, wie erfolgversprechend bestimmte Verhaltensweisen in gewissen Situationstypen sind." (ebenda).

---

4  Vgl. HEINER 1990. Heiners Theorie des Regelverhaltens – unter Unsicherheit bevorzugen Akteure einfache Handlungsregeln, die sie entscheidungsfähig halten – verwendet einen (juridischen) Präsumtionsbegriff: „Präsumtionen kommen in Situationen zum Tragen, bei denen die entscheidungsrelevante Überlegung an der Frage hängt, ob ein bestimmter Sachverhalt q (oder nicht-q) vorliegt, bei denen keine zureichenden Gründe für die eine oder die andere Annahme vorliegen, der Überlegungsprozeß aber weiter laufen muß." (SCHOLZ 1999, 169; bes. auch 170 f.).

Was Becker als objektive Restriktionen präferenzunabhängig beobachten will, wird bei Vanberg als subjektive moralische Theorie wieder in die Person reimplementiert, ohne zur Präferenz zu werden. Vanbergs „subjektive Theorie" ist eine Art von erfahrungskonditionierten Mustervorräten des Akteurs (bzw. ‚mental schemes'), die aktuelle Situationen typologisch danach klassifizieren, welche Erfolgspotentiale sie haben können.

Das Präferenz/Restriktionen-Schema wird erweitert um die Dimension der (subjektiven) Theorie über die Welt. Diesen ‚cognitive turn' finden wir in der Ökonomie insbesondere bei D.C. North, der die Institutionengenese und -geltung über ‚shared mental models' der Institutionenmitglieder erklärt (früher ‚ideologies'), basierend auf einem Konzept von ‚bounded rational actors', das eine Einführung von subjektiven Akteurstheorien benötigt, um das strategische Verhalten von ‚rational actors' zu erklären, d.h. ihren Verzicht auf opportunistisch-situative Nutzenoptimierung zugunsten nicht-myopischer Regelbefolgung: sei es in Institutionen (North) oder für moralische Regeln (Vanberg). Moralität lässt sich dann „als Verhaltensdisposition erklären, die in dem Maße ausgebildet und beibehalten wird, in dem Menschen die Erfahrung machen, daß die Befolgung moralischer Regeln insgesamt zu befriedigenderen Handlungsresultaten führt als opportunistisches Verhalten." (Vanberg 1998, 146).

„Bei näherem Hinsehen zeigt sich", hält Vanberg Becker vor, „daß er das Konzept der Restriktionen so weit faßt, daß darunter keineswegs nur ‚externe' Verhaltensbeschränkungen fallen, sondern auch Charakteristika von Personen, die zwar durch externe Restriktionen erklärbar sein mögen, denen Akteure in der Vergangenheit – d.h. in ihrer Lerngeschichte – ausgesetzt waren, die aber in der aktuellen Situation nur als direkter Beobachtung nicht zugängliche Dispositionseigenschaften wirksam werden." (Vanberg 1998, 145).

Becker hat seine ‚human capital theory', die sich vornehmlich zuerst auf individuelles Wissen bezog, in ‚personal capital' und ‚social capital' ausdifferenziert (Becker 1996). ‚Social capital' bezeichnet die sozialen Netzwerke, in denen die Akteure stehen, insbesondere Kultur und Tradition (als besonders stabile Kapitalformen). Man wird in bestimmte ‚Milieus' hineingeboren und durch bestimmte ‚Ideologien' der Gesellschaft geformt. ‚Personal capital' umfasst persönliche Angewohnheiten, Sichtweisen und Habitualisierungen. In dieser Hinsicht werden die ‚subjektiven Theorien', die Vanberg anmahnt, als Momente des ‚personal capital' in das Theorieprogramm Beckers einführbar (wenn wir uns auf ‚Sichtweisen' und ‚Ideologien' kaprizieren). Entgegen

Vanbergs Vorschlag, den er nicht kennt, werden die ‚subjektiven Theorien'
bei Becker eindeutig den Restriktionen zugeordnet – wenn auch neu thematisiert. In der aktuellen Entscheidungssituation wirken persönliches und soziales Kapital als Restriktionen, und zwar in Form einer Determination vorfind-
licher Präferenzen durch vergangene Erfahrungen bzw. Kapitalbildungen.

Die ‚subjektiven Theorien' Beckers haben nur eine restriktive, keine
dispositive Dimension. Indem aber die Akteure in ihr künftiges ‚human capital' investieren, eröffnen sie sich die Option, ihre zukünftigen Präferenzen zu
ändern. Änderung zukünftiger Präferenzen[5] beschert neue Erfahrungen, die
zwar grosso modo der persönlichen Kapitalbildung zugeschlagen werden
können, aber die Kapitalqualität ändert sich. Das ‚personal capital' enthält
jetzt mindestens zwei oder, über die Zeit, mehrere – differente – Erfahrungen.
Welche Erfahrung künftig aus dem akkumulierten ‚personal capital' welche
Restriktionen geltend macht, bleibt offen. Der Kapitalbegriff, mit seiner linea-
ren Aufstockungsqualität, taugt dann nicht mehr zur Beschreibung des Präfe-
renz/Restriktionen-Schemas; es fehlt eine Theorie der Wahl zwischen verschiedenen Erfahrungs- bzw. Kapitalqualitäten. Und es fehlt zudem eine
Theorie, die erklärt, warum Akteure in Situationen explizit auch nicht auf
Erfahrungen zurückgreifen, sich vergangener Restriktionenmuster entledigen
und neue Erfahrungen eingehen (die in Beckers Terminologie ‚kapitalneutral'
genannt werden müssten).

---

5   Änderungen von Präferenzen sind bei Becker so zu formulieren: Im Grunde
    bleiben die Präferenzen von Akteuren invariant. Aber durch die Anwendung ver-
    schiedener Restriktionen gelten verschiedene Präferenzausschnitte. Im Präfe-
    renz/Restriktionen-Schema sind für jede Restriktion bestimmte Präferenzaus-
    schnitte zuordenbar. Wir können dann sagen, dass *Präferenzen restriktionenkor-
    reliert sind*. Das widerspricht nur scheinbar Beckers Insistenz auf Präferenzinva-
    rianz. Er denkt Präferenzen als eine Grundordnung von Akteuren; nicht alle Prä-
    ferenzen sind situational relevant. Restriktionen steuern die Ausschnitte relevan-
    ter Präferenzen. Da wir es, bei der Analyse von Entscheidungssituationen, nur
    mit Präferenzausschnitten zu tun haben, können wir sagen, dass dann, wenn be-
    stimmte Restriktionen dominant sind, für die Akteure die durch diese Restriktio-
    nen selegierten Präferenzausschnitte identisch sind mit den Präferenzen, die wir
    diesen Akteuren gewöhnlich zuschreiben. Damit können wir Beckers Präferenz-
    invarianzpostulat aufrechterhalten; aber es hat für die konkrete Analytik keine
    Bedeutung (es ist ein metatheoretischer Hinweis).

Bei Becker hingegen sind die als ‚personal capital' formulierten ‚subjektiven Theorien' Instrumente der Akteursperson, nicht ihre Eigenschaften. Becker verwendet folgendes Personkonstrukt: Präferenzen (gleichsam als hyperstabile platonische Privatideen) sind mit dem ‚wahren Ich' identisch, ‚subjektive Theorien' hingegen sind mobile Besitztitel der Person, zuschreibbares Eigentum, aber nicht Eigenschaft der Person (oder nur Teil der Person insofern, wie ihr Eigentum zu ihr gehört). Dadurch entsteht der Eindruck, als ob ‚subjektive Theorien' als ‚personal capital' irgendwie außerhalb der Akteursperson angesiedelt sind, zumal sie zu den Restriktionen gerechnet werden. Hierin ist die Konzeption Beckers inkonsistent, weil sie zwischen ‚eigentlicher Person' (definiert durch die stabilen Präferenzen) und ‚uneigentlicher Person' (definiert durch die änderbaren, instabilen ‚personal capitals', die ‚subjektive Theorien' enthalten) unterscheiden muss. Wir haben es mit einer Variante eines ‚multiple self' zu tun, mit voluntaristischen Annahmen über die Varianz/Invarianz der beiden ‚selves', die den Beckerakteur ausmachen. Becker konstruiert seine Akteure auf diese Art und Weise, um Einfluss und Steuerung nicht-monetärer Variablen darstellen zu können. Die als steuerbar dargestellten Restriktionen setzen aber Akteurskonsistenz voraus; Beckers teilstabiles ‚wahres Ich' aber ist eine ambivalent-zweifelhafte Konstruktion.

Becker spricht, wenn er die stabilen Präferenzen meint, von „tieferliegenden Präferenzen" wie „Gesundheit, Prestige, Sinnenfreude, Wohlwollen oder Neid" (Becker 1982, 4). Lindenberg sieht bei solcher Liste die Gefahr des Ad-hoc-Theoretisierens nicht ausgeschlossen (Lindenberg 1990, 741). Was Becker als eine Art von anthropologischer Konstante einführt, sind sprachspielabhängige, hochinterpretative Variablen. Selbst wenn man meint, sich auf eine solche Liste einigen zu können, ist ihre aktuelle Geltung konfliktuös, die Relevanz/Dominanz in einer Situation offen. Becker unterstellt (durch Postulation), dass wir es nicht nur mit individuell invarianten Präferenzstrukturen zu tun haben, sondern auch mit ‚shared preferences', die für alle Teilnehmer einer Marktwirtschaft gleich gelten. Damit erschleicht er sich, unbewiesen, eine Sprachspielkohärenz (und semantische Identität).

Wir haben es zudem, bei solcher Liste, nicht mit den in einer Entscheidungssituation aufzählbaren Präferenzen zu tun (zudem ohne Ordnung), sondern mit Beckerschen Metapräferenzen (zu der Invarianz von Metapräferenzen vgl. den folgenden Abschnitt II). Welche Präferenzen/Präferenzordnungen für Beckerakteure in einer Situation gelten, bleibt offen, weil es keine

Übersetzungsregel gibt von den ‚tiefer liegenden' zu den höher liegenden Präferenzen.

Beckers Konzeption ist nicht zweistellig, sondern dreistellig relationiert; wir haben es nicht mit einem Präferenz/Restriktionen-Schema zu tun, sondern mit einem Metapräferenz/Präferenz/Restriktionen-Schema, in dem die aktuellen, die Entscheidung konfigurierenden Präferenzen durch zwei Restriktionen flankiert werden: durch die Restriktionen i.e.S. und durch die Metapräferenzen i.w.S. Vanbergs Renovationsvorschlag besteht im Grunde darin, Beckers Metapräferenz/Präferenz-Relation in eine ‚subjektive Theorie'/Präferenz-Relation zu übersetzen. Damit ist den Beckerschen Meta- oder „tiefer liegenden" Präferenzen ihre invariante Anthropologizität genommen. Präferenzen werden den ‚subjektiven Theorien' korreliert. Über deren Geltung und Stabilität muss man eigenständige Angaben machen und kann nicht mehr ihre Konstanz behaupten.

Wenn wir statt von ‚Restriktion' von ‚Steuerung' (governance) reden, können wir das dispositive Moment, das Vanberg für die ‚subjektiven Theorien' ins Spiel brachte[6], einbauen, ohne das methodische Schema zu zerstören. Ökonomische Akteure, so können wir die beiden Eingangspostulate reformulieren,

(I') entscheiden rational, aufgrund ihrer Präferenzen und ihrer ‚subjektiven Theorien' (wir nehmen die implizite Zweistelligkeit der Beckerschen Präferenztopik auf und bieten eine neue Differenzierung von „tiefer liegenden" und gewöhnlichen Präferenzen); und

(II') Moral ist eine ‚governance-structure' (neben anderen, muss man einfügen).

Wir reden dann nicht mehr von Einschränkungen (Restriktionen), sondern von (optionalen) Prospektionen bzw. von unterschiedlichen ‚governance structures' des individuellen oder Akteurshandelns. Wenn wir moralische ‚governances' einführen wollen, müssen wir die moralische Bedeutung/Intention spezifizieren (‚content'). Die ‚governance' (‚Steuerung' oder ‚Regulation') kann restriktiv (vergangenheitsbezogen) oder optional (zukunftsbezogen) zur Anwendung kommen.[7] Im letzteren Fall macht es keinen Sinn mehr,

---

6   Vgl. oben (VANBERG 1998, 144).
7   Die Ethik als ‚governance structure' zu betrachten leistet erstmalig WIELAND 1999.

von Restriktion als Erfahrungs- oder Vergangenheitsmuster zu sprechen. ‚Subjektive Theorien' sind als Regulationen der Präferenzen zu sehen; sie legen die Ausschnitte der aktuell relevanten Präferenzen fest. Ein solcher Vorgang kann nicht sinnvoll als ‚Restriktion' beschrieben werden, weil man dann zwischen ‚eigentlichen' Präferenzen und ‚restringierten' unterscheiden müsste. Wenn die ‚subjektiven Theorien' der Akteure Präferenzselektoren sind (Weltbildausschneidungen; Prospektionen), gibt es keine Präferenzrelevanzen außerhalb des durch die ‚subjektiven Theorien' selegierten Prospektes. Die ‚subjektiven Theorien' disponieren den für den Akteur relevanten Präferenzraum; sie liefern die Handlungsregeln für den Präferenzumgang. Damit ist Vanbergs Einwand Rechnung getragen, zugleich aber Beckers ‚personal capital' zu einer Personeigenschaft ernannt. Akteurspersonen sind durch Präferenzen und ‚subjektive Theorien' beschrieben. Als Restriktionen gelten dann alle Umstände, die die Handlungsregeln (der ‚subjektiven Theorien') bei der Umsetzung der Präferenzen beachten müssen. Das weist auf eine weitere Schwierigkeit im Konzept Beckers hin.

Investitionen in ‚personal capital' sind nur aufgrund von Präferenzen beschreibbar.[8] Wenn wir Investitionen als Präferenz für Änderungen von Restriktionen beschreiben, führen wir zwei Präferenzklassen ein: 1. die stabile Basispräferenz und 2. die Präferenz auf Änderungen von Restriktionen, die nicht zur Klasse (1) gehören kann, da sie nicht stabil, sondern restriktionenspezifisch ist. Beckers Wunsch, die Änderung von Präferenzen methodisch auszuschließen, lässt sich nicht aufrechterhalten, weil er für die Entscheidung, Restriktionen zu ändern, neue Präferenzklassen benötigt.

Beckers Theorie ist damit, aus einem weiteren Grund als oben benannt, 1. der Metapräferenztheorie ähnlicher als er wahrhaben wollte (vgl. gleich Abschnitt II), und sie benötigt 2. einen Präferenzgenerator, den wir aufgrund des Hinweises Vanbergs in die Beckersche ‚personal capital'-Konzeption mühelos einbauen konnten. Die Entscheidungen der Beckerakteure, immer wieder neue (und neu konstellierte) variable Ressourcen für die Realisation der basalen oder Zielpräferenzen zu alloziieren, benötigt immer wieder neue Präferenzen bezüglich des Einsatzes welcher Mittel (in der Sprache Beckers ‚welcher Änderungen welcher Restriktionen'). Die als ‚personal capital' einge-

---

8 Es gilt die Frage zu beantworten: Ziehe ich eine Investition in mein ‚personal capital' einer anderen Handlung vor (z.B. keine Investition in ‚personal capital')?

49

führten ‚subjektiven Theorien' der Akteure, die wir als Handlungsregeln beschreiben, sind nur z.T. biographisch akkumulierte Erfahrungen (insofern ist Beckers Konzept validierbar), z.T. aber auch dispositive Kompetenzen der Akteure (insofern ist Vanbergs Hinweis richtig), d.h. Handlungsoptionen, die erfahrungsunabhängig notiert werden müssen, um situations- und handlungsinnovativ sein zu können.[9] Handlungsregeln aber sind zweckmäßigerweise weder präferential noch restriktional zu beschreiben. Die Rolle der ‚subjektiven Theorien' der Akteure ist weiter zu klären; ihre Bedeutung für die Klärung der Ökonomie/Moral-Relation ist offensichtlich.

Moral ist nicht nur als Restriktion, sondern auch als Option deklarierbar. Es kommt darauf an, welche ‚subjektiven Moraltheorien' die Akteure haben. Jetzt spielt der ‚content' eine Rolle.

## II. Moral als Metapräferenz: A. Sen et al.

Metapräferenzenkonzeptionen liegen unter anderen vor in
- Harsanyis Unterscheidung zwischen „ethical preferences" und „subjective preferences"[10], die wir hier aber wegen ihrer besonderen Anfor-

---

9 „Jeder Präferenzwandel verändert auch die Wahrnehmung und Bewertung von Restriktionen. Jede Veränderung des Restriktionenrahmens beeinflußt die Wahrnehmung und Bewertung der Alternativen (also der Präferenzen)" (PENZ 1993, 606ff.). Becker formuliert, jenseits seines strikten Präferenz/Restriktionen-Dualismus, eine Interdependenztheorie. Die Schwäche der Beckerschen Konzeption an dieser Stelle liegt in der impliziten Annahme relativ stabiler Kapitalbestände, wenn z.B. ‚personal capital' als geronnene Erfahrung aus der Vergangenheit expliziert wird. Die kapital-akkumulierte persönliche Erfahrung schließt bestimmte Präferenzen aus (mit denen man negative Erfahrungen hatte), aber keine neuen, zukünftig andere ein (PENZ 1998, 608). Die Erweiterung des Alternativenbzw. Präferenzraumes kann mit dieser Konzeption nicht erschlossen werden, außer mit einer Präferenz für Investitionen: Aber wo ist diese im P/R-Schema angeordnet?

10 HARSANYI 1955, 315: „ ... the former must express what this individual prefers (or, rather would prefer) on the basis of impersonal social considerations alone,

derungen an Kardinalität der Präferenzordnungen beiseite lassen, und in
- Sens Theorie der Metapräferenzen. X ist eine Menge von Objekten individueller Präferenzen und p die Menge aller Ordnungen über X. Sen interpretiert eine Quasiordnung Q (eine nicht notwendig vollständige reflexive und transitive Relation) auf p als ‚moral outlook' (Sen 1974, 62). Der Ausdruck $((R_1, R_2) \in Q \wedge \neg (R_2, R_1) \in Q)$ – $R_1$ und $R_2$ sind Ordnungen von X – wird gelesen als „ ... the person would have morally preferred to have $R_1$ preference ordering rather than $R_2$ over X" (Sen 1971, 62 f.). Die Wahl einer Metapräferenz kann nicht analog der Wahl einer Handlung vonstatten gehen, da sich kein eindeutiges Kriterium für die Wahl einer Präferenzordnung aus der Menge logisch möglicher Präferenzen angeben lässt.[11] Metapräferenzen sollen nur als Beispiel eingeführt werden – und zwar unabhängig von der normativen bzw. moralischen Konnotation von Harsanyi und Sen, d.h. unabhängig von Problem der Behandlung von deontischen Eigenschaften von Handlungen, was im normalen Präferenzmodell nicht thematisiert wird. Ich will anstelle dessen eine Konzeption setzen, in der zwischen Präferenzen (ihren Ordnungen) und Metapräferenzen in der Weise unterschieden wird, dass Metapräferenzen Bedeutungen, Meinungen und Überzeugungen abbilden, und zwar nicht simultan zu Wünschen und Bedürfnissen (Präferenzen)[12], sondern als ein „Vermögen, zu eigenen Wünschen Stellung zu nehmen".[13]

Eigenschaften von Wahlobjekten werden dann zu schema- oder ‚theorie'-geleiteten Auswahlkriterien. Anstelle von Präferenzen über Handlungen (‚Präferenzen im alten Sinne') sprechen wir jetzt von Metapräferenzen als

---

and the latter must express what he actually prefers, whether on the basis of his personal interest or at any other basis." Vgl. auch HARSANYI 1984.

11  Vgl. LOHMANN 1996a, 169 und f.

12  Anders DAVIDSON (1985a und 1985b) sowie RORTY 1993, die beide Bedeutungen, Meinungen, Überzeugungen und Präferenzen (Wünsche, Bedürfnisse etc.) simultan interpretieren. Dagegen vgl. SEN 1971, NIDA-RÜMELIN 1991, SCHMIDT 1995.

13  SCHEFCZYK 1999, 29; mit Bezug auf Frankfurt 1971, 6.

‚Eigenschaften von Präferenzen über Handlungen'.[14] „Die Menge der Interpretationen konstituieren eine Einstellung zur Welt oder eben die mögliche Welt selbst, wenn man ‚Welt' nicht (aristotelisch) als Menge von Substanzen und ihren Erscheinungsformen (Akzidentien), sondern als Menge von zugesprochenen Eigenschaften auffasst."[15] In praktischen Überlegungen treffen Personen eine Auswahl unter den Aspekten, unter denen sie Alternativen beschreiben. Daher scheint es am vernünftigsten zu sein, „Propositionen als Objekte von Präferenzen anzusehen. Identifiziert man diese ... mit Mengen von möglichen Welten (nämlich denjenigen möglichen Welten, in denen sie wahr sind), so stellt sich heraus, daß Personen Präferenzen über Mengen von möglichen Welten haben und Entscheidungen zwischen möglichen Welten treffen."[16] Formal wird unterschieden zwischen ‚Präferenzen über mögliche Welten' und ‚Metapräferenzen über Mengen von möglichen Welten'[17] $R \subset 2^W \times 2^W$, wobei W eine Menge von möglichen Welten, den Objekten der Entscheidung, bezeichnet und R die (individuelle) Präferenzrelation, aufgefasst als eine Teilmenge der Menge von Propositionspaaren (wobei Propositionen als Mengen von möglichen Welten aufgefasst werden). Wir haben es mit Alternativenprospekten zu tun, nicht allein mit eindeutig bestimmten Alternativen. Wenn wir hinzudenken, dass die Akteure die Paare (aus R), die ihre Präferenzen erster Ordnung widerspiegeln, in eine Rangordnung bringen

---

14 LOHMANN 1996a, 170 f.; ‚Eigenschaften von Handlungen' werden hier als Propositionen notiert.

15 LOHMANN 1995, 184 f.; zur Terminologie der ‚possible world' vgl. Goodman 1981.

16 SCHMIDT 1995, 122. Anstelle von Propositionen spricht Bacherach von ‚descriptions': „Another way of saying it is that the objects of someone's belief are (partial) descriptions of possible states of affairs, and that each person has more or less rich ‚possible space' consisting of such descriptions. His possible space is the set of possible states of the world that he entertains." (BACHERACH 1986, 182). Er fügt hinzu: „What sorts of possibility spaces do economic agents have? Do the concepts of economic theory appear in them?" Vgl. dazu auch DAVIDSON 1985a.

17 „Eine Metapräferenz sei dann über eine Präferenzordnung entscheidend, wenn die Präferenzen Instantiierungen der Metapräferenz sind und die Metapräferenz wichtiger ist als alle anderen Metapräferenzen." (LOHMANN 1996a, 171, Fn. 79).

können, dann ist die Metapräferenz definiert als zweistellige Relation über R, die durch M bezeichnet wird: M⊂RxR.

Schmidt schließt daraus, dass wir die Idee aufgeben mussten, „daß die Präferenzen einer Person unmittelbar mit ihren Entscheidungen zusammenhängen. Die praktische Signifikanz wurde unter Rekurs auf Metapräferenzen sichergestellt, die das Personbild der Entscheiderin widerspiegeln." (Schmidt 1995, 126 f.). Propositionale Einstellungen, d.h. Meinungen, Überzeugungen etc. von Personen, die als Metapräferenz notiert werden, bestimmen die finale Entscheidung, indem sie als Gründe für Handlungen fungieren.[18]

Schmidts Hinweis ist aufschlussreich, da wir es nicht mehr nur mit einer Präferenzhierarchie zu tun haben, sondern mit einer Theorie der Person[19], in der Metapräferenzen den Status von bestimmten Abteilungen von ‚propositionalen Einstellungen' (Meinungen, Überzeugungen, Hoffnungen, Befürchtungen etc., kurz: ‚belief-systems') bekommen. ‚Belief-systems' aber sind nicht selbstverständlich Präferenzordnungen (deshalb hier von den anderen Abteilungen von ‚propositionalen Einstellungen', z.B. von Wünschen, unterschieden), sondern Aussagensysteme, in denen Gründe[20] und Rechtfertigungen[21] eine Rolle spielen. Lohmann unterscheidet die Differenz von Präferenzen/Metapräferenzen nach a) „Präferenzen über Handlungen ... (die) nicht weiter begründungsfähig" sind und b) „Präferenzen über Eigenschaften, die begründungsfähig sind."[22]

Wir können diese Differenz als Differenz von axiomatischer Präferentialistik (a) und kausalistischer Handlungskonzeption (b) bezeichnen, wobei sich erweist, dass Metapräferenzen grundlegende Präferenzcharakteristika

---

18  „In more everyday language they must be given by the agent's values rather than by his ends. Certainly he may take his guidance in decision-making from the ends to which different choices are likely to lead, but how desirable he finds those ends will depend on his values" (PETTIT 1991, 161; vgl. auch DAVIDSON 1990, 214 und 1980).

19  Vgl. TAYLOR 1985; PRIDDAT 1997; SCHEFCZYK 1999; SCHOLZ 1999, 175 f. Vgl. aber auch Vanbergs Hinweis auf eine Theorie der Person, wenn Verhaltensdispositionen eingeführt werden (Teil I).

20  IORO 1999.

21  HAAS 1999.

22  LOHMANN 1996a, 178; vgl. auch PETTIT 1991, 169.

nicht aufweisen: ihnen fehlt die axiomatische Struktur. Lohmanns Unterscheidung weist zum einen auf Kommunikation, der sich die als ‚Präferenzen über Eigenschaften' deklarierten Metapräferenzen aussetzen können müssen (generell Brandom 1994), zum anderen qualifiziert er die Interpretationsbedürftigkeit der Metapräferenzen.[23] Die hier erörterten Begründungen sind Gründe für Handlungen.[24] „Actions are events, reasons are causes of those events, and giving the agent's reason explains an action because it explains the action causally."[25]

Metapräferenzen können, als Moral, Gründe für Handlungen sein. Gründe sind erörterungsoffen. Die Metapräferenztheorie (die wegen ihrer Nicht-Axiomatik gar keine Präferenztheorie im strengen Sinne sein kann), öffnet die ‚rational choice'-Theorie, der sie eingeordnet ist, die semantische Ebene des Diskurses, der Kommunikation. Moral wird zur Frage der moralischen Kommunikation.[26] Wieder spielt, über die Semantik, der ‚content' eine Rolle, welche Bedeutung die Moral für die Akteure hat bzw. welche Moral gilt.

Moral ist keine schlichte Gegebenheit, sondern ein in Handlungssituationen aktivierbarer Regelvorschlag – eine Ressource. Wenn wir die Auffassung aufgeben, Moral als Gegebenheit zu betrachten, und wenn wir zudem die Auffassung aufgeben, Moral würde eine Form normativen Diktates[27] sein, haben wir es mit einem möglichen Set an moralischen Optionen zu tun, deren jeweilige Geltung die Akteure in den jeweiligen Situationen beurteilen. Mo-

---

23  LOHMANN 1996a, 175. Die Konsistenzkriterien der ‚rational choice'-Theorie reichen hier nicht aus, es braucht ein Kohärenzkriterium, in dem Güterabwägungen mit guten Gründen kohärent sind (LOHMANN 1996a, 176 f.; vgl. auch NIDA-RÜMELIN 1997, 108 f.).

24  DAVIDSON 1985c; vgl. auch PETTIT 1991, 150 f.; HEIL 1996, 62 f.; IORO 1999; SCHOLZ 1999, 175.

25  STOECKER 1993, 265.

26  Den Terminus ‚moralische Kommunikation' hat I. Pies eingeführt (PIES 1998a; vgl. auch Zitate oben), ohne ihn kommunikationstheoretisch zu öffnen.

27  Moralen, die ihre ‚Besitzer' nötigen, nur so und nicht anders zu handeln, ohne Erwägung der Konsequenzen und ohne Erwägung von moralischen Alternativen, sind Sonderfälle, die für die allgemeine Moral/Ökonomie-Relation nicht dominant veranschlagt werden können. Die relative Unkenntnis von Ökonomen über die Vielfalt der Formen von Moral und ihre subtilitas verführt zu einfachen Annahmen, Moral sei identisch mit einer Art strengen Regelkonformismus.

ral, eher ein Terrain des Streites, kann keine epistemische Eindeutigkeit beanspruchen, eher unklare, damit interpretations- und diskursoffene Disposition bezüglich seiner Geltung. Eindeutige Regeln, Maximen, Gebote etc. sind Ausnahmen. Selbst dann, wenn sie in abstracto gewusst werden, sind sie in concreto in den jeweiligen Situationen erst zu interpretieren.

Als Ressource (oder als dispositiver Faktor) ist Moral weder Restriktion noch ordinierende Metapräferenz. Sie kann beide Zustände annehmen, aber weder systematisch noch evident. Welche Moral in welcher Situation Geltung erlangt (und ob überhaupt), ist nicht durch das Vorhandensein von Moral zu klären, sondern durch Aspektierung: Welche Relevanz hat die Ressource Moral in welcher Situation?[28]

## 1. ,Belief-systems', Kommunikation und Präferenzänderungen

Im Konzept der Metapräferenzen werden nicht mehr, wie in Beckers ,economic approach', die Präferenzen konstant gehalten, sondern die Einstellungen, die ,belief-systems'. Man geht davon aus, dass Einstellungen, d.h. Meinungen, Überzeugungen etc. weniger schnell wechseln als Präferenzen. Das Präferenz/Restriktionen-Schema bleibt gültig, wird aber anders interpretiert:

1. ,belief-systems' restringieren zwar die Präferenzordnungen, aber als Präferenzen zweiter Ordnung, d.h. als präferentielle Restriktionen.

2. ist es in der Metapräferenztheorie nicht notwendig, die gewöhnlichen Präferenzen invariant zu lassen. Wenn man Metapräferenzen als Einstellungen interpretiert, d.h. als ,belief-systems', die dem, was Vanberg bei Becker als ,subjektive Theorien' anfordert, affin sind, dann restringieren sie nicht nur die Präferenzen (indem sie lediglich Ausschnitte der ,gegebenen' Präferenzordnungen zulassen), sondern prospektieren sie gegebenenfalls auch. D.h. sie erweitern gegebenenfalls den Alternativen- oder Präferenzraum (vgl. dazu die ,Theorien der Überzeugungsänderung' innerhalb der ,Theorien der Dynamik epistemischer Zustände'[29]).

---

28  Moral als Ressource hat J. Wieland in den wirtschaftsethischen Diskurs eingeführt (vgl. WIELAND 1999).

29  HAAS 1999; auch: GÄRDENFORS 1988; GÄRDENFORS 1992; BREWKA 1991; GALLIER 1992; RABINOWICZ 1996.

Wenn wir Metapräferenzen als propositionale Einstellungen, als Meinungen, Überzeugungen etc. notieren, d.h. als „Vermögen, zu eigenen Wünschen Stellung zu nehmen" (Schefczyk 1999, 29), haben wir eine reflektive Instanz der Person, die langfristige Präferenzen gegen kurzfristige, myopische ins Spiel bringt; „das heißt in der Sprache der philosophischen Tradition: sie beinhaltet die individuelle Vorstellung gelingenden (richtigen) Lebens."[30]

Wenn wir Präferenzen bzw. ihre Ordnungen als natürlichen Besitz oder Bestand von Akteuren ansehen, können wir metapräferentielle „belief-systems" nur als Selektoren einsetzen, d.h. als Ausschnittseinteiler. Wenn Meinungen, Überzeugungen etc., d.h. „belief-systems" aber Selektoren sind, können wir die gewöhnlichen Präferenzen nicht mehr unabhängig von ihrer Selektionsgeltung formulieren. Präferenzen bzw. bestimmte Präferenzordnungen sind dann „belief-system"-markiert: Sie gehören zu bestimmten Meinungen, Überzeugungen etc. Sie repräsentieren bestimmte propositionale Einstellungen. Wenn diese Meinungen, Überzeugungen etc. moralische sind, sind die selegierten Präferenzen moralisch markiert oder prädikatiert. Wir haben dann die Vorstellung aufzugeben, es gäbe ,reine Präferenzen', die „belief-system"-unabhängig auftreten. Dann aber entfällt auch die Vorgabe, Präferenzen wären invariant, weil jetzt ihre Konstanz als Funktion der Konstanz der „belief-systems" formuliert wird, denen sie zugeschrieben sind bzw. die sie markieren. Ändern sich die „belief-systems", ändern sich die Präferenzselektionen, damit die geltenden Präferenzen. Wir haben lediglich eine Theorie der Änderung von „belief-systems" hinzuzufügen (,belief revisions': das wird formuliert über Satzmengen, die von Personen in einem Zustand akzeptiert werden, und über die Extension dieser Satzmengen bei neuen Informationen, die die alte Satzmenge revidieren etc.[31]).

Wir können sogar weiterhin die Beckersche methodische Forderung der Konstanz der Präferenzen beibehalten, aber nur in der Form, indem wir die

---

30 SCHEFCZYK 1999, 30. Das ist eine andere Lesart als die vorhin von Vanberg zitierte Unterscheidung zwischen myopischen und strategischen Entscheidungen. Strategische Entscheidungen werden als langfristig ,bessere' eingeführt; hier aber haben wir es eher mit einer Art von ,struktureller Rationalität' zu tun (vgl. NIDA-RÜMELIN 1991; aber auch derselbe 1997), die von bestimmten Lebensgrundentscheidungen getragen wird, nicht von komparativen ,besser/noch besser'-Urteilen.

31 Vgl. HAAS, 1999, 46; und Fn. 28 und auch Fn. 35.

Menge der Präferenzen (und damit die Menge möglicher Ordnungen) eines Akteurs als irgendwie vorhanden definieren, aus der die „belief-systems" aktuelle Ausschnitte selegieren. Die „belief-systems" aktivieren bestimmte Präferenzprospekte der Akteure; diese Prospekte wechseln mit wechselnden „belief-systems". „Belief-systems" und Präferenzen (d.h. ihre „belief-system"-markierten Präferenzen) bilden spezifische Nexus. Die Redeweise von nexus-unabhängigen Präferenzen entfällt.

Eine Verhaltenstheorie, wie sie in der Ökonomie verwendet wird, kann nicht davon ausgehen, dass ‚Moral' für die Akteure eindeutig konnotiert ist und kohärent verwendet wird. Sie kann auch nicht davon ausgehen, dass Akteure ‚Moral' haben, ohne zu fragen, wie die Moral konstituiert ist und sich zusammensetzt. Im Gegensatz zu Moraltheorien, die sich more methodico um Konsistenz bemühen, haben Akteurs- oder Alltagsmoralen fraktalen Charakter, d.h. sie sind fraktionierte Moraltheorien, diffus angelegt und, je nach Situation, möglicherweise wechselbar. Moral, schlage ich vor, ist – wie der Begriff der ‚Präferenz' – moralunspezifisch ausgelegt, was impliziert, dass es für den Akteur viele Moralen geben kann (so wie Akteure viele Präferenzen haben). Andererseits – hier hört die Präferenzanalogie auf – ist der Moralprospekt der Akteure nicht notwendigerweise geordnet.[32]

Die Metapräferenz tritt im Präferenz/Metapräferenz-Schema normalerweise als hierarchisch höherrangige Ordinierende auf, damit als definite Moral (inklusive interner Kohärenz und Konsistenz). Zuzustimmen ist, dass Akteure Moral so verwenden, nicht zuzustimmen ist der impliziten Folgerung, dass Akteure die ‚Moral haben'. Wenn sie mehrere Moralen haben, aktivieren sie in bestimmten Entscheidungssituationen bestimmte Moralen (oder deren Fraktal). Die Moral, die im Metapräferenzansatz so definitiv zum Einsatz gelangt, muss nicht ‚die Moral des Akteurs' sein, sondern die, die er in der Situation a) bevorzugt oder in b) Anschlag bringt. Reden wir davon, dass er sie ‚bevorzugt' (a), implizieren wir eine Metapräferenzordnung der möglichen Moralen des Akteure (Präferenz 3. Ordnung). Reden wir hingegen davon, dass er sie ‚in Anschlag bringt' (b), haben wir ein Modell der Moralen als Handlungsressourcen verwendet. Im Fall (b) sind die Moralen ungeordnet (also auch nicht ‚wählbar') und werden im Kontext der Situation aktualisiert.

---

32 Was hier für ‚Moralen' ausgeführt wird, gilt generell für ‚belief-systems'.

Moralen unterliegen, wie andere Aussagesysteme, Rechtfertigbarkeitskriterien.[33] Schwache Rechtfertigbarkeit hält eine moralische Ressource weniger stabil im Handlungsgeschäft als starke Rechtfertigbarkeit. Rechtfertigbarkeit wie auch die kommunikative Resonanz der Rechtfertigung spannen den jeweiligen Geltungsraum der Moral auf, als Selektat aus der Menge verfügbarer Moralressourcen der Akteure. Wir können Moral nicht als Faktum annehmen, wenn die Akteure über diverse Moralen verfügen, die sie unter verschiedenen Umständen für verschieden rechtfertigbar und damit verschieden anwendbar halten. Die Applikation einer Moral steht in einem erweiterten Kontext, der durch die jeweilige Entscheidung und ihren Inhalt, ihren Konsequenz- und Externalitätenraum kodeterminiert wird.

Das klingt wie eine Verlegenheitslösung, die der klaren Lösung (a), in der die Moralen, die ein Akteur haben mag, als durch ihn wählbar formuliert werden können, unterlegen ist. Wenn wir aber Fall (a), d.h. Metapräferenzen als Ordnungen, einführen (inklusive der Wählbarkeit von Moral nach dem Modus der ‚rational choice‘), brauchen wir eine Theorie der Wahl von Metapräferenzen bzw. eine Theorie der Hyperpräferenz oder Präferenz dritter Ordnung. Brauchen wir diese Theorie?

## 2. Präferenz und Semantik

Wenn wir die Metapräferenzen als einen Nexus von propositionalen Einstellungen ausgeben können, d.h. als ein irgendwie spezifizierbares Gebilde begründbarer Aussagen- bzw. Intentionsysteme, haben sie den Status von ‚Theorien‘, meistens im Sinne von ‚Alltagstheorien‘.[34] Dazu zählen auch Alltagsmoralen. Die Redeweise von den ‚Alltagstheorien‘ verlangt nicht, wissenschaftliche Standards anzulegen, sondern ‚common-sense‘-artige Aussagensysteme zu identifizieren, die Kausalitäten zulassen – mit der Pointe, dass die Kausalitäten, die die ‚Alltagstheorie‘ beinhaltet, Gründe für Handlungen sein können (wir haben nur noch einmal den bereits eingeführten Begriff der ‚belief-systems‘ reformuliert).

---

33  Für epistemische Systeme vgl. HAAS 1999; für Handlungsrechtfertigungen SCHOLZ 1999.
34  Vgl. DAZU AMARIGLIO/RUCCIO 1999.

58

Wo Gründe eingeführt werden, haben wir für die Rationalitätstheorie ein doppeltes Problem. Zum einen müssen wir I.) die Konsistenzanforderung an die Präferenzordnungen um eine Kohärenztheorie der Meinungen, Bedeutungen, Gründe etc. der Metapräferenzen erweitern[35], zum anderen haben wir es II.) dann, wenn wir Gründe (im Sinne von Begründungen) einführen, mit möglichen Änderungen zu tun, d.h. mit begründeten Veränderungen (Lohmann 1996a, 178), die die unterstellte Invarianz der Metapräferenzen in Frage stellen. Neue Gründe, die alte Gründe ändern können (mit der Folge, dass die Entscheidungen, die von alten auf neue Gründe umgestellt werden, sich ändern[36]), sind zum einen Kommunikationsergebnisse, zum anderen Änderungen von Überzeugungen etc., von „belief-systems"[37] (also möglicherweise auch Kommunikations- oder Dialogergebnisse). Der Grund für die Möglichkeit dieser Revisionen ist kein anderer als die Präsenz der vielen möglichen Kontexte, in denen Entscheider stehen und an denen sie ihre Handlungen orientieren können; „ ... bringing in new models from related mental worlds, by analogy or metaphor."[38] „Ein Wunsch und eine Meinung erklären nur vor dem Hintergrund vieler weiterer propositionaler Einstellungen die betreffende Handlung. Es sind stets weitläufige Muster zu zueinander passenden Wünschen, Meinungen und anderen Einstellungen, die ein Wesen und sein Verhalten als rational und verstehbar erscheinen lassen."[39]

Je nachdem, in welches „belief-system" eine Entscheidung gestellt wird, kann die Wahlsituation neu interpretiert werden. Auf diese hermeneutische Implikation macht North aufmerksam: „ ... individuals from different back-

---

35  LOHMANN 1996a, 176 f.; auch DAVIDSON 1985a; bei Davidson wird allerdings die Kohärenztheorie als ‚Korrespondenzprinzip' aufgefasst, während das Lohmannsche Konsistenzprinzip bei Davidson Kohärenzprinzip heißt (DAVIDSON 1993, 76 f.).

36  Vgl. dazu HARMAN 1986; LEVI 1986; GÄRDENFORS 1988; GÄRDENFORS 1992; NAUMANN 1996.

37  Vgl. dazu auch Denzau/Norths kognitionstheoretisch begründete Hinweise auf den „change of meaning" (DENZAU/NORTH 1994, 25).

38  DENZAU/NORTH 1994, 25; VANBERG 1998, 145; vgl. auch MCCLOSKEY 1994, 1994a + b; allgemeiner HARRÉ/GILLETT 1997. Über die Funktion von Metaphern, den „logischen Raum zu vergrößern" vgl. RORTY 1993, 68 f.

39  SCHOLZ 1999, 175.

grounds will interpret the same evidence differently, they may, in conse-
quence, make different choices."[40] Die Interpretation von Handlungskontex-
ten ist aber ein anderer Vorgang als die Wahl von ‚mental models‘ (oder von
Moralen).

Überzeugungen etc. gelten als ‚wahr‘, bis man von etwas anderem überzeugt wird. Sie sind präsumptive ‚Brückenköpfe‘.[41] Der Akt des Überzeugens
(wie des Überzeugtwerdens) ist kommunikativ. Der Wahrheitswert von Meinungen, Überzeugungen etc. ist potentiell changibel.[42] Diese Konzeption lässt
sich ökonomisch so interpretieren, dass das Referenzsystem dessen, was als
‚besser‘ gilt, sich verschiebt oder ändert. Wir haben uns nicht aus der ökonomischen Analyse verabschiedet, sondern betreiben ihre Extension, indem wir
nicht nur untersuchen, wie die Akteure ihre Handlungsergebnisse ‚verbessern‘
(optimieren, wie der terminus technicus lautet), sondern zusätzlich, welches
Referenzsystem für die Aussage als ‚besser‘ in Anschlag genommen wird.
Wir haben es mit multiplen „belief-systems“ zu tun, d.h. mit multiplen Kriterien dessen, was als ‚besser‘ gilt, und zwar gegebenenfalls in derselben Situation.

Handlungsleitende Gründe können aus völlig anderen Kontexten kommen[43] bzw. aus anderen „belief-systems“, über die der Akteur parallel verfügt
– entweder als persönliche Ressource oder als Mitnahme aus der gesellschaftlichen Kommunikation. Soziale Kommunikation, gesellschaftliche Diskurse,
aber auch Gespräche mit Ehepartnern, Geliebten, Freunden, Nachbarn, Verwandten, Kollegen, Kaufgespräche etc. können Einstellungen, Gründe für
Entscheidungen, Theorien etc., d.h. die ‚belief-systems‘ ändern.[44] Wir haben
es mit einem „Netz aus Überzeugungen und Wünschen“ zu tun, „das ständig

---

40  NORTH 1998, 497; vgl. auch STOECKER 1994, 324 ff.; PRIDDAT 1998, 1999.
41  SCHOLZ 1999, 175.
42  In der Ökonomie ist dies längst bekannt. In Wahrscheinlichkeitsaussagen (d.h.
    Aussagen wie: „Ich erwarte, dass x mit der Wahrscheinlichkeit p eintreten wird.“)
    ist p die wahrheitswertchangierende Variable. Welches p jemand wählt, hängt
    von seiner subjektiven Überzeugung oder Einstellung (z.B. Risikoeinstellung)
    ab. Die Aussage, dass x mit p eintritt, ist „graduiertes Glauben in bezug auf das,
    was der Fall ist oder sein wird." (FULDA 1993, 54).
43  Vgl. BACHERACH/HURLEY 1991b, 12 ff.
44  Vgl. BRANDOM 1994; DENZAU/NORTH 1994; EDWARDS 1997, HARRÉ/GILLETT
    1997; SIEGENTHALER 1997.

bearbeitet und dabei umgewoben wird" (Rorty 1993, 65; auch Scholz 1999, 175).

Wenn die semantikeinführenden Meinungen und Überzeugungen Gründe für Ursachen von Handlungen sind wie Wünsche/Präferenzen, dann können wir die ‚rational choice', als Basishandlung der Ökonomie, nicht mehr auf die semantikfreie Axiologie der Präferenzordnungen allein beziehen. Wir müssen Präferenzen jetzt als Präferenzen und als semantische Gründe behandeln; wir können letztere auch interpretierte Präferenzen nennen und die Unterscheidung auf grundlose und begründete Präferenzen/Wünsche legen. Es ist dann nicht mehr umstandslos möglich, von axiomatisch unterstellbaren Präferenzordnungen zu sprechen, weil es immer Kommunikationen ( z.B. moralische Kommunikationen) geben kann, die Gründe liefern, eine andere Ordnung zu bevorzugen bzw. die Ordnung zu ändern.

Natürlich ist damit nicht bezweifelt, dass es Präferenzordnungen gibt, aber bezweifelbar wird von jetzt an, dass die Ordnungen stabil sind, weil sie irgendwelche natürlichen oder menschlich selbstverständlichen Ordnungen darstellten, denen axiomatische Qualität zugeschrieben werden kann.[45] Denn wenn irgendwelche Gründe – aus der Kommunikation oder sonstwie –, die unsere Überzeugungen und damit unsere ‚ideologies' ändern, eine andere Interpretation der Präferenzordnung erlauben, können sie geändert werden.[46]

---

45 Die Axiomatik muss voraussetzen, dass jeder Akteur auf die Frage, welche Alternative er bevorzugt, unmittelbar mit einer klaren Präferenzrelation antworten kann. Damit ist nicht zugleich behauptbar, dass jeder Akteur ohne diese eindeutige Frage weiß, welche Präferenzrelationen er hat oder bevorzugt. Die – axiomatisch-methodische – Frage konstituiert erst das Urteil, das die Akteure nicht an und für sich verfügen müssen. Das setzte nämlich voraus, dass sie immer schon alle Alternativen kennen und geordnet haben – eine nicht nur empirisch gehaltlose Aussage, sondern eine, die übersieht, dass erst die Entscheidungssituation und die Zuspitzung dieser Situation zu einer Wahl die Konstruktion von (ad hoc-) Präferenzrelationen einleitet. Diese können zwar erinnerbare und erfahrungsbildende Muster bilden, aber zugleich hat jeder Akteur auch die andere Erfahrung, dass die Muster für viele neue Situationen nicht taugen oder nicht gefragt sind, weil man neue Entscheidungen treffen will. Je nachdem, wie ‚die Situation fragt', entstehen andere Präferenzrelationen (oder es werden andere aktiviert).

46 Wir können auch sagen, dass neue Informationen verarbeitet werden, die inkonsistent sind mit bisherigen Überzeugungen (‚Theorie dynamischer epistemischer

Metapräferenzen sind dann, als ‚belief-systems‘, keine Präferenzen, aber auch keine Restriktionen, da ‚belief-systems‘ über (semantische) Gründe bestimmte Handlungsmöglichkeiten erschließen (indem sie andere ausschließen). Sie sind Prospektoren, die bestimmte Weltausschnitte (bzw. Präferenzausschnitte) ‚naturalisieren‘.[47] Innerhalb jeweiliger ‚belief-systems‘ gelten deren Präferenzordnungen als ‚wahr‘, innerhalb anderer andere.

Moral tritt in diesem Zusammenhang als spezifizierbares ‚belief-system‘ auf; wir hatten vorhin, als wir noch von ‚subjektiven Theorien‘ redeten, von Handlungsregeln gesprochen. Wenn wir das akzeptieren, sind Präferenzordnungen als Ordnungen von Wünschen keine von den Meinungen, Überzeugungen etc. und deren Kommunikationen abkoppelbaren menschlichen Grundbefindlichkeiten, sondern Präferenzen sind notorisch mit bestimmten Handlungsregeln (bzw. ‚belief-systems‘) konnotiert, die, ihrer semantologischen Struktur wegen, als propositionale Systeme kommunikationsfähig sind, d.h. durch Nennung von Gründen und Gegengründen irritierbar. Wir haben es, zitierten wir, mit „einem Netz von Überzeugungen und Wünschen“ zu tun, „das ständig bearbeitet und dabei umgewoben wird“; das Zitat fährt fort: „ ... Dieses Netz ist nicht derart, dass es von einer anderen Handlungsinstanz als dem Netz selber ... umgewebt wird, sondern es selbst webt sich neu, indem es auf Reize reagiert wie etwa die neuen Überzeugungen ...“ (Rorty 1993, 65 f.).

Man kann das behaviouristische Konzept beibehalten, erweitert aber, wie Rorty, den Katalog der Reize um das, was bisher ausgeschlossen war: um

---

Zustände‘; HAAS 1999, 46): „Um eine neue Information x zu inkorporieren, genügt es nicht, daß x lediglich konsistent mit den bisherigen Überzeugungen ist; man benötigt darüber hinaus positive Gründe, um x zu akzeptieren. Das epistemische Subjekt muß in der Lage sein, x *rechtfertigen* zu können.“ (HAAS 1999, 48). Die Konsistenzbedingungsanalytik der axiomatischen Präferenztheorie, übertragen wir es in unseren Kontext, muss um eine Theorie rechtfertigbarer bzw. begründbarer Gründe erweitert werden. Präferenztheorie erfährt ihre semantologische Extension.

47  Erst diese ‚Naturalisierung‘ von Präferenzprospekten kann ihre Axiomatisierung zulassen. Axiomatisch interpretiert, werden Präferenzen von ihrem Kontext entkoppelt. Man sieht die durch die Methode generierte Schwierigkeit, Präferenzen anders als voluntaristisch sich ändern zu lassen. Die Konstitution von Präferenzen durch Einstellungen ist theoretisch nicht ohne weiteres wiedergewinnbar.

‚Gründe', ‚Überzeugungen' etc. Es ist angemessen, auszuschließen, dass ‚neue Überzeugungen' nur ‚neue Wünsche' wären. Man kann zwar von seinen (neuen und alten) Wünschen überzeugt sein, aber Überzeugungen sind keine Wünsche, sondern wunschreflektierende bzw. -selegierende Instanzen. Überzeugungen sind nicht einfach wählbar oder substituierbar.[48] ‚Nicht einfach' heißt hier nicht ‚nicht änderbar', sondern dass es zur Änderungen von Überzeugungen Gründe bedarf, die nur in Kommunikation oder in Sprachspielbezug, d.h. semantisch erschlossen werden.[49] Einstellungen, d.h. Meinungen, Überzeugungen etc. sind als ‚Metapräferenzen' unrichtig bezeichnet; es sind keine Präferenzen.[50] Die Funktion der Hyperpäferenz wird von der

---

48  Anders R.M. Hare, der von der Wählbarkeit von Prinzipien oder ‚Lebensweisen' spricht (vgl. SCHEFCZYK 1999, 84).

49  Wenn ‚Gründe' etc., wie bisher nur ‚Wünsche' etc., Ursachen von Handlungen (bzw. – ‚in economics' – von Entscheidungen) werden, hat man nicht nur den Präferenzenraum ausgeweitet, sondern die Kommunikation als Ort der Geltung von ‚Gründen' etc. hereingenommen. Man kann nicht einfach von Präferenzen auf Gründe umschalten (oder Präferenzen auf Gründe basieren), ohne den Prozess der Überzeugung von Gründen (bzw. von neuen Gründen) außer Acht zu lassen: Kommunikation (vgl. basal: DAVIDSON 1993, 73 ff.). Ohne Kommunikation kann man ‚Gründe' etc. nicht geltend machen (DAVIDSON 1993, 73 ff.). Wenn man Kommunikation einführt, entscheidet die Kommunikation über das Gelten von Gründen (nicht das ‚Haben von Gründen', wie das ‚Haben von Präferenzen'). Wir haben es dann in der Sphäre der Kommunikation mit einer eigenständigen, zweiten Ebene der Generierung von Handlungs- und Entscheidungsursachen zu tun, die unabhängig von der Präferenzebene arbeitet. Denn indem wir, mit North, annehmen, dass ökonomische Entscheidungen neben der präferentiellen eine semantische Dimension haben, müssen wir neben den Wünschen, Bedürfnisse etc. jetzt auch Gründe, Meinungen, Einstellungen etc. notieren (‚propositional attitudes'), d.h. *potentiell den ganzen kulturellen Diskurs, um Entscheidungen erklären zu können.*

50  Wir können nicht sinnvoll Einstellungen, Überzeugungen etc., d.h. ‚beliefsystems' präferentiell nach dem Kriterium „ich ziehe meine eigene Einstellung a meiner eigenen Einstellung b vor" behandeln. Gewöhnlich haben wir jeweils nur eine Einstellung zur Verfügung. Es widerspricht den Einstellungen zur Einstellungen, sie je nachdem zu wechseln. Jedenfalls können wir uns einen solchen Vorgang nicht ohne Nennung von Gründen vorstellen, d.h. nicht ohne Einführung von Semantik, die kommunikationsoffen ist, also durch Gegengründe irri-

Kommunikation übernommen bzw. vom sozialen Diskurs (oder vom Sprach-spiel der ‚linguistic community‘). Die Präferenz, als Hyperpräferenz, erweist sich als Prozess der Präferenzfestlegung.

Das schließt die Wählbarkeit von Überzeugungen, Meinungen etc., d.h. von „belief-systems" aus. Änderbarkeit von „belief-systems" durch Kommu-nikation, in der Gründe ausgetauscht werden, ist nicht identisch mit Wahlak-ten, weil im kommunikativen oder Diskursprozess die „belief-systems" nicht als gegebene Ressourcen bereitstehen, sondern durch Prozesse des Verste-hens je nachdem, was zu verstehen ist und was verstanden wird, angeeignet werden. ‚Verstehen‘ heißt, dass wir es mit interpretatorischen Akten zu tun haben bzw. mit semantischer Arbeit. Denn es bleibt z.B. offen, wie Meta-präferenzen ohne interpretatorischen Aufwand auf Präferenzordnungen appli-ziert werden können. Regeln wie Normen geben nur Felder an, ohne die Ap-plikation auf die konkrete Präferenzordnung bereit zu halten. Alles andere sind seltene Rigiditäten, die kein Modell für den Normfall sein können. In-wieweit eine Regel/Norm Präferenzordnungen neu selegieren soll, bleibt ein interpretationsoffener Prozess, der keine eindeutigen Zuschreibungen hat. Wenn man keinen moralischen Dezisionismus einführen will, muss die Kon-zeption auf ‚moralische Kommunikation‘ erweitert werden; das gilt um so mehr, wenn es konfligierende Moralen/Normen/Regeln gibt. „Belief-sy-stems", als Meta-Regeln der Präferenzordnung, „were avaiblable and could be applied, but not definitely, nor without dispute".[51] Der soziale Diskurs ist kein Kommunikationsprozess als „idea of message transmission between

---

tierbar. Wenn das aber gilt, können wir den ‚Einstellungen‘ etc. keine axiomati-sche Qualität mehr zuschreiben, was sie methodisch streng von den Präferenzen unterscheidet und den Terminus der ‚Metapräferenz‘ ad acta legen lassen muss.

51  EDWARDS 1997, 5. „This notion of rules as available ... contrasts with a concep-tion of rules as underlying or governing human actions, and needing to be dis-covered objectively by analysts. That is to say, the importance of rules-for-human-actions to actions themselves is not merely one of a governance or of rule-following. It is something that depends on how the actors themselves, as part of their actions, and as part of how they account for their actions, treat rules as relevant. ... In fact, the invocation of a rule is part of defining what kind of action it was to start with. So all depends heavily an how things and events are de-scribed." (ebenda).

minds", sondern „a conception of discourse as an activity"[52], in dem Verstehensprozesse ‚belief-systems' ändern und damit auch ‚moral codes'.

# III. Moral als Ressource

Im gewöhnlichen Präferenz/Restriktion-Schema selegieren Restriktionen den Präferenz- oder Auswahlraum: Sie definieren einen Subraum der Menge der möglichen Alternativen, so dass die beste Alternative nur aus dem Subraum kommen kann, mit dem möglichen Nachteil, dass im ausselegierten Alternativenraum ‚bessere' Alternativen ungenutzt bleiben müssen. Damit sind restriktiv markierte Präferenzen potentiell nicht die ‚best-möglichen' Alternativen, d.h. subeffizient. Das gilt auch für die moralischen Präferenzen, jedenfalls in einer ökonomischen Theorie der Moral, die auf einem Präferenz/Restriktionen-Schema beruht.

Wenn wir hingegen Moral als ‚content' einführen, d.h. nicht nur als restringierende Regel oder Metapräferenz, sondern als moralisches Intentionensystem, können wir die moralischen Handlungen nicht ohne weiteres als subeffizient deklarieren, sondern nur die ‚moral intention' als Maßstab anlegen. Dazu führen wir den Begriff der ‚moralischen Effizienz' ein, die beurteilen soll, ob die moralische Intention realisiert wird.[53]

---

52  EDWARDS 1997, 17.
53  Für moralische Akteure kann es gar keine ‚besseren' Alternativen außerhalb ihres moralisch bzw. metapräferentiell markierten Alternativen- bzw. Präferenzraumes geben. Natürlich kann man so reden, dass der Akteur, weil er moralisch handelt, potentiell ‚bessere' Alternativen vernachlässige, aber das setzt die Geltung der Moral aus. Ein moralischer Akteur kann gar keine moralisch nicht markierten Präferenzen für ‚besser' halten (weil ihre Wahl ihn ja in ein moralisch nicht markiertes Feld führte) – außer er gewöhnt sich an, moralisch markierte Präferenzen mit nicht markierten Präferenzen zu komparieren. Positiv kann man diese Verhaltensweise einen Effizienztest von Moral nennen, kritisch ist einzuwenden, dass ein Akteur, der diese Haltung einnimmt, über ‚exit-options' zum Ausstieg aus der Moral verfügt. In diesem Test ‚gewinnt' nur die Moral, die in der Komparation mit den Nicht-Moralen ‚bessere' Ergebnisse liefert. Wir haben es jetzt nicht nur

Legt die Ökonomie das Kriterium der Optimierung an, d.h. der Realisation ‚bester' Alternativen, kann Moral nur als Restriktion auftreten, mit der normativen Konsequenz, den Restriktionenraum nach dem Kriterium der Optimierung der Alternativenraumes zu rearrangieren, was zur Folge hat, nur solche Moralen zuzulassen, die diesem Kriterium genügen: Die ökonomische Theorie der Moral, soweit sie sich im Präferenz/Restriktionen-Schema bewegt, ist damit eine Konzeption der Moralselektionen.

Deontische Moralen (und Tugendmoralen[54]) fallen aus ihrer Selektion heraus. Moralische Kriterien ‚bester' Handlungsalternativen haben sich einem ökonomischen Effizienztest zu stellen, in den sie wegen ihrer Alternativenrestriktion von vornherein als Kandidaten für Suboptimalität eintreten. Die ökonomische Theorie der Moral, die das Verhältnis von Ökonomie und Moral neu konstellieren will, tritt als Theorie der rationalen Wahl von Moralen in Erscheinung, die diejenigen Moralen bevorzugt, die die größeren Optionsräume anbieten. Man kann diesem Theoriezuschnitt durchaus zustimmen, muss sich aber der Grenzen seiner Leistungsfähigkeit vergewissern.

Moral hat, anders als juridische Systeme, keine ‚dritte Instanz', die Klärung herbeiführt: Sie hat keine anderen ‚Richter' als die Menge der Akteure, die sich moralisch verhält. Moral muss sich selbst inszenieren, d.h. überzeugen. Sie ‚überzeugt', wenn andere ihre bisherigen Überzeugungen in Richtung auf den ‚content' der Moral ändern. In diesem Sinne unterscheidet sich Moral von Konventionen, Sitten, Institutionen, Regeln etc. Sie hat Irritationscharakter, ist primär Störung von Konventionen, Regeln etc., auch wenn sie final wieder Regeln, Institutionen etc. installiert. Moral tritt als Verhaltensrevisionsanspruch auf bzw. als Regelalternative.

Die ökonomische Theorie der Moral macht hier keine hinreichenden Differenzierungen. Metapräferenzen werden ebenso als Regel verstanden wie in

---

mit der methodischen Produktion/Selektion von Moralen zu tun, sondern zudem mit der möglichen Produktion von Nicht-Moralen. Und zwar nicht nach moralischen, sondern nach moralüberprüfenden Effizienzkriterien. Gegenüber den reichen Optionenräumen der Ökonomie ‚verliert' die Moral gewöhnlich. Doch kann man dies nur so beschreiben, wenn man die moralische Kommunikation außer Acht lässt, die eine eigenständige Ressource der Geltung und des Geltungsgewinnes von Moral darstellt. Moral entwirft andere Handlungsfelder als die von der Komparation ausselegierten (vgl. später Teil III).

54 Vgl. SCHEFCZYK 1999, MANSBRIDGE 1998.

Beckers ‚economic approach' die Restriktionen Erfahrungsregeln sind. Bevor Moral eine allgemeinverbindliche Regel, d.h. bevor sie konventionalisiert oder institutionalisiert wird, muss sie Konsens bekommen. Wir können, in postmodernen Gesellschaftsdynamiken, nicht mehr davon ausgehen, dass die Akteure eine Moral haben, sondern viele. Das ‚Faktum der Pluralität', von dem Rawls spricht, hat einschneidende Bedeutung für die Formulierung des Verhältnisses von Ökonomie und Moral. Moral kann nur im unsortierten Pluralis vorkommen. Was dem einen ansozialisiert ist, fehlt dem anderen. Alltagsmoralen sind personenintern – deshalb auch zwischen den Menschen – unklar sortiert. In analytischer Absicht kann man sehr klar die Geltung von Moral, sogar bestimmter und bestimmbarer Moral, ansetzen. Im Akteursalltag sind Moraleinführungen hingegen schwierige Kommunikations- und Überzeugungsakte, die unter Einsatz der Person erfolgen und als eine Art von riskanter ‚moral entrepreneurship' deshalb auch zwischen den Menschen.

Moral in Handlungssituationen einzuführen bedeutet, die anderen zu überzeugen, dass sie die Situation moralisch prospektieren. Die Ökonomie empfiehlt den Zusatz „... weil es vorteilhafter ist". Es ist natürlich vorteilhaft für die moralische Kommunikation der ‚moral entrepreneurs', andere davon zu überzeugen, Moral deshalb zu akzeptieren, weil es für alle vorteilhafter sei als individuelle Vorteile zu erlangen. Die Vorteile einer Regelbefolgung lassen sich nur erreichen, wenn alle/viele ihr folgen.

Faktisch wird aber Moral anders kommuniziert: als emotiver Tensor der Handlungsausrichtung, in Richtung Revision. Moral ordnet die Beziehungen der Akteure neu, im Sinne einer Neuproportionierung (z.B. paretianisch: ‚niemand soll durch die Vorteile einzelner Nachteile erleiden'). Es geht um die Stimmigkeit von ‚social relations': um angemessene Hierarchien oder um die Auflösung unangemessener. In diesem Sinne irritiert Moral Konventionen, Regeln, Sitten, Institutionen etc., weil sie fragt, ob deren Geltung noch angemessen ist. Moral muss keine ausgefeilte Theorie haben, sondern es reicht, auf Unstimmigkeit, Unangemessenheit, Rechtfertigbarkeit zu verweisen.

Es gibt keinen Grund, allein und ausschließlich anzunehmen, dass nur solche Moralen bevorzugt werden, die langfristig ‚bessere Ergebnisse' bringen. Es genügt anzugeben, dass Moralen Optionen auf Verhaltensalternativen öffnen, genauer: Optionen auf revidierte Kooperationsdesigns. Die ‚moral option' ist ebenso riskant wie eine Investition; sie ist gewöhnlich begleitet von der Erwartung, später ‚bessere Ergebnisse' zu bekommen, nicht aber von einem Wissen davon. Die Erwartung bezüglich moralischer Alternativen sind gewöhnlich nicht auf individuelle Vorteile ausgelegt, sondern auf Verbesserungen der Koordination von Interaktionen[55], auf alternative Kooperationsdesigns. Es genügt nicht, sie ökonomisch als Transaktionskostenminimierungen zu übersetzen, weil sie ebenso gut Investitionen in aufwendigere Kooperationsdesigns sein können.

Die Steuerung erfolgt nicht bzw. nicht allein durch die Reaktionen des Marktes oder der Gesellschaft auf die eigenen Entscheidungen, sondern auch durch die Kommunikation von Meinungen, Überzeugungen etc., die potentielle Reaktionen auf mögliche Entscheidungen antizipieren und präselegieren. Wir haben es mit einem Parallelprozess von präferentialen und semantischen Vorgängen zu tun. Das Präferenz/Restriktionen- wie das Präferenz/Metapräferenz-Schema beschränken sich auf Präferenz/Reaktionen-Muster, ohne antizipatorische (oder genauer: ohne apperzeptorische) Kompetenzen der Akteure. In diesem Spielraum der Kommunikation wünschenswerter Reaktionen sind auch die moralischen Kommunikationen untergebracht. Bei der semantologischen oder Diskursebene haben wir es mit einem erheblich höheren Imaginationspotential zu tun, metapherngesteuert, das selbstverständlich zur Empirie der Wirtschaft der Gesellschaft gehört. Folglich muss sich die Ökonomie, gerade für eine ‚extended relationship between economics and moral‘, um die Analyse laufender Sprachspiele kümmern – empirisch. Aus den Präferenzen (bzw. aus den Handlungsrealisationen) können wir nicht auf Einstellungen, d.h. auf Meinungen, Überzeugungen etc. rückschließen.[56] Die Empirie der Einstellungen finden wir in den sozialen Kommunikationen der Akteure, die Gründe für das Beibehalten bzw. für die Änderungen von ‚belief-systems‘ austauschen.[57] Dass wir dann, wenn wir die Ökonomie/Moral-Relation um eine Diskursanalyse erweitern, nicht umhin kommen, die Alltagstheorien bzw. -moralen der Akteure gesondert zu untersuchen (vgl. Amariglio/Ruccio 1999), ist bereits ein anderes Thema.

---

55  Vgl. die Unterscheidung in „self-oriented preferences", „other-oriented-preferences" und „process-oriented preferences" (BEN-NER/PUTTERMANN 1998b).
56  Vgl. Vanbergs Hinweis auf die Nichtbeobachtbarkeit von Verhaltensdispositionen (VANBERG 1998, 145) und Schmidts Hinweis, dass geoffenbarte Präferenzen nicht auf Einstellungen rückführbar sind (SCHMIDT 1995, 126 f.).
57  Vgl. GALLIER 1991.

Reformulieren wir das eingangs dargelegte Präferenz/Restriktionen-Schema ein zweites Mal:

(I'') Akteure entscheiden rational, aufgrund ihrer Präferenzen und ‚subjektiven Theorien' / ‚belief-systems';

(II'') Moral ist, als spezifisches ‚belief-system', eine ‚governance-structure'.[58] Moralische ‚governance' beschränkt sich nicht auf Einschränkungen (Restriktionen), sondern kann ebenso gut (optionale) Prospektionen anleiten. Sie eröffnet neue gemeinsame Einstellungen, die man als optionalen Zugewinn betrachten kann (inklusive respektierlicher Umgangsformen, d.h. Anerkennung aller Beteiligten).

In diesem Sinne ist Moral ein Verhaltensangebot, das in unklaren oder in dilemmatischen Kooperationsdesigns Rekonstellationierungen offeriert, ohne sogleich Regel, Institution etc. werden zu müssen. Im moralischen Diskurs bleibt die konsensuelle Übereinstimmung offen, ohne juridische oder Gewährleistungsqualität. Manche Akteure ziehen daraus Vorteile, andere nicht. Akzeptierte Moralen bekommen Regelqualität, aber nicht notwendigerweise (mit der Konklusion, dass Regelgeltung keine moralische Korrespondenz bei den Akteuren haben muss). Der Tensor der Moralofferte bleibt immer kritisch, überkritisch. Wenn sich die Ökonomie auf Moral einlässt, kann sie mit ihrer Methodik nurmehr die strengen, konsensuell geklärten Moralen einfangen. Sie unterstellt die gleiche epistemische Klarheit wie bei den Präferenzen ihrer Akteure. Als emotiver Tensor aber hat Moral keine epistemische Klarheit, sondern eher die Struktur metaphorischer Übererwartung. Die Moral als sensus moralis, als Stimmigkeit- und Proportionalitätssensor, kann nur über die der Ökonomie wiederum bekannte andere Figur des ‚moral entrepreneurs' eingeführt werden, der in der moralischen Kommunikation ‚moral investments' riskiert. Ob sie gelingen, bleibt kommunikativ offen.

Moral markiert Kooperationsnexus, die als ‚besser als ihre Vorgänger' (oder als deren Absenz) beschrieben werden. In diesem Sinne lässt sich Moral in eine Theorie ökonomischer Moral übersetzen, weil sie ihr eigenes Komparationskriterium mitbringt. Natürlich sind auch moralische Zustände als ‚schlechter/besser' und damit präferential beschreibbar. Doch können diese Zustandsdifferenzen nicht gesetzt oder vorausgesetzt werden (sie sind nicht axiomatisierungsfähig), weil die Interpretation der Geltung moralischer Zu-

---

58  Dieses Konzept ist erstmals bei Wieland entwickelt worden (WIELAND 1999).

stände als ‚besser/schlechter' kommunikationsoffen ist. Wir haben in moralischen Fragen gewöhnlich, außer in einem Diskurstensor, keine Konsensge-
wissheit.

Wegen der Strittigkeit oder epistemischen Ambiguität in Moralfragen versuchen Institutionenökonomen Verfahren zu definieren, die Konsensbildung
erlauben, um das Verfahrensresultat (wenigstens vorübergehend) obligato-
risch zu machen.[59] Sie koalieren Moral mit Politik (bzw. mit deren demokrati-
schen Verfahren). Die Moral wird ökonomisch in die Regeldimension trans-
poniert, um neue Konventionalisierungen zu erreichen. Ob das in einer kom-
munikationsoffenen Gesellschaft gelingt, wird zur entscheidenden Frage der
Stabilität institutionaler Regelungen, die eine Geltungsfrage ist. Wird die
Moral bei den Institutionenökonomen mit der Politik koaliert, wird die Geltungsfrage als Legalisierungsfrage behandelt, d.h. letztlich machttheoretisch.
Wird sie hingegen weiterhin als Legitimitätsfrage behandelt, bleibt sie kommunikationsoffen und dementsprechend instabiler. Geltung ist dann Sprach-
spielgeltung bzw. semantische Konventionalität, die in offenen Gesellschaften
aber immer wieder renoviert wird und sich irritieren lässt.

Ich schlage deshalb vor, Moral nicht mehr als individuelle Ressource oder
sogar Personeigenschaft zu betrachten (obwohl das natürlich weiterhin zulässig bleibt), sondern als gesellschaftliche Ressource, die durch Individuen,
aber auch durch Akteurskollektive kommunikativ aktualisierbar ist. Beckers
‚social capital'-Terminologie eignet sich nicht. Moral ist als gesellschaftliche
Ressource kein akkumuliertes moralisches oder Regelwissen. Epistemisch ist
Moral meistens ambigue bis prekär. Sie kann kein Kapital sein, da sie, bezüglich ihrer Aktualisierung strittig, durch diskursive Interpretationen gehen
muss, um Geltung zu erlangen. Nicht das ‚Haben' von Moral, sondern ihre
diskursoffene Geltung/Nichtgeltung ist von Bedeutung, auch für ihre Reformulierung in der Ökonomie. Je nachdem, wie sie aktualisiert wird, kann Moral restriktive oder optionale Geltung bekommen.

Die Geltung von Moral läuft über einen Meinungsmarkt, wie wir die öf-
fentliche Kommunikation ökonomieaffin beschreiben können. Die Koordina-
tionsform des Marktes erzeugt Ergebnisse nach dem Stand von kommunikati-
ver Nachfrage auf Angebote (et vice versa). Das Bild ist kein unzulässiger
‚Ökonomismus', sondern eine Verfahrensbeschreibung, die auf die Illusion

---

59  BUCHANAN/VANBERG 1989.

70

der Moral als gesetzter Unbedingtheit verzichtet und sie als kommunikatives Erörterungs- und Verhandlungsergebnis verzeichnet.

Im Gegensatz zur Ökonomie, die eindeutig auf die Detektion und Realisation von ‚besseren' Wahlhandlungsalternativen ausgelegt ist, kann die Moral sich nur bedingt an diesem Geschäft beteiligen, weil sie die Art und Weise, wie die Verbesserung der Wahlhandlungsalternativen erlangt wird, selbst bereits als Dimension der Lebensverbesserung ansieht. Wenn wir die Ökonomie als Theorie der Optimierung von Transaktionsmöglichkeiten beschreiben, dann hat die Moral ihren Relevanzbereich in der Optimierung von Transaktionsatmosphären. Es geht ihr vordringlich nicht um die Extension des Güter- und Leistungsraumes, sondern um die Extension der Interaktionsqualitäten und der Teilnahmebedingungen an Handlungsmöglichkeitssystemen. Im Gegensatz zur Ökonomie, die Leistungskoordinationssysteme (Märkte) beschreibt, reflektiert Moral auf Kooperationsregime.[60] Es ist ungenügend, Moral als Erweiterung von Handlungsmöglichkeiten zu beschreiben, wenn nicht zugleich der Formunterschied benannt wird: Moral ist keine Extension der Koordinationssystematik, sondern tendiert auf eine Transformation in andere Formen der Handlungs- und Vertragsbeziehungen: Kooperation.[61]

Natürlich können Ökonomen diese Relation ‚in economic terms' übersetzen und als Investition in Transaktionsatmosphären einführen[62] (als eine Variante der ‚social capital'-Investition Beckers). Insofern hat die ökonomische Theorie der Moral den Erfolg, ‚moral options' in die Ökonomie einzuführen, indem sie die Transaktionsatmosphäre als zu produzierendes ökonomisches Gut als Vorbedingung für Verbesserungen der Wertschöpfungskompetenz beschreibt. Was wie eine Reformulierung der ökonomischen Moral als Erfolgsfaktor aussieht, kann nicht vergessen machen, dass der Erfolg sich erst einstellt, wenn die ‚moral quality' dieser Form des ‚value managements' Geltung erlangt. Wer sich auf Moral in der Wirtschaft einlässt, lässt sich, bei allen Optimierungsintentionen, auf Moral ein.[63] Moralische Güter haben als Güter nur Wert, wenn sie ihre moralische Qualität bezeugen. Die Ökonomie

---

60  Vgl. WIELAND 1998, 1999.
61  WIELAND 1998.
62  WIELAND 1996.
63  WIELAND 1999.

kann die Moral nur dann als Kooperationsgewinn einstreichen, wenn sie die Kooperation gelten lässt, ‚um den Gewinn zu machen'.

Nicht der Kooperationsgewinn ist der Gewinn, sondern die Form der Kooperation, die neue soziale und persönliche Beziehungen entstehen lässt, die den Akteuren neue Handlungs- und Entwicklungsoptionen eröffnet, die ihre Lebensqualität ‚verbessern'. Moral hat proto-ökonomische Qualität. Nur wenn diese Qualität Geltung erlangen kann, lässt sie sich in organisationalen Managementkontexten und in marktlichen Kontraktbeziehungen als Wertschöpfungsdisposition verwerten.[64] Die Kontextualisierung der Moral in einer ökonomischen Moral gelingt, wenn sie als Moral kontextualisiert wird, nicht als Translat. In diesem Sinne kann Moral ihre ökonomische Rolle nur als Moral spielen, mit eigener Qualität und mit eigener Kommunikation dieser Qualität. Und sie kann diese Rolle nur spielen, wenn sie als Option auf Kooperationsverbesserung aktualisiert wird, nicht als Restriktion.

‚Moral als Restriktion' ist ein Topos des Übergangs der alten zur neuen oder Marktwirtschaft, in der die Freiheit der Transaktionsbeziehungen gegen die alten Regelkonformismen durchgesetzt werden sollte. In dynamischen, globalisierenden Wirtschaftsgesellschaften sind die altabendländischen ‚moral restrictions' keine geeigneten Beschreibungen mehr. Die Wirtschaftsgesellschaften sind historisch wieder frei, Moral als eine Ressource wiederzuentdecken, die die Koordinationsverfahren der Märkte mit neuen Kooperationsverfahren anreichert (‚co-opetition'[65]), um die Expansion der Güter und Leistungen mit einer Expansion der lebensqualitativen Arrangements in Unternehmen, Arbeit und Vertragsbeziehungen zu vernetzen.

Das Management dieser Prozesse, ob politisch oder organisational, ist ein ‚management of diversity', d.h. ein Management der Konklusion divergenter Aktivierungen von Moralressourcen.[66] Dieses Management – noch einmal: ob organisational oder politisch – muss die Existenz von divergenten ‚subjektiven Theorien/‚belief-systems' wissen, um sie in die Kommunikationen zu bringen, die, meistens vorübergehende, ‚shared mental models' bilden, mit commitialem oder verpflichtendem Charakter. Wir werden uns angewöhnen, Moral weder als ubiquitär noch als anhaltend zu verwenden, sondern als flui-

---

64  Vorbildlich und erstmals klar herausgearbeitet: WIELAND 1999.
65  Vgl. dazu: JANSEN/SCHLEISSING 2000.
66  Diesen Ansatz liefert vorbildlich WIELAND 1999.

de Aktualisierung unserer ‚moral resources', die effektive, aber temporäre Kooperationsformen generieren. Solidarität, wenn wir diesen älteren Begriff für Kooperation noch verwenden wollen, wird die Form temporärer Netzwerkkonfiguration annehmen. Sie wird für Phasen ein hohes Vertrauenskapital bilden, das dann abnimmt oder verfällt. Der Konsensus, der erzeugbar bleibt, wird als kontingenter Konsensus neue Erfahrungen des Wechsels moralischer Kooperationsqualitäten einführen.

Moral wird weder ubiquitär noch nachhaltig, sondern lokal und temporär Geltung erlangen. Die abendländische Topik der Moral, die uns die Worte ‚universal' und ‚dauerhaft' bescherte, wird gerade neu übersetzt in ‚spezifisch' und ‚divers'. In diesem evolutionären Setting werden wir hohe ‚moral intensities' erleben, aber auf Zeit und in situ. Moral wird sich keimhaft ausdehnen, aber nicht notwendigerweise stabilisieren. Moral ist dann ein Oszillativum – eine rekonstellative Instanz, die ein ‚readjustment' der Transaktionsbeziehungen einfordert, das ihr phasenweise gelingt, manchmal sogar in Form formaler Regeln. Geht der ‚moral impulse' zurück, bilden sich neue Anfragen aus neuen moralischen Perspektiven. Moral ist nicht in eine Theorie der Regelbildung überführbar, sondern deren kritische Instanz.

## Literaturverzeichnis

AMARIGLIO, J./RUCCIO, D.F.: „The transgressive knowledge of „ersatz" economics", in: GARNETT JR., R.F. (Hg.): *What Do Economists Know? New Economics of Knowledge*, London/New York 1999.

BACHERACH, M.L.O./HURLEY, S. (1991b): „Issues and Advances in the Foundations of Decision Theory", in: BACHERARCH, M.L.O./HURLEY, S. (Hg.): *Foundation of Decision Theory*, Oxford 1991.

BACHERARCH, M.L.O./HURLEY, S. (1991a) (Hg.): *Foundation of Decision Theory*, Oxford 1991.

BECKER, G.S.: „Der ökonomische Ansatz zur Erklärung menschlichen Verhaltens", in: BECKER, G.S.: *Der ökonomische Ansatz zur Erklärung menschlichen Verhaltens*, Tübingen 1982.

BECKER, G.S.: *Accountig for Tastes*, Cambridge 1996.

BEN-NER, A./PUTTERMAN, L. (1998a) (Hg.): *Economics, values, and organization*, Cambridge 1998.

BEN-NER, A./PUTTERMAN, L. (1998b): „Values and institutions in economic analysis", in: BEN-NER, A./PUTTERMAN, L. (Hg.): *Economics, values, and organization*, Cambridge 1998.

BRANDOM, R.B.: *Making it Explicit. Reasoning, Representing, & Discursive Commitment*, Cambridge/London (The Harvard University Press) 1994.

BREWKA, G.: „Belief Revision in a Framework for Default Reasoning", in: FUHRMANN, A./MORREAU, M. (Hg.): *The Logic of Theory Change*, Berlin 1991.

BUCHANAN, J.M./VANBERG, V.: „Interests and theories in constitutional choice", in: *Journal of Theoretical Politics* (1991), H. 1, S. 49ff.

DAVIDSON, D.: „Towards a Unified Theory of Meaning and Action", in: *Grazer Philosophische Studien* (1980), S. 1ff.

DAVIDSON, D. (1985a): „A New Basis for Decision Theory", in: *Theory and Decision*, (1985) 18, S. 87ff.

DAVIDSON, D. (1985b): „Rational Animals", in: LEPORE, E./MCLAUGHLIN, B. (Hg.): *Actions and Events: Perspectives on the Philosophy of Donald Davidson*, Oxford 1985.

DAVIDSON, D. (1985c): *Handlung und Ereignis*, Frankfurt a.M. 1985.

DAVIDSON, D.: „Der Begriff des Glaubens und die Grundlage der Bedeutung", in: DAVIDSON, D.: *Wahrheit und Interpretation*, Frankfurt a.M. 1998.

DAVIDSON, D.: „Subjektiv, Intersubjektiv, Objektiv", in: DAVIDSON, D.: *Dialektik und Dialog*, Frankfurt a. M. 1993.

DAVIS, D.D./HOLT, C.A.: *Experimental Economics*, Princeton (Princeton University Press) 1993.

DENZAU, A.T./NORTH, D.C.: „Shared Mental Models: Ideologies and Institutions", in: *Kyklos* (1994), 47/1, S. 3-25.

EDWARDS, D.: *Discourse and Cognition*, London/Thousand Oaks/New Dehli 1997.

EELS, E.: „Causal Decision Theory", in: *ProtoSociology* (1999), Vol. 13, S. 159ff.

FRANKFURT, H.: „Freedom of the Will and the Concept of a Person", in: *The Journal of Philosophy* (1971), Vol. LXVIII, no. 1.

FULDA, H.F.: „Unterwegs zu einer einheitlichen Theorie des Sprechens, Handelns und Interpretierens. Laudatio auf Donald Davidson", in: DAVIDSON, D.: *Dialektik und Dialog*, Frankfurt a.M. 1993.

GÄRDENFORS, P.: *Knowledge in Flux: Modelling the Dynamics of Epistemic States*, Cambridge 1988.

GÄRDENFORS, P. (Hg.): *Belief Revisions*, Cambridge 1992.

GALLIER, J.R.: „Autonomous Belief Revision and Communication", in: GÄRDENFORS, P. (Hg.): *Belief Revisions*, Cambridge 1992.

GIGERENZER, G. (1996a): „On Narrow Norms and Vague Heuristics: A Reply to Kahneman and Tversky", in: *Psychological Review* (1996), 103 (3), S. 592-596.

GIGERENZER, G. (1996b): „Rationality: Why Social Context Matters", in: BALTES, P.B./STAUDINGER, U.M. (Hg.): *Interactive Minds. Life-Span Perspectives on the Social Foundation of Cognition.* Cambridge (Cambride University Press) 1996.

GOODMAN, N.: *Ways of World Making*, Cambridge 1981.

GOODWIN, P./WRIGHT, G.: *Decision Analysis for Management Judgement*, New York et al 1991.

HARMAN, G.: *Change in View*, Cambridge, MA 1986.

HARRÉ, R./GILLETT, G.: *The Discursive Mind*, Thousand Oaks/London/New Dehli 1997.

HARSANYI, J.C.: „Cardinal Welfare, Individualistic Ethics, and Interpersonal Comparison of Utility", in: *Journal of Political Economy* (1995), 63, S. 309ff.

HARSANYI, J.C.: „Morality and the theory of rational behaviour", in: SEN, A./WILLIAMS, B. (Hg.): *Utilitarism and beyond*, Cambridge 1984.

HAAS, G.: „Überzeugungen, Revision und Rechtfertigung", in: MITTELSTRASS, J. (Hg.): *Die Zukunft des Wissens* (Workshop-Beiträge zum XVIII. Deutschen Kongreß für Philosophie, Konstanz) 1999.

HEAP, S.H.: *Rationality in Economics,* Oxford 1989.

HEIL, J.: „The Propositional Attitudes", in: *ProtoSociology* (1996), Doppelausgabe 8/9 (Rationality II, III), S. 53-71.

HEINER, R.: „Rule-governed behavior in evolution and human society", in: *Constitutional Political Economy* (1990), Vol. 1, S. 19-46.

HENDERSON, W./DUDLEY-EVAND, T./BACKHOUSE, R. (Hg.): *economics & language*, London/New York 1993.

HOMANN, K./SUCHANEK, A.: „Methodologische Überlegungen zum ökonomischen Imperialismus", in: *Analyse & Kritik* (1989), 11, S. 70-83.

IORIO, M.: „Handlung, Einstellung, Grund", in: MITTELSTRASS, J. (Hg.): *Die Zukunft des Wissens* (Workshop-Beiträge zum XVIII. Deutschen Kongreß für Philosophie, Konstanz) 1999.

JANSE, ST./SCHLEISSING, ST. (Hg): *Konkurrenz und Kooperation*, Marburg (Metropolis) 2000.

KURAN, TH.: „Moral overload and its alleviations", in: BEN-NER, A./PUTTERMAN, L. (Hg.): *Economics, values, and organization*, Cambridge 1998.

LEVI, I.: *Decisions and Revisions*, Cambridge UK 1988.

LINDENBERG, S.: „Homo socio-oeconomicus: the emergence of a general model of man in the social sciences", in: *Journal of Institutional and Theoretical Economics* (1990), 146, S. 727-748.

LOHMANN, K.R. (1996a): „Die Bedeutung von Institutionen. Modelltheoretische Überlegungen", in: PRIDDAT, B.P./WEGNER, G. (Hg.): *Zwischen Evolution und Institution*, Marburg 1996.

LOHMANN, K.R. (1996b): „Zur Integration von Werten in Entscheidungen: Entscheidungsorientierung und eine liberale Theorie der Werte", in: LOHMANN, K.R./ SCHMIDT, TH. (Hg.): *Werte und Entscheidungen im Management*, Marburg 1996.

LOHMANN, K.R.: „Moralische Überzeugungen und wirtschaftliche Wahl", in: LOHMANN, K.R./PRIDDAT, B.P. (Hg.): *Ökonomie und Moral. Beiträge zur Theorie ökonomischer Rationalität*, München 1997.

LOHMANN, K.R./PRIDDAT, B.P. (Hg.): *Ökonomie und Moral. Beiträge zur Theorie ökonomischer Rationalität*, München 1997.

LOHMANN, K.R./SCHMIDT, TH. (Hg.): *Werte und Entscheidungen im Management*, Marburg 1996.

MANSBRIDGE, J.: „Starting with nothing: on the impossibility of grounding norms solely in self-interest", in: BEN-NER, A./PUTTERMAN, L. (Hg.): *Economics, values, and organization*, Cambridge 1998.

MCCLOSKEY, D.N.: „Storytelling in economics", in: *Lavoie* 1991, S. 61-69.

MCCLOSKEY, D.N. (1994a): *Knowledge and persuasion in economics*, Cambridge 1994.

MCCLOSKEY, D.N. (1994b): „The economy as a conversation", in: MCCLOSKEY, D.N.: *Knowledge and persuasion in economics*, Cambridge 1994.

NAUMANN, R.: „Internal Realism, Rationality and Dynamic Semantics", in: *ProtoSociology* (1996), Doppelband 8/9 (Rationality II, III), S. 111ff.

NIDA-RÜMELIN, J.: „Practical Reasons or Metapreferences? An Undogmatic Defense of Kantian Morality", in: *Theory and Decision*, 30, 1991.

NIDA-RÜMELIN, J.: „Ökonomische Optimierung in den Grenzen struktureller Rationalität", in: LOHMANN, K.R./PRIDDAT, B.P. (Hg.): *Ökonomie und Moral. Beiträge zur Theorie ökonomischer Rationalität*, München 1997.

NORTH, D.C.: „Where have we been and where are we going? " in: BEN-NER, A./PUTTERMAN, L. (Hg.): *Economics, values, and organization*, Cambridge 1998.

PETTIT, PH.: „Decision Theory and Folk Psychology", in: BACHERARCH, M.L.O./ HURLEY, S. (Hg.): *Foundation of Decision Theory*, Oxford 1991.

PETTIT, PH.: „Three Aspects of Rational Explanation", in: *ProtoSociology* (1996), Doppelband 8/9 (Rationality II, III), S. 170ff.

PIES, I. (1998a): „Ökonomischer Ansatz und Normativität: Zum wertfreien Umgang mit Werten", in: PIES, I./LESCHKE, M. (Hg.): *Gary Beckers ökonomischer Imperialismus*, Tübingen 1998.

PIES, I. (1998b): „Theoretische Grundlagen demokratischer Wirtschafts- und Gesellschaftspolitik – Der Beitrag Gary Beckers", in: PIES, I./LESCHKE, M. (Hg.): *Gary Beckers ökonomischer Imperialismus*, Tübingen 1998.

PIES, I./LESCHKE, M. (Hg.): *Gary Beckers ökonomischer Imperialismus*, Tübingen 1998.

PREYER, G./SIEBELT, F./ULFIG, A. (Hg.): *Language, Mind, and Epistemology. On Donald Davidson's Philosophy*, Dordrecht/Boston/London 1994.

PRIDDAT, B.P.: „Rationalität, Moral und Person", in: GÄRTNER, W. (Hg.): *Wirtschaftsethische Perspektiven IV*, Berlin 1997.

PRIDDAT, B.P.: „Nichtökonomische ökonomische Theorie. Vivienne Forresters Buch ‚Der Terror der Ökonomie' als anregende Lektüre zum Problem der Kontextspezifität von rational choices", in: *Homo Oeconomicus*, Nr. XV (2) 1998.

PRIDDAT, B.P.: „Ökonomie, Moral und Rationalität. Eine skeptische Betrachtung", in: HUNGENBERG, H./SCHWETZLER, B. (Hg.): *Unternehmung, Gesellschaft und Ethik*, Wiesbaden 1999.

PRIDDAT, B.P.: „Präferenz und Semantik. Über das Verhältnis von Kultur und Ökonomie. D.C. Norths Institutionentheorie", in: *Zeitschrift für Semiotik* (im Erscheinen).

RABONOWICZ, W.: „Stable Revision, or Is Preservation Worth Preserving?", in: FUHRMANN, A./ROTT, H. (Hg.): *Logic, Action, and Information. Essays on Logic in Philosophy and Artifical Intelligence*, Berlin 1996.

RORTY, R.: „Physikalismus ohne Reduktionismus", in: RORTY, R.: *Eine Kultur ohne Zentrum*, Stuttgart 1993.

SANDBOTHE, M.: „Medienphilosophie zwischen Theoretizismus und Pragmatismus", in: MITTELSTRASS, J. (Hg.): *Die Zukunft des Wissens* (Workshop-Beiträge zum XVIII. Deutschen Kongreß für Philosophie, Konstanz) 1999.

SCHEFCZYK, M.: *Personen und Präferenzen*, Marburg 1999.

SCHMIDT, TH.: *Rationale Entscheidungstheorie und reale Personen*, Marburg 1995.

SCHOLZ, O.R.: „Rationalitätshintergrund, Interpretation und Verstehen", in: MITTELSTRASS, J. (Hg.): *Die Zukunft des Wissens* (Workshop-Beiträge zum XVIII. Deutschen Kongreß für Philosophie, Konstanz) 1999.

SEN, A.: *Collective Choice and Social Welfare*, San Francisco 1971.

SEN, A.: „Choice, Orderings and Morality", in: KÖRNER, S. (Hg.): *Practical Reason*, Oxford 1974.

SEN, A.: „Well-Being, Agency and Freedom", in: *Journal of Philosophy* (1986), 82, S. 186ff.

SEN, A.: Foreword, vii - xiv, in: BEN-NER, A./PUTTERMAN, L. (Hg.): *Economics, values, and organization*, Cambridge 1998.

SIEGENTHALER, H.: „Learning and its Rationality in a Context of Fundamental Uncertainty", Discussion paper presented to the international symposium on ‚Cognition, Rationality, and Institutions', Jena, March 20-23, 1997.

STOECKER, R.: „Reasons, Actions, and their Relationship", in: STOECKER, R. (Hg.): *Reflecting Davidson*, Berlin/New York 1993.

SUDGEN, R.: „A Theory of Focal Points", in: *Economic Journal* 105 (1995), S. 533-550.

TAYLOR, CH.: „The concept of a person", in: TAYLOR, CH.: *Human Agency and Language*, Philosophical Papers I, Cambridge 1985.

ULRICH, P.: „Integrative Wirtschaftsethik: Grundlagenreflexion der ökonomischen Vernunft", in: *Ethik & Sozialwissenschaften*, (Manuskript angenommen; unveröffentlicht).

VANBERG, V.: „Zur ökonomischen Erklärung moralischen Verhaltens", in: PIES, I./ LESCHKE, M. (Hg.): *Gary Beckers ökonomischer Imperialismus*, Tübingen 1998.

VOSSENKUHL, W.: „Ökonomische Rationalität und moralischer Nutzen", in: LENK, H./ MARING, M. (Hg.): *Wirtschaft und Ethik*, Stuttgart 1992.

WIELAND, J.: *Ökonomische Organisation, Allokation und Status*, Tübingen 1996.

WIELAND, J.: „Kooperationsökonomie. Die Ökonomie der Diversifität, Abhängigkeit und Atmosphäre", in: WEGNER, G./WIELAND, J. (Hg.): *Formelle und informelle Institutionen*, Marburg 1998.

WIELAND, J.: *Die Ethik der Governance*, Marburg 1999.

4. Kapitel

# Kollektive Verantwortung und individuelle Verhaltenskontrolle

GOTTFRIED SEEBASS

I.    Das System der normativen Verhaltenskontrolle
II.   Grenzen des Systems
III.  Unangemessene Reaktionen
IV.   Die Idee „kollektiver Verantwortung"
V.    Korporative und institutionelle Verantwortung
VI.   Verantwortung konsensuell agierender Gruppen
VII.  Verantwortung nichtkonsensuell agierender Gruppen
VIII. Schlussfolgerungen

## I. Das System der normativen Verhaltenskontrolle

Jedes Zusammenleben von Menschen verlangt, dass dem einzelnen Grenzen gesetzt werden – wenn nicht aus weiterreichenden Gründen, so doch zumindest aus dem, dass die elementaren Interessen anderer unverletzt bleiben. Das traditionell bedeutendste Mittel dazu ist das *System der normativen Verhaltenskontrolle*, das drei zentrale Teile umfasst:

Erstens werden alle Mitglieder – formell oder informell – dazu *erzogen*, normengeleitet zu handeln und dabei diejenigen Normen zugrunde zu legen, die für die Gruppe konstitutiv sind. Zweitens werden *Sanktionen* eingeführt, positive wie negative, die normenkonformes Verhalten fördern sollen, was ebenfalls entweder informell geschehen kann, wie in der Alltagsmoral, oder formell in einem Rechtssystem. Drittens schließlich werden für die Bereiche, bei denen man sich auf Erziehung und Sanktionierung allein nicht verlassen will, *Vorkehrungen* getroffen, die Normenverletzungen *objektiv* unmöglich machen oder zumindest erschweren. Diebstahl und Mord z.B. werden in allen Gesellschaften geächtet und mit Strafe bedroht; dennoch verzichtet man nicht auf Türen und Schlösser und lässt es (normalerweise, außer im Jemen und in den Vereinigten Staaten) nicht zu, dass Schusswaffen ebenso leicht zu erwerben sind wie eine Boulevardzeitung.

Normenverletzungen sind damit eingedämmt, nicht aber ausgeschlossen. Theoretisch wäre es denkbar, die Vorkehrungen so auszuweiten oder die Sozialisierung so radikal zu betreiben, genmanipulativ z.B., dass keine Grenzüberschreitungen auftreten. Faktisch geschieht das nicht. Es wäre kaum durchführbar und würde die Freiheit des Einzelnen, die geschützt werden sollte, inhuman einschränken. Abgesehen von Teilbereichen verlässt die Gemeinschaft sich vielmehr darauf, dass die Kontrolle durch Erziehung und Sanktionierung genügt.

Dieses Vertrauen allerdings setzt zweierlei voraus. Erstens müssen die grundlegenden Normen hinreichend *klar* und gesellschaftlich *unumstritten* sein, zweitens müssen die Personen, an die sie sich richten, normengeleitet handeln *können*. Was dieses „Können" beinhaltet, ist in der europäischen Tradition maßgeblich durch die Aristotelische Theorie des zweckrationalen Handelns und die Augustinische Willenstheorie bestimmt, lässt sich aber auch losgelöst von diesem Hintergrund angeben. Normativ steuerbare Personen müssen über genügend *theoretisches Wissen* verfügen und *praktische Überlegungen* anstellen können, d.h. insbesondere folgenorientiert schließen und eruierte Handlungsoptionen präferentiell gegeneinander abwägen. Sie müssen *besonnen* genug sein, um diese Fähigkeiten beim Handeln anzuwenden. Und sie müssen *frei* sein, willensgemäß zu handeln und ihren Willen überlegungsabhängig auszubilden. Nur unter diesen Bedingungen kann das System der normativen Verhaltenskontrolle greifen.

## II. Grenzen des Systems

Beide Prämissen, auf denen das Vertrauen in seine Wirksamkeit fußt, sind in neuerer Zeit unter Druck geraten. Das gilt zunächst für die überlieferten *Normen*. Diese erscheinen großenteils nicht mehr als selbstverständlich. Zudem sind sie nicht klar genug für die wichtigsten Fragen. Die Kontroversen um die friedliche wie militärische Nutzung der Kern- und Biotechnik, die ökologischen und sozialen Folgen der Industrialisierung, die Grenzen der Medizin sowie Beginn und Ende des menschlichen bzw. menschenwürdigen Lebens haben die latente normative Verunsicherung bloßgelegt. Tatsächlich dürfte die Herstellung eines normativen Grundkonsenses, der präzise genug ist und bei fortschreitender Globalisierung möglichst viele kulturelle und staatliche Differenzen übergreift, die wichtigste Bedingung dafür sein, dass es auch künftig bei einem System der Verhaltenssteuerung bleiben kann, das die Freiheit der Individuen wahrt. Ob das in praxi zu leisten ist, weiß ich nicht. Ich kann es nur hoffen, möchte aber einmal als Optimist davon ausgehen, dass bei den Normen *keine* Differenzen bestehen, die sich als *prinzipiell* unüberwindlich erweisen. Insoweit soll das Vertrauen in das tradierte System gerechtfertigt sein.

Wie aber steht es mit den Bedenken gegen die *Fähigkeit*, normengeleitet zu handeln? Seit Nietzsche vor allem hat in der intellektuellen Welt, teilweise auch in der breiteren Öffentlichkeit, der Gedanke Einfluss gewonnen, dass das tradierte Bild vom Menschen als freiem, rational handlungsfähigem Wesen entweder gänzlich unangemessen ist oder so eingeschränkt in seiner Geltung, dass es für die Verhaltenssteuerung keine Bedeutung hat. Psychoanalyse, Behaviorismus und Neurowissenschaft, mehr noch Zeitströmungen wie der sogenannte „Postmodernismus" und die Systemtheorie, haben diesen Eindruck verstärkt. Doch kann diese *Radikalkritik* kaum überzeugen, wie ich an anderer Stelle näher ausgeführt habe.[1] Ich lasse sie hier deshalb unberücksichtigt.

Ernst zu nehmen aber ist der Verdacht, dass das System der normativen Verhaltenskontrolle, das für die private Lebensführung, Kleingruppen und traditionelle Gesellschaften ausreicht, in *modernen Großgesellschaften* an seine Grenzen stößt. Diese Grenzen werden maßgeblich durch technisch-wissenschaftliche Entwicklungen und gesellschaftliche Komplexionen bestimmt, die von den meisten Betroffenen nicht mehr überblickt werden und deshalb schwer kontrollierbar sind. Gleichwohl erstrecken sie sich auf alle Lebensbereiche. Die Komplexität der Zusammenhänge und die fortschreitende soziale Differenzierung lassen die *Handlungsabläufe* unübersichtlich werden. Zugleich werden sie dadurch erheblich kompliziert, dass jedes Individuum diverse *Rollen* spielen muss, die sich in ihrer Handlungsstruktur und ihren jeweils relevanten Folgen und Normen wesentlich unterscheiden. Im Widerspruch zur Voraussetzung des traditionellen Konzepts scheint die Situation des einzelnen Menschen, der überlegt und normengeleitet handeln soll, weit-

---

1   SEEBASS, G.: *Wollen*, Frankfurt (Klostermann) 1993, bes. Kap. I, 6 und Kap. VI.

gehend durch *Unwissenheit* und *Ohnmacht* gekennzeichnet. Denn die Sachverhalte, auf die es ankommt, erscheinen uns großenteils als zu unklar und unsicher, was ihre Folgen betrifft, zu weit von der eigenen Handlung entfernt und zu abhängig von unkalkulierbaren Handlungen anderer. Entsprechend klein wirkt unser Anteil an ihrem Eintreten. Vielfach haben wir sogar das Gefühl, dass die wirklich entscheidenden Dinge sich ganz ohne unser Zutun vollziehen oder dass wir, soweit wir zu ihnen beitragen, in dieser Funktion beliebig ersetzbar sind, so dass es auf unser persönliches Handeln und normengeleitetes Überlegen nicht ankommt.

Die praktischen Konsequenzen, die daraus gezogen werden, artikulieren sich am klarsten in den *Entschuldigungen*, die Menschen geben, die mit dem Vorwurf konfrontiert sind, dass ihr Verhalten normativ inkorrekt ist. *Politiker* etwa, die sich nicht für ein Tempolimit auf Autobahnen und für ein Steuersystem einsetzen möchten, das schadstoffarme Kleinwagen begünstigt, werden zunächst einmal geltend machen, der Einfluss der Autoabgase auf sichtbare ökologische Schäden sei ungeklärt, wie der Expertenstreit zeige. Danach werden sie sagen, ein nationaler Alleingang nütze nichts, da die Nachbarländer nicht mitziehen. Und auch im eigenen Land werde ihr autofeindliches Handeln nur dazu führen, dass sie abgewählt und durch weniger skrupulöse Akteure ersetzt würden. Zudem sei es nicht ausgemacht, dass die erwartbaren ökologischen oder volksgesundheitlichen Einbußen tatsächlich schlimmer wären als ein Zusammenbruch der heimischen Autoindustrie mit unabsehbaren politischen Risiken. Der *private* BMW-Fahrer wiederum, der mit Vollgas durch den Bayerischen Wald brettert, wird ebenfalls auf den Expertenstreit abstellen, der Industrie und den Kohlekraftwerken die Hauptschuld geben und sich persönlich darauf berufen, dass sein partikularer Autoverzicht generell nichts bewirkt. Und die *Beschäftigten* in der Atomindustrie, Großchemie oder Genforschung schließlich werden sich, sollten sie Skrupel befallen, ebenso damit beruhigen, dass sie nur ein kleines, ersetzbares Rädchen seien, und im übrigen darauf verweisen, dass der Fortschritt nicht aufzuhalten, die Menschheit aber noch immer erfinderisch genug gewesen sei, um selbstgeschaffene Risiken in den Griff zu bekommen, Risiken schließlich, deren Übergewicht über die Chancen auch nicht als erwiesen gelten könne.

Natürlich sind solche Erklärungen, die täglich zu hören sind, von idiosynkratischen oder gruppenspezifischen Wertvorstellungen, die nicht konsensfähig sind, ebenso mitbestimmt wie von Egoismus, Wunschdenken und Leichtsinn. Intensivere Aufklärung und Erziehung könnten die Lage deshalb verbessern. Doch wie weit *reicht* ihr Einfluss? Und kommt es auf solche Verbesserungen wirklich *entscheidend* an? Unterstellen wir einmal das Optimum: Nehmen wir an, dass Einigkeit über die Normen herrscht, dass sie auch adäquat sanktioniert werden und dass alle Normadressaten so gut über die Lebensbereiche, in denen sie tätig sind, informiert und darüber hinaus so rational, besonnen und gutwillig sind, wie dies von normalen Menschen günstigstenfalls zu erwarten ist. Bestünde dann, so ist zu fragen, nicht immer noch ein so großer Anteil an Unwissenheit, Unsicherheit und persönlicher Ohnmacht, dass wir nicht damit rechnen können, dass geltende Normen im wünschenswerten oder notwendigen Umfang erfüllt werden? Und wenn ja, können wir uns dann weiterhin auf das tradierte System der normativen Verhaltenskontrolle verlassen?

## III. Unangemessene Reaktionen

Zwei Extreme sollten wir bei der Beantwortung dieser Fragen ausschließen. Das *eine Extrem* ist ein Gedanke, der plakativen Thesen von der „Autonomie der Technik" (u.ä.) zugrunde liegt und den systemtheoretische Beschreibungen zumindest nahe legen, dass nämlich eine Kontrolle komplexer Handlungsabläufe in modernen Gesellschaften objektiv unmöglich ist, da diese den Status von integrierten, wenn auch vielfältig in sich gestuften und ausdifferenzierten „Systemen" hätten, die funktional selbstorganisierend sind. Dieser Gedanke geht fehl, so verlockend die intellektuelle und moralische Selbstentlastung auch sein mag, die er zu geben verspricht. Er diskreditiert sich in praktischer Hinsicht durch seinen Fatalismus und in theoretischer durch seine krause, begrifflich ungeklärte und empirisch unausgewiesene Teleologie.

Ebenso unangemessen ist das *zweite Extrem*, das in der Annahme besteht, komplexe Handlungsabläufe ließen sich unabhängig von Normen und Sanktionen lückenlos steuern. Gewiss, der objektive Verhaltensspielraum kann eingeengt werden und sollte es in bekannt gefährlichen oder unkalkulierbar riskanten Bereichen. Doch es ist illusorisch zu glauben, dass eine solche Kontrolle lückenlos ist, von ihrer drohenden Inhumanität ganz zu schweigen. Auch im perfekten „Atom-" oder „Gen-Staat", der extreme Freiheitsbeschränkungen zulässt, bliebe man immer noch auf das verantwortliche, normengeleitete Handeln der Individuen und Institutionen angewiesen, die riskante Techniken anwenden, ihre Anwendung beaufsichtigen oder diejenigen Personen auswählen, denen man die theoretische, praktische und moralische Kompetenz zum verantwortlichen Umgang mit ihnen zutrauen kann.

Damit aber entsteht ein *Dilemma*. Entweder wir *belassen* es beim tradierten Modell der individuenbezogenen Verhaltenskontrolle, dessen Effektivität in der „modernen Welt" zweifelhaft ist. Dann müssen wir zwar nicht so weit gehen wie der funktionalistische Fatalist, der allenfalls auf die Gunst der evolutiven Selbstregulierung hoffen kann. Angesichts der immensen Risiken aber, die noch verbleiben, müssen wir eine Art fatalistischen Leichtsinn entwickeln oder den irrationalen Glauben an das verborgene Walten gütiger „unsichtbarer Hände". Diese Haltung ist heute weit verbreitet. Sie prägt bewusst oder unbewusst das Verhalten des einzelnen, kleinen Umweltverschmutzers ebenso wie das der globalen Kernkraftbetreiber, Gentechniker oder politischen Propagandisten des sogenannten „Neoliberalismus".[2] Moralisch vertretbar ist sie nicht.

Oder aber, und das ist das zweite Horn des Dilemmas, wir versuchen die Risiken abzubauen, indem wir die „Modernität" unserer Welt so weit *zurückfahren*, dass das System der normativen Verhaltenssteuerung wieder wirksam wird. Dann muss die Menschheit zwar nicht, wie uns die unbeirrt Fortschrittsgläubigen weismachen wollen, „in die Steinzeit" zurückkehren, wohl aber das Rad ihrer Entwicklungsgeschichte merklich zurückdrehen. Und das ist nicht nur wegen des fehlenden normativen Konsenses darüber, sondern auch praktisch schwer vorstellbar. Schließlich müssen wir bei dem Versuch, einen solchen Plan zu verwirklichen, von der bestehenden Lage ausgehen, die all jene Probleme wirksamer Verhaltenskontrolle aufwirft, nach deren Lösung wir suchen. Die Schwierigkeiten beim Kernwaffenabbau und bei der Kontrolle des Atomwaffensperrvertrags zeigen das schon seit langem. Und Entsprechendes steht zu erwarten, wenn einmal ernsthaft damit begonnen wird, den global rücksichtslosen Umgang mit Grundressourcen wie Wasser und Energie oder die zwischenstaatlich weitgehend wildwüchsige Entwicklung der Gentechnologie durch allgemeinverbindliche Verträge einzugrenzen. Gibt es jedoch einen *Ausweg* aus dem Dilemma?

---

2    Vom genuinen *politischen Liberalismus*, der durch das Bestreben definiert ist, Freiheit in Staat und Gesellschaft zu maximieren, ist die Schwundstufe des „Neoliberalismus" allerdings Welten entfernt. Vgl. dazu SEEBASS, G.: „Der Wert der Freiheit", in: *Deutsche Zeitschrift für Philosophie*, 5 (1996), S. 759-775.

Eine Hoffnung, die seit Kant im Gespräch ist und heute meist mit der UNO verbunden wird, richtet sich auf den Zusammenschluss zu einem *Weltstaat*, auf die Überführung von Außenpolitik also in „Weltinnenpolitik". Sehr realistisch erscheint diese Option nach wie vor nicht, heute eher noch weniger als in den hoffnungsvolleren 1970er Jahren. Außerdem würde sie keineswegs einen Königsweg aus unserem Dilemma eröffnen. Ihr Vorteil läge vor allem in einem umfassenden, einheitlichen System von Rechtsnormen und in der Chance zur Vermeidung menschheitsbedrohender Kriege. Aber die Probleme der normativen Verhaltenskontrolle wären damit noch nicht gelöst. Denn diese entstehen ja auch und gerade in Großgesellschaften und würden in einem Weltstaat nur verstärkt. Die weitgehende Eigenständigkeit und zunehmend geringere Steuerungsfähigkeit von Wirtschaft und Wissenschaft durch die Politik, die mit der fortschreitenden Globalisierung und ökonomischen Machtkonzentration einhergehen, ließen sich durch die Vereinheitlichung des Rechts zwar begrenzen, ganz gewiss aber nicht aufheben. Und auf der Ebene der individuellen Verhaltenssteuerung bliebe ohnehin alles beim alten. Das zentrale Dilemma also bestünde fort.

## IV. Die Idee „kollektiver Verantwortung"

Ein Vorschlag nun, der in der neueren Literatur gemacht wurde[3], scheint einen dritten Weg zu eröffnen. Können wir vielleicht überall dort, wo ein Risikospielraum besteht, frei handelnde Individuen aber (moralisch, praktisch, epistemisch oder rational) überfordert zu sein scheinen, das tradierte System der Verhaltenskontrolle dadurch verstärken, dass wir *Kollektive* normativ ansprechen, d.h. entweder Gruppen kooperierender Individuen oder nicht individuengebundene Korporationen und Institutionen? Dies ist der Ge-

---

3   Vgl. z.B. LENK, H.: „Über Verantwortungsbegriffe und das Verantwortungsproblem in der Technik", in: LENK, H. (Hg.): *Technik und Ethik*, Stuttgart (Reclam) 1987, 127; LENK, H.: *Zwischen Wissenschaft und Ethik*, Frankfurt (Suhrkamp) 1992, 109,122,128ff.; ROPOHL, G.: „Neue Wege, die Technik zu verantworten", in: LENK, H. (Hg.): *Technik und Ethik*, Stuttgart (Reclam) 1987, 158ff.,170; ROPOHL, G.: *Technologische Aufklärung*, Frankfurt (Suhrkamp) 1991, 29; SCRUTON, R.: „Corporate Persons", in: *Proceedings of the Aristotelian Society,* 63 (1989), S. 239-266.

danke, dass es neben der individuellen noch andere, überindividuelle Formen moralischer oder rechtlicher Verantwortlichkeit gibt. Ich werde sie summarisch als „kollektive Verantwortung" bezeichnen. Dass man sinnvoll davon sprechen kann, dass auch Kollektive und nicht nur Individuen Verantwortung für etwas tragen, steht außer Frage. In der Philosophie und Rechtstheorie ist es sogar seit langem gängige Praxis. Fraglich ist nur, in welchem Sinne: Ist es ein Sinn, der *normative Verhaltenssteuerung* möglich macht und die Erwartung begründet, dass „kollektive Verantwortung" die Normenkonformität *erhöht*? Und wenn ja, ist es ein Sinn, der substantiell über die *individuelle* Verantwortung *hinausführt* und nicht etwa – direkt oder indirekt – auf sie zurück?

Beides bezweifle ich und möchte die wichtigsten Gründe hierfür im Folgenden darlegen. Zuvor aber muss die Rede von der „*Verantwortlichkeit*" etwas präziser gefasst werden. Zwei Begriffe sind auseinander zu halten. Der eine ist der Begriff der „*Zurechenbarkeit*" im prägnanten Sinn. Er bezieht sich auf die Bedingungen, unter denen ein Handlungsträger als der „aktive Urheber" dessen gelten kann, wofür er verantwortlich ist, was neben dem relevanten theoretischen Wissen auch seine praktische Überlegungsfähigkeit, Besonnenheit und Willensfreiheit in einem relativ starken Sinn einschließt.[4] Dagegen bezieht der Begriff der „*Haftbarkeit*" sich auf die Bedingungen, unter denen er moralisch oder rechtlich zur Verantwortung gezogen wird, speziell durch die Zuweisung von Sanktionen. „*Sanktion*" ist dabei in einem weiten Sinn zu verstehen, der Erziehungsmaßnahmen, Belohnungen und Strafen einschließt, aber auch z.B. bloße Kompensationsleistungen für angerichtete Schäden.

Haftbar können auch Personen sein, die das, wofür sie haften, nicht selbst herbeigeführt haben; deshalb ist es ihnen auch nicht zurechenbar. Beispiele dafür sind Eltern spielender Kinder oder Verkäufer von Waren mit Garantie. Die zivilrechtliche und öffentlich-rechtliche Haftung beschränkt sich gewöhnlich auf diese schwächere Form. Die strafrechtliche und die moralische Haftung dagegen, die Lohn und Strafe im engeren Sinne begründen, sind stärker und in der Regel an prägnante Zurechenbarkeitskriterien gebunden. Diese schließen gewöhnlich die kausale Rückführung des Geschehens aufs *Handeln* und *Wollen* ein, gehen aber nicht unbedingt so weit, auch die vollständige

---

4  Vgl. S. 2. Näheres zu den relevanten Begriffen der „Aktivität" und „Urheberschaft" in SEEBASS, G.: *Wollen*, Frankfurt (Klostermann) 1993, S. 9-12, 25-28 und Kap. VI, 3-4.

Freiheit und Aktivität der fundierenden *Willensbildung* zu fordern. In der Praxis zumindest genügen auch im Bereich der sanktionenbewehrten normativen Verhaltenskontrolle meist etwas weniger starke Kriterien. Um dieser Abschwächung Rechnung zu tragen, die sozial und kulturell sehr verschieden gestaltet sein kann, doch stets der Praktikabilität der Kontrolle dient, werde ich im Folgenden nur von *„normativer Zurechenbarkeit"* sprechen, nicht von „Zurechenbarkeit" schlechthin.

## V. Korporative und institutionelle Verantwortung

Wenden wir uns mit diesen Unterscheidungen nun dem Begriff der „kollektiven Verantwortung" zu und beschränken uns zunächst auf *Korporationen* und *Institutionen*. Diese sind dadurch gekennzeichnet, dass sie unabhängig davon Bestand haben, welche Individuen (oder Gruppen von Individuen) an ihnen beteiligt sind – sei es als ihre Eigner, Aufsichtsorgane und Leiter, sei es als direkte Akteure selbst. Die Individuen sind ersetzbar und werden über die Zeit hin ersetzt. Dennoch steht außer Frage, dass Institutionen und Korporationen *haften* können. Die Erwerber einer Chemiefabrik z.B. haften für Bodenverunreinigungen und Gesundheitsschäden, die ihnen nicht normativ zurechenbar sind, oder sie könnten es wenigstens, je nach Gesetzeslage. Ebenso könnte der Staat Regresspflichten übernehmen, wenn technische Anlagen (Verkehrsampeln z.B.) in seinem Kontrollbereich ausfallen oder die vorsorgende staatliche Verbrechensbekämpfung versagt. Die „Eigner" des Staats, also die Bürger und Steuerzahler, wären dann haftbar, obwohl sie für die entstandenen Schäden nichts können, weder als Individuen noch als Kollektiv. Man könnte hier, wenn man will, sogar von ihrer *„Strafbarkeit"* sprechen im Hinblick darauf, dass sie es sind, die nach dieser Regelung vom Schicksal so gestraft werden wie heute die glücklosen Einzelpersonen, die Opfer von Verbrechen oder technischen Zufällen werden.

Das ist natürlich ein sehr spezieller und (außerhalb eines religiösen Kontextes) zweifellos metaphorischer Sinn von „Strafe". Er indiziert aber, dass *prinzipiell* auch nichts dagegen spricht, Korporationen und Institutionen über Kompensationsleistungen *hinaus* zu behaften, sie unter Umständen also auch mit Strafen oder Belohnungen im wörtlichen Sinn zu belegen. Eine Chemiefabrik, die den Boden verseucht oder Menschen zu Schaden bringt, kann dann z.B. (über die Bodensanierung und die Zahlung von Pflege-, Invaliden- und Schmerzensgeld hinaus) auch zu drastischen Geldbußen oder zur Schließung ihres Betriebes verurteilt werden. Dabei können die Haftungsmodalitäten, wie bei der Individuenhaftung, sehr variabel gestaltet sein, abgestimmt einerseits auf verschiedene Sachverhalte, Entstehungshintergründe und Ausführungsumstände, andererseits auf die Ziele, die die Gesellschaft mit der Sanktionierung verfolgt. Partiell entspricht dies ja auch schon unserer Rechtspraxis. Insofern kann es scheinen, dass der Begriff der „Verantwortlichkeit" nicht nur im Sinne von „Haftbarkeit", sondern auch von „normativer Zurechenbarkeit" auf Institutionen und Korporationen ebenso anwendbar ist wie auf Individuen. Die Rechtstheorie spricht sie mit Recht als „juristische Personen" an, da sie, wie alle Personen, für ihre Tätigkeiten und deren Folgen haften und im Prinzip auch für sie belohnt oder bestraft werden können.

Doch es gibt auch signifikante Unterschiede. Sie zeigen sich zuerst bei den *Sanktionsarten*, die sinnvoll angewandt werden können. Geldstrafen kann man verhängen und Prämien verteilen. Ebenso denkbar ist, dass Korporationen und Institutionen, die sich rechtswidrig oder unmoralisch verhalten haben, ihre Reputation verlieren oder in ihrer Handlungsfreiheit beschränkt werden. Das kann sie, gegebenenfalls, empfindlich treffen oder die Existenz kosten. Doch hat es Sinn, eine staatliche Behörde zu Zahlungen an den Staat zu verurteilen, Steuergelder also nur umzuverteilen? Hat es Sinn, die städtische Bauaufsicht oder die Schutzpolizei, die sich als schlafmützig erwiesen haben, als Institutionen aufzulösen oder dem einzigen Stromversorger der Stadt Versorgungsverbot zu erteilen? Kaum. Und der Grund dafür scheint *tiefer* zu liegen und *spezieller* zu sein als der naheliegende *allgemeine* Grund, der auch die individuelle Kontrolle einschränkt, dass nämlich nicht alle Sanktionsformen unter allen Umständen sachgerecht sind und gewisse Sanktionen in manchen Fällen nicht greifen.

Dieser Verdacht wird verstärkt durch die Tatsache, dass, sieht man genauer zu, die *prägnanten* Kriterien der normativen Zurechenbarkeit (S.7) bei der korporativen und institutionellen Haftung offenbar *nicht* durchweg Sinn machen. Sinnvoll ist die kausale Rückführung aufs Handeln. Die Rückführung aufs Wollen dagegen oder sogar auf die freie, aktive Willensbildung entfällt. Oder können wir sinnvoll sagen, dass Institutionen und Korporationen praktische Überlegungen anstellen und willentlich handeln können? Und wenn nicht, wie können Normen und Sanktionen dann ihr Verhalten steuern?

Damit stehen wir an dem entscheidenden Punkt. Ehe wir Analogien ziehen oder Disanalogien festschreiben können, müssen wir Rechenschaft darüber geben, welche *Funktion* die Haftung bzw. Haftbarmachung von Korporationen und Institutionen erfüllen soll. Soll sie nicht mehr sein als ein Mittel zur *Kompensation* eingetretener Handlungsfolgen, etwa zur Kostenverteilung im Schadensfall? Das wäre ziemlich wenig, und die darauf bezogene Rede von „kollektiver Verantwortung" hätte einen so schwachen Sinn, dass sie diesen Namen eigentlich nicht verdient. Offenkundig geht es um mehr. Die Hauptfunktion jeder rechtlichen oder moralischen Haftung ist nicht retrospektiv, sondern *prospektiv.* D.h. die Verantwortlichen sollen durch ihre normative Ansprache und nachfolgende Haftbarmachung, einschließlich der zugeordneten Sanktionen, dazu gebracht werden, bestimmte Dinge zu tun und andere nicht. Das gilt auch hier. Eine Firma, die weiß, dass sie für Schäden unbegrenzt haften und Geldbußen oder Betätigungsverbote fürchten muss, wird in der Regel größere Sorgfalt walten lassen. Ebenso werden Unternehmen sich eher auf schadstoffarme Produkte und weniger altlastenträchtige oder nachhaltige Energien umstellen, wenn sie wissen, dass Steuervorteile winken oder Verkaufsvorteile durch bessere Reputation. Das ist der primäre Sinn ihrer Haftbarmachung. Sind *sie* es jedoch, *als* Korporationen und Institutionen, die „Kenntnis" von an sie gerichteten Normen und Sanktionen haben und sich entsprechend „entscheiden" können?

Natürlich nicht. Diese Beschreibung ist *metaphorisch.* Und die Metaphorik liegt nicht etwa darin, dass Institutionen und Korporationen in Wahrheit überlegungs- und willenlos auf die Vorgaben reagieren, sich im Prinzip also so verhalten wie ein Pawlowscher Hund, der durch Belohnung und Strafe konditioniert wird. So kann es allenfalls aus der simplifizierenden Makroperspektive der Systemtheorie erscheinen. Metaphorisch ist nicht die Beschreibung der *Steuerungsvorgänge,* sondern die ihrer *Träger.* Nicht die abstrakten Gebilde der Korporation und Institution sind es, die von Normen und Sanktionen geleitet werden, sondern die *Menschen,* die durch sie und in ihnen rational handeln. Das sind zuerst die Eigner, die um ihr Eigentum und (eventuell) ihren Ruf und ihre Freiheit besorgt sind. Und es sind zweitens die direkt oder indirekt von ihnen Beauftragten, deren Job auf dem Spiel steht mitsamt (eventuell) ihrem Besitz, ihrer Freiheit und Reputation. Wenn die faktische Haftung von Zugehörigen zu „juristischen Personen" in unserer Gesellschaft laxer ausfällt als die von Privatpersonen, so zeigt das nicht, dass das System der normativen Verhaltenssteuerung in diesem Bereich nicht anwendbar ist oder anders funktioniert. Es zeigt lediglich, dass seine strikte, umfassende Anwendung gesellschaftlich nicht gewollt oder nicht konsequent durchgesetzt wird. Und wenn die prägnanten Kriterien der normativen Zurechenbarkeit bei

Korporationen und Institutionen sinnlos erscheinen oder privat bewährte Sanktionen nicht greifen, dann nur, weil die Haftungspraxis – aus welchen Gründen auch immer – nicht oder nicht konsequent genug auf die individuellen menschlichen Träger zurückgeht.

Ich komme somit zu folgendem Zwischenergebnis: Nicht an Individuen gebundene Kollektive, speziell *Korporationen* und *Institutionen*, können moralisch und rechtlich haftbar sein, und damit sind sie im *weiten* Sinne „Personen". Normativ steuerbar aber werden sie nur, wenn „Personen" im engeren Sinne im Spiel sind, d.h. Personen, die überlegen, wollen und willensabhängig handeln können. Nur solche sind normativ ansprechbar, und bei solchen Personen macht es auch Sinn, ihre Haftbarkeit zugleich an prägnante Kriterien der normativen Zurechenbarkeit zu binden. Korporationen und Institutionen erfüllen *als solche* diese Kriterien nicht. Sie sind nur normativ steuerbar *durch* ihre menschlichen Träger. Auf der Ebene der nicht individuengebundenen, personal auswechslungsfähigen Kollektive also ist unsere Suche nach einem Begriff der „kollektiven Verantwortung", der nicht auf die individuelle zurückführt und zugleich das tradierte System der normativen Verhaltenskontrolle stützen könnte, gescheitert.

## VI. Verantwortung konsensuell agierender Gruppen

Wenn ein solcher Begriff zu finden ist, dann offenbar nur auf der Ebene von *Gruppen*, d.h. von Kollektiven, die durch die Kooperation und Interaktion bestimmter Individuen definiert sind.[5] Gruppen können so etwas wie einen „gemeinsamen Willen" bilden und sich von Normen und Sanktionen leiten lassen. Folglich sind sie normativ ansprechbar. Von einer irreduzibel „kollektiven Verantwortung" allerdings könnte erst dann die Rede sein, wenn feststünde, dass Gruppen, anders als Korporationen und Institutionen, genuine „Personen" im *engeren* Sinne sind. Sie selbst, nicht nur die sie konstituieren-

---

5 Dazu gehören auch *Gruppen höherer Stufe*, die durch die Kooperation bzw. Interaktion von *Subgruppen* definiert sind. Auch sie aber führen, vollständig analysiert, auf konkrete Individuen zurück. Das gemeinsame Abgrenzungsmerkmal gegenüber Korporationen und Institutionen ist die fehlende individuelle Austauschbarkeit.

den Individuen, müssten sich als Träger willensbildender Überlegungen und resultierender Haltungen des Wollens verstehen lassen. Beides ist jedoch zweifelhaft. Gewiss, Gruppen sind in verschiedenen Hinsichten *analog* zu überlegungs- und willensfähigen Individuen. Doch die Analogie ist begrenzt und führt, wo sie zutrifft, auf individuelles Wollen und Überlegen zurück.

Am größten ist die Entsprechung dort, wo die Gruppenmitglieder herrschaftsfrei, ohne inneren oder äußeren Zwang, miteinander beraten und durch die Beratung zu einem Ergebnis geführt werden, das *konsensuell* von allen vertreten wird. Faktisch allerdings ist diese Situation nicht nur in größeren Gruppen, sondern bereits in Kleingruppen relativ selten. Zeit- und Dominanzprobleme spielen so gut wie immer hinein, ebenso unterschiedliche Grade von persönlichem Charisma, Reputation und Kompetenz. Doch man mag geltend machen, ausgehend etwa vom psychoanalytischen Instanzenmodell, dass auch die individuelle Überlegung nicht immer „herrschaftsfrei" verläuft und die Analogie insoweit gültig bleibt.

Entscheidend ist jedoch, dass sie uns konzeptionell nicht weiterführt. Denn gerade wenn die Beratung optimal verläuft, ist die Willensbildung bei allen Beteiligten offenbar die gewohnte. Jeder von ihnen kommt dann ja durch eigenes, wenn auch beratenes und partiell öffentlich durchgeführtes Überlegen zu einem Ergebnis, für das *er* haftbar und das *ihm* normativ zurechenbar ist, obwohl es sich inhaltlich mit dem der anderen deckt. Jedes Mitglied eines Operationsteams etwa, das sich konsensuell zu einem Eingriff entschlossen hat, kann bei seinem Willen, ihn kooperativ mit den anderen durchzuführen, behaftet werden. Ebenso haftbar und zurechenbar sind die Vorstandsmitglieder eines Konzerns, die einvernehmlich entscheiden, der Öffentlichkeit einen Betriebsunfall zu verschweigen. Der Einfluss von Normen und Sanktionen läuft, wenn sie wirksam sind, *über* die Individuen und folgt dem tradierten Modell. Entsprechend kann deren Haftbarkeit auch an variable, differenzierte Kriterien der normativen Zurechenbarkeit im prägnanten Sinn gebunden werden. So kann man ihre persönliche Haftung – anteilig oder gewichtet – *distribuieren* oder (bei externem oder internem Zwang z.B.) *reduzieren* im Hinblick auf ihre unfreie Willensbildung. Die gesamte Palette der individuenbezogenen Steuerung kommt in Betracht. Von einer besonderen Form der „kollektiven Verantwortung" kann also keine Rede sein.

## VII. Verantwortung nichtkonsensuell agierender Gruppen

Ist die Lage aber entscheidend verändert, wenn wir den Sonderfall willenskonsensuell agierender Gruppen hinter uns lassen und Fälle betrachten, bei denen der individuelle Willensanteil geringer ist? *Nicht willensbestimmte* Formen des Gruppenverhaltens (Panik, Ekstase u.a.) können wir dabei ausscheiden, da sie der normativen Kontrolle nicht zugänglich sind.[6] Drei Formen *willensbestimmter*, nichtkonsensueller Gruppentätigkeit aber sind hier zu berücksichtigen:

Einschlägig ist (1) ein Verhalten, das auf *keinem* gemeinsamen Wollen beruht, sondern nur auf dem faktisch kooperierenden und interagierenden Wollen von Individuen. Beispiele dafür liefern der Applaus nach einem Konzert oder die Gewalttätigkeit eines Mobs als „synergistischer Kombinationseffekt"[7] unabhängig agierender Einzelner. Daneben haben wir Fälle ins Auge zu fassen, in denen ein Gruppenwille *besteht*, der aber entweder (2) *ohne* gemeinsame Beratung entstanden ist, wie der Volkswille bei einer Parlamentswahl, oder der (3) zwar auf Beratung beruht, aber nicht durch sie *allein* bestimmt ist, sondern durch nichtkonsensuellen Entscheid. Das ist z.B. der Fall, wenn ein Regierungskabinett oder der Aufsichtsrat eines Konzerns ein riskantes Vorhaben mehrheitlich absegnen, das alle Mitglieder gemeinsam tragen, obwohl nicht alle mit Ja gestimmt haben und individuelle Vorbehalte bestehen bleiben. Ein anderes Beispiel wäre der ohne Abstimmung, inegalitär zustande gekommene Entschluss einer Jugendgang, Autos zu demolieren, wobei einige Jugendliche nur widerwillig mitmachen.

In all diesen Fällen kann man, anders als beim konsensuellen Gruppenhandeln, nicht bzw. nicht ohne weiteres sagen, dass alle Beteiligten denselben gemeinsamen Willen haben. Fehlt ein gemeinsamer Wille jedoch, erhebt sich die Frage, worauf sich die Rede von einem „Wollen", das die Gruppe zum

---

6   Das gilt allerdings nur für *zweifelsfrei* nichtwillentliche Verhaltensweisen, die empirisch relativ selten sind. Auch sie sind im übrigen *insoweit* normativ kontrollierbar, als die *Auslösebedingungen* oder *Habituierungsprozesse*, die ihr Auftreten fördern oder behindern, willentlich zu beeinflussen sind. Dann aber liegt kein normengeleitetes Handeln vor, sondern ein Verhalten, dessen Normenkonformität durch *objektive* Spielraumbeschränkungen (vgl. S. 1 und S. 5) erzwungen wird.

7   Vgl. LENK, H. (Hg.): *Technik und Ethik*, Stuttgart (Reclam) 1987, 128ff.; LENK, H.: *Zwischen Wissenschaft und Ethik*, Frankfurt (Suhrkamp) 1992, 130ff.

*Träger* hat, überhaupt noch beziehen könnte. Und worauf vor allem soll sich die These gründen, dass es die Gruppe ist, nicht die beteiligten Individuen, deren willensbildende Überlegungen durch Normen und Sanktionen *geleitet* werden?

Radikale Kollektivisten in der Tradition von Rousseau, Hegel und Marx tendieren dazu, einen „Gemeinwillen" auch dort zu postulieren, wo er konkret nicht auszumachen ist. Als Mitglied eines Staats oder der Menschengemeinschaft im Ganzen habe der Einzelne seine natürliche in eine soziale („bürgerliche", „moralische") Existenz verwandelt, so Rousseau.[8] Als „Teil eines größeren Ganzen", aus dem er „Sein und Leben" erhält, habe er damit „sein Ich in die Allgemeinheit übertragen", so dass er sich „nicht mehr als Einheit, sondern als Glied des Ganzen fühlt und angesehen wird", oder – mit den Worten von Marx[9] – als individueller Mensch in seinem empirischen Leben, in seiner individuellen Arbeit, in seinen individuellen Verhältnissen Gattungswesen geworden ist.

Folglich ist auch der „Gemeinwille" der Gattung oder Gesellschaft irgendwie „seiner" – wenn nicht als Faktum, so doch als kontrafaktischer sozialer Geltungsanspruch, der durch geeignete sozialisatorische Maßnahmen umgesetzt werden muss bzw. sich nach einer inhärenten „Geschichtslogik" fortschreitend von selbst verwirklicht. Auf konsultative oder einfache *Mehrheitsentscheide* bezogen, wo dieses Konstrukt noch am ehesten verständlich ist, liest sich das bei Rousseau so:[10] „Jeder gibt mit seiner Stimme seine Meinung kund, und aus der Stimmenzahl liest man den Gemeinwillen ab. Wenn ich überstimmt werden, so beweist das nur, dass ich mich geirrt, und dass es nicht der Gemeinwille war, was ich dafür gehalten habe."

Ob dieses Modell, selbst wenn es als Gesellschaftsideal wünschenswert wäre, der conditio humana entspricht und geeignet ist, ein Wollen der Gruppe, das prinzipiell vom Willen der Einzelnen unabhängig ist, unter Beweis zu stellen, kann man mit Grund bezweifeln. Im Fall des Mehrheitsentscheids ist es das sicherlich nicht, da hier zwar das jeweils individuelle Wollen der Minderheit für irrelevant erklärt wird, nicht aber das der Mehrheit. Und wenn

---

8   Vgl. ROUSSEAU, J.-J.: *Vom Gesellschaftsvertrag* II, 7 und zum Folgenden auch *Emile*, Paderborn (Schöningh) 1993, 12.

9   MARX, K.: *Zur Judenfrage* (1843), in: MARX, K./ENGELS, F.: *Werke*, Bd. I, Berlin (Dietz) 1970, 370.

10  *Vom Gesellschaftsvertrag* IV, 2, zit. nach ROUSSEAU, J.-J.: *Politische Schriften*, Bd. I, Paderborn (Schöningh) 1977, 172.

auch dieses (als „bloßes Faktum") letztlich nicht zählen soll, wird das Konstrukt noch metaphysischer und postulativer.

Doch wie immer es damit stehen mag, selbst wenn die Rede von einem individuenunabhängigen „Wollen der Gruppe" in allen erwähnten Fällen plausibel wäre, würde dies nicht genügen, um die Gruppe auch als *Adressaten* und *Träger* der normativen Verhaltenssteuerung auszuweisen. Denn allemal sind es die Individuen, die für die Normenkonformität des Gruppenverhaltens sorgen müssen, indem sie ihr eigenes Wollen und Handeln danach einrichten, was es in Kombination mit dem bekannten bzw. zu erwartenden Wollen und Handeln der anderen Gruppenmitglieder bewirkt. Die Situation ist zwar, verglichen mit der beim willenskonsensuellen Handeln, *komplizierter* geworden, aber im Kern noch immer *dieselbe.* Sie ist jetzt nur in doppelter Hinsicht erschwert:

Zum einen wird die *Prognostizierbarkeit* der Handlungsabläufe und Handlungsergebnisse durch die Vielzahl der Akteure drastisch verringert. Das gilt insbesondere dann, wenn kein gemeinsamer Wille besteht. Der einzelne Mensch, dessen isoliert unbedenkliches Handeln z.B. erst in Verbindung mit den Handlungen zahlreicher anderer Menschen zur Umweltverschmutzung führt, muss, um korrekt handeln zu können, nicht nur die relevanten chemischen und physikalischen Prozesse kennen, sondern auch wissen, welche anderen wann und wie ebenfalls tätig werden. Vielfach ist dieses Wissen nicht gegeben, was zu den früher erwähnten Problemen führt (Abschnitt 2). Diese aber werden nicht dadurch lösbarer, dass man *anstelle* der Individuen Gruppen normativ anspricht und haftbar macht. Lösbar, wenn überhaupt, werden sie nur, wenn man das Wissen der Gruppenmitglieder *erweitert* und, wo das nicht möglich ist, die relevanten Normen und die Kriterien der Haftbarkeit so formuliert, dass sie die Individuen *effektiv* ansprechen. Wie das geschehen könnte, ist formal ziemlich klar. Unter Bedingungen epistemischer Unsicherheit müssen die Sorgfaltspflichten verstärkt und die Normen nicht nur auf kategorische, sondern auch auf probabilistische Sachverhalte bezogen werden („Gefährdungstatbestände" im deutschen Strafrecht). Die Herbeiführung oder Erhöhung bestimmter Risikozustände ist der primäre Gegenstand sachgerechter *Verbote,* ihre Verminderung bzw. Vermeidung durch Informationsbeschaffung und bedachtsames Handeln der primäre Gegenstand sachgerechter *Gebote.* Beide bleiben an *Individuen* adressiert. Anders lässt sich die normative Verhaltenssteuerung in epistemischer Hinsicht nun einmal nicht verbessern.

Ähnliches gilt für die zweite Komplikation. Sie besteht darin, dass die Haftbarkeit von Individuen, die in Gruppen agieren, *anteilig reduziert* zu sein scheint. So wird es schwieriger, sie als einzelne normativ zu beeinflussen. In der neueren Literatur ist dieses Problem unter dem Stichwort „Verantwortungsverdünnung" öfter erörtert worden, meist in Verbindung mit dem schon angesprochenen epistemischen Problem.[11] Um es in seiner Besonderheit richtig einschätzen zu können, müssen beide Probleme jedoch getrennt werden. Nehmen wir deshalb zur Verdeutlichung an, dass die Individuen bereits wissen, wie sich die anderen Gruppenmitglieder verhalten und welche Ergebnisse insgesamt zu erwarten sind. Dann sind vier verschiedene Fälle ins Auge zu fassen:

1. Wenn der Beitrag des Individuums unter den vorliegenden Umständen *notwendig und hinreichend* ist, um ein bestimmtes Ergebnis eintreten zu lassen, unterscheidet sich seine Situation beim Handeln *in* der Gruppe prinzipiell nicht von der beim Handeln *außerhalb*. Ein Heben des Arms bei einer Abstimmung kann, gleichgültig wie groß die Zahl der Stimmberechtigten ist, dieselbe ausschlaggebende Bedeutung haben wie die (physikalisch ebenfalls nur geringfügig kontribuierende) Fingerkrümmung eines Einzelakteurs, mit der er eine atomare Kettenreaktion auslöst. Die Probleme der Haftbarkeit und normativen Zurechenbarkeit sind dieselben.

2. Nicht wesentlich anders aber steht es in Fällen, in denen der Beitrag des Individuums den Eintritt des kritischen Sachverhalts nur *wahrscheinlicher* macht, *ohne* hinreichend oder notwendig für ihn zu sein. Der einzelne Steinewerfer in einer Menge, die Brandflaschen und Steine auf andere wirft, erhöht, auch wenn seine Würfe nicht treffen, ebenso die Gefahr für Gesundheit und Leben anderer Menschen wie der isoliert agierende Umweltverschmutzer, der skrupellos oder fahrlässig Altöl ins Grundwasser sickern lässt. Auf den *probabilistischen* Sachverhalt („Gefährdungstatbestand") bezogen haben beide, wenn ihr Beitrag oberhalb einer normierten Toleranzgrenze liegt[12], etwas getan, das für ihn notwendig und hinreichend ist.

3. Kritisch sind allenfalls Situationen, in denen es auf den Beitrag des einzelnen Gruppenmitglieds *nicht ankommt* oder in denen sein Wille

4. ganz oder teilweise vom Willen der Gruppe *abweicht*.

---

11  Vgl. etwa MELLEMA, G.: Individuals, Groups, and Shared Responsibility, New York 1988.

12  Vgl. dazu SEEBASS, G.: „Handlungstheoretische Aspekte der Fahrlässigkeit", in: *Jahrbuch für Recht und Ethik* 2 (1994), 388ff.

Solche Fälle sind seltener als es zunächst erscheinen mag. Wer überstimmt wird und sich der Mehrheit anschließend unterwirft, macht sich den
Gruppenwillen zu eigen. Wer es als versierter Schwimmer unterlässt, einem
ertrinkenden Kind zu Hilfe zu kommen, kann sich nicht einfach damit entschuldigen, dass auch andere fähige Retter zugegen waren, denn er konnte
nicht sicher sein, dass sie eingreifen, und ihre Tatenlosigkeit musste ihm mit
dem Verrinnen der Zeit zunehmend klarer werden. Der einzelne Soldat dagegen, der sich an einer Geiselerschießung beteiligt hat, kann geltend machen,
dass sein Schuss neben den sicher vorauszusehenden Schüssen der anderen
objektiv unnötig war. Außerdem kann er sagen, dass er die Erschießung nicht
wollte, seine Weigerung, an ihr teilzunehmen, aber objektiv nichts bewirkt
hätte, außer dass er militärisch für sie bestraft worden wäre, gegebenenfalls
sogar mit dem Tode, was das ohnehin unvermeidliche große Übel noch einmal deutlich vergrößert hätte. Kann er sich dadurch aber, anders als der un-
willige Lebensretter, moralisch entschuldigen? Sicher nicht. Und genauso -
wenig kann es, mutatis mutandis, der einzelne Wähler einer kriegstreiben-
den Partei, die auch ohne seine Stimme gesiegt hätte, oder das einzelne „kleine Rädchen" in einem Konzern oder Großforschungsbetrieb, in dem – mit
oder ohne sein direktes Zutun – bekannt gefährliche Projekte durchgeführt
werden. Auch kleine Mitläufer können moralisch und, wenn der Gesetzgeber
will, rechtlich haftbar sein (vgl. S. 7f.), unabhängig vom konkreten Stellen-
wert ihres Verhaltens und ihrer Willenslage.

Verschiedene Gründe lassen sich für diese Haftung anführen. Ein Grund
ist die *utilitaristische* Überlegung, dass das gute Beispiel einer Verweigerung
auch dann, wenn sie momentan keine Wirkung hat, langfristig bessernde
Folgen haben könnte und aus diesem Grund moralisch oder rechtlich geboten
ist. Und das ist durchaus nicht der einzige Grund. Unter Umständen nämlich
kommt es auf die tatsächliche Beteiligung an der Aktion überhaupt nicht an.
Das primäre Kriterium, nach dem Individuen dann für das Gruppenverhalten
haftbar gemacht werden können, ist das ihrer *Mitgliedschaft* in der Gruppe.
Das Sprichwort „Mitgegangen – mitgehangen" artikuliert diesen Gedanken
plakativ, und das Kriterium der Gruppenmitgliedschaft lässt sich auch keineswegs nur auf den kleinen, gewissensgeplagten Eckensteher beim Einbruch
beziehen oder auf Demonstrationsteilnehmer, die sich nicht von Gewalttätern
distanzieren, sondern prinzipiell ebenso gut auf Angestellte, Manager, Auf-
sichtsratsmitglieder oder mehrfache Aktionäre die, ohne direkt daran beteiligt
zu sein, ihre Posten nicht niederlegen oder die Öffentlichkeit informieren,
wenn die Firmenpolitik gemeingefährlich wird.

Außer in Sonderfällen wie Volkszugehörigkeit oder Zwangsrekrutierung *muss* eben und *sollte* eventuell niemand Mitglied einer Gruppe sein oder bleiben, die sich nicht normenkonform verhält. Und wenn er es muss oder im Hinblick auf spätere, bessernde Einflussmöglichkeiten in der Gruppe vielleicht nicht ein für allemal aussteigen möchte, muss er sich das missbilligte Resultat nicht zu eigen machen, sondern kann sich auf vielfältige Weise von ihm distanzieren. In freien Gesellschaften gibt es z.B. die Möglichkeit eines förmlichen Minderheitsvotums oder der informellen Äußerung in den Medien. Und selbst unter der Herrschaft eines totalitären Regimes gibt es, wie Beispiele zeigen, höchst unterschiedliche Grade von Konformismus und Nonkonformismus. Umgekehrt *könnte* und *sollte* eventuell jeder vorhandene Möglichkeiten ergreifen, einer bestehenden Gruppe beizutreten oder eine Gruppe zu konstituieren[13], deren Kooperation zur Realisierung gebotener Ziele erforderlich ist, wie etwa Verletzten zu helfen oder gefährliche Entwicklungen bzw. verantwortungslose Aktionen anderer zu stoppen.

Entschuldigungsgründe für individuell falsches Verhalten im Gruppenkontext folgen im Kern *denselben* Prinzipien wie beim einfachen Individualverhalten: Zumutbarkeit, persönlicher Anteil am Ergebnis, Freiheit beim Handeln und der ihm vorausgehenden Willensbildung, relevantes theoretisches wie normatives Wissen, Rücksicht auf konfligierende Normen etc. Das System der individuenbezogen, normativen Verhaltenskontrolle *kompliziert* sich mehr oder weniger stark, bleibt aber prinzipiell *anwendbar*. Auch die nichtkonsensuellen Formen des willensbestimmten Gruppenverhaltens können daher, wie schon die konsensuellen (Abschnitt 6) und die Aktivitäten nicht individuengebundener Kollektive, Korporationen und Institutionen (Abschnitt 5), keine besondere Form der „kollektiven Verantwortung" begründen.

---

13  Vgl. MAY, L.: „Collective Inaction and Shared Responsibility", in: *Nous* 24 (1990), 269-278.

## VIII. Schlussfolgerungen

Was ergibt sich nun aus alledem? Auch in der „modernen Welt", so ist deutlich geworden, gibt es letztendlich *keine Alternative* zum tradierten System der individuenbezogenen, normativen Verhaltenskontrolle mit seinen drei Säulen (S. 1): Erziehung, Sanktionierung und objektive Spielraumbeschränkung. Doch es hat sich zugleich gezeigt, dass sein *Potential* weit über das Gebiet des privaten Handelns hinausreicht. Auch das kollektive Handeln von Gruppen, Korporationen und Institutionen ist normativ steuerbar – vorausgesetzt, die verfügbaren Steuerungsmittel werden sachgerecht konzipiert und danach konsequent angewandt.

Hier gibt es, so scheint mir, bei allen drei Säulen des Systems noch viel zu *verbessern*. Die Kluft zwischen einem verantwortungslos riskanten Leben und einem verantwortbar sicheren, das uns in dem Maße, in dem wir die Freiheit der Individuen nicht beschränken können oder nicht einschränken wollen, dazu zwingt, die „Modernität" unserer Welt zurückzufahren (S.5), dürfte sich zwar nicht völlig beseitigen, wohl aber merklich verkleinern lassen. Darin liegt immerhin eine Chance. Sie zu nutzen ist eine *Gemeinschaftsaufgabe*. Das aber heißt, es ist niemals nur die Aufgabe irgendwelcher bestehender Kollektive, geschweige denn die einer obskuren systemischen Selbstentwicklung oder der gütigen Hand des Schicksals (S. 4 f.), sondern in letzter Instanz immer die Aufgabe aller lebenden, willentlich handlungsfähigen *Individuen*. Von dieser Form der Verantwortlichkeit kann sich niemand entlasten, auch nicht unter den komplexen und objektiv vielfältig restringierten Bedingungen der „modernen Welt". Denn wenn es auch so etwas wie eine überindividuell „kollektive Verantwortung" nicht gibt, so gibt es doch eine kollektive Verantwortung aller zu prospektivem Überlegen, Wollen und Handeln fähigen Individuen für die Welt, in der wir als Menschen zusammen mit anderen leben wollen.

## Literaturverzeichnis

LENK, H.: *Technik und Ethik*, Stuttgart 1987.

LENK, H.: „Über Verantwortungsbegriffe und das Verantwortungsproblem in der Technik", in: LENK, H.: *Technik und Ethik*, Stuttgart 1987, S. 112-148.

LENK, H.: *Zwischen Wissenschaft und Ethik*, Frankfurt 1992.

MARX, K.: *Zur Judenfrage*, in: MARX, K./ENGELS, F.: *Werke*, Bd. I, Berlin 1970, S. 347-377.

MAY, L.: „Collective Inaction and Shared Responsibility", in: *Nous* 24 (1990), S. 269-278.

MELLEMA, G.: *Individuals, Groups, and Shared Responsibility*, New York 1988.

ROPOHL, G.: „Neue Wege, die Technik zu verantworten", in: LENK, H.: *Technik und Ethik*, Stuttgart 1987, S. 149-176.

ROPOHL, G.: *Technologische Aufklärung*, Frankfurt 1991.

ROUSSEAU, J.-J.: *Politische Schriften*, Bd. I, Paderborn 1977.

ROUSSEAU, J.-J.: *Emile*, Paderborn [11]1993.

SCRUTON, R.: „Corporate Persons", in: *Proceedings of the Aristotelian Society* 63 (1989), S. 239-266.

SEEBASS, G.: *Wollen*, Frankfurt 1993.

SEEBASS, G.: „Handlungstheoretische Aspekte der Fahrlässigkeit", in: *Jahrbuch für Recht und Ethik* 2 (1994), S. 375-411.

SEEBASS, G.: „Der Wert der Freiheit", in: *Deutsche Zeitschrift für Philosophie*, 5 (1996), S. 759-775.

# Teil II

# Kollektive Akteure und moralische Verantwortung

# 5. Kapitel

# Verantwortung von Korporationen

MATTHIAS MARING

I.     Individuelles – kollektives Handeln bzw. Verantwortung
II.    Theorien, Arten und Modelle korporativer Verantwortung
III.   Moralische Verantwortung und Status von Korporationen
IV.   Die Hester-Prynne-Sanktion für Korporationen
V.    Zum Verhältnis von korporativer und individueller Verantwortung

Im Februar 1995 ging die 1762 gegründete Barings-Bank, London, nach Verlusten in Höhe von ca. 1,15 bis 2 Milliarden DM in Bankrott. Fehlspekulationen in Singapur durch den 28jährigen Nick Leeson, Leiter des dortigen Geschäftsbereichs „futures and options", verursachten diese Verluste, indem Leeson versuchte, Kursdifferenzen des japanischen Aktienindex Nikkei zwischen Osaka und Singapur auszunutzen. Bereits 1992 warnte der Leiter von Barings in Singapur, dass die Kompetenzen von Leeson nicht klar genug abgegrenzt seien. Doch die Zentrale ignorierte dies; Leeson erwirtschaftete 1994 in sieben Monaten immerhin einen Gewinn von 30 Millionen Dollar, ca. ein Drittel des gesamten Gewinns von Barings. Eine Revision in Singapur bestätigte die Machtkonzentration bei Leeson – er war zuständig für Kauf bzw. Verkauf von Termingeschäften[1] und für die Abrechnung der Transaktio-

---

1   Derivate – Termingeschäfte – sind von einem Basiswert, z.B. Währungen, Rohstoffe, Aktien, abgeleitete Produkte; sie haben Hebelwirkung (vgl. unten das LTCM-Beispiel): Mit geringem Kapitalaufwand und hohem Risiko können riesige Gewinne realisiert werden. Derivate wurden u.a. entwickelt zur Absicherung von Finanzgeschäften, von Preis- und Zinsrisiken, aber nicht zum Zocken. Beispiele für Derivate sind Optionen auf Aktien, Kurse, Währungen, Zinsen, Kursindizes; weiterhin gibt es Optionen auf Optionen, Derivate auf Derivate – eine Berechnung solcher Werte ist nur noch mittels Computer möglich. Derivate sind ‚in Ordnung', so lange das Verhältnis von Derivat und Basis realistisch ist –

nen. Die Revisoren empfahlen aber keine Trennung der beiden Aktivitäten. Der Revisionsbericht ist ansonsten voll des Lobs für Leeson. Ende des Jahres 1994 ‚ließ‘ Leeson hohe Positionen offen, in der Hoffnung, sie ausgleichen zu können. Dies erwies sich jedoch als Fehlspekulation bzw. -einschätzung; Leeson buchte die Verluste auf ein Geheimkonto und verschleierte sie so. Das Erdbeben in Kobe im Januar 1995 ließ die japanischen Kurse fallen, und so kam Leeson in eine noch prekärere Lage, da er Terminkontrakte auf steigende Kurse abgeschlossen hatte. Diese neuen Verluste versuchte er durch Verdoppelung des Einsatzes auszugleichen. Als Anfragen der Börsenaufsicht in Singapur wegen der hohen offenen Positionen in London ankamen, reiste der Leiter der Gelddisposition nach Singapur und beruhigte die Börsenaufsicht, alles sei unter Kontrolle, und Barings schoss 550 Millionen Pfund – geliehenes Geld – nach. Doch dies half auch nicht; Barings machte schließlich Bankrott und wurde durch die niederländische Finanzgruppe Internationale Nederlanden Group (ING) übernommen. ING stand für die laufenden Verluste von 860 Millionen Pfund ein, will 660 Millionen Pfund in die Bank investieren und übernahm diese zu einem symbolischen Betrag. Die Angestellten sollen weiter beschäftigt werden.

„Institutionelle Inkompetenz" sei einer der Gründe für den Zusammenbruch der Barings-Bank gewesen, schreibt die Regierung von Singapur in einem Untersuchungsbericht.[2] Leeson wusste um die fehlende Kontrolle und spekulierte munter drauflos, auch um die Verluste wett zu machen. Leeson war – wie erwähnt – zuständig für die Abwicklung, den Handel und die Kontrolle der Geschäfte. Fehler wurden auch bei der Bank von England vermutet. Unverständlich ist auch, dass Topmanager bei Barings und für Leesons Bereich Zuständige nichts von Derivaten verstanden haben sollen. Die mehrfachen Kompetenzüberschreitungen durch Leeson wurden nicht moniert, und er wurde dafür nicht zur Rechenschaft gezogen. Möglich ist auch ein Versagen der Börsenaufsicht in Singapur, die sich beruhigen ließ. Eine Mitverantwortung des Managements von Barings ist zu bejahen: Warnungen lokaler Börsenaufsichtsbehörden nach London wurden ignoriert, nicht genehmigte Spe-

---

d. h., solange etwa das Derivatvolumen bei Öl den Produktionsmöglichkeiten bzw. Produktionsgegebenheiten entspricht; sobald aber Derivate ein Vielfaches der Basis ausmachen, sind diese von der realen Wirtschaft völlig abgehoben. Dies ist aber bereits vielfach gegeben (vgl. die nachfolgenden Beispiele).

2   Vgl. z.B. *Frankfurter Rundschau* 28.02.1995, Nr. 50, 11; *DIE ZEIT* 03.03.1995, Nr. 10, 23, 25.

kulationen gedeckt, Geld wurde nachgeschossen; dies gilt auch für eine spezifische Verantwortung, nämlich für die Organverantwortung, d. h. für die Verantwortung des Vorstands bzw. von Vorstandsmitgliedern für die Organisation der Geschäftsabläufe.

Leeson wurde in Singapur wegen Urkundenfälschung, Betrug und anderer Delikte angeklagt. Leeson[3] „bekannte [...] sich in zwei Anklagepunkten schuldig" – Täuschung der Wirtschaftsprüfer von Barings und Hintergehen der Börse Singapurs – und wurde am 02.12.1995 zu sechseinhalb Jahren Gefängnis verurteilt.[4] Er selbst sieht sich nicht als den allein Verantwortlichen und spricht von den „Blindfischen in London", von der Mitschuld der geldgierigen Manager und der Bank von England[5], die von der Überschreitung des Limits für Auslandstransaktionen wusste, ohne dies zu monieren usw. Selbstverständlich will Leeson in seinem Buch seine eigene Schuld möglichst gering halten, aber dass auch andere mitverantwortlich sind, ist m. E. offenkundig. In psychologischer Perspektive folgte bei Leeson der nach Erfolgen gelernten Sorglosigkeit ein Entrapment (ein In-der-Falle-gefangen-Sein): Fehler werden nicht eingestanden, sondern es wird versucht, sie durch riskantere Geschäfte zu kompensieren (ähnlich bei der Deutschen Bank im Schneider-Fall). Beispielhaft könnte man einen Roulette-Spieler anführen, der nach Verlusten seine Einsätze immer verdoppelt. Viele Spekulanten unterliegen auch einer Kontrollillusion: Sie meinen alles unter Kontrolle zu haben.

Dass viele Verantwortliche bei Derivat- und Terminkontrakten überhaupt nicht durchblicken, dass die Verhältnisse bei Barings – so Insider – nicht die Ausnahme, sondern eher die Regel sein dürften, zeigen weitere spektakuläre Fälle der letzten Zeit, die alle mit großen Verlusten infolge von Fehlspekulationen bzw. Derivatgeschäften verbunden sind: Metallgesellschaft Frankfurt a.M. (Ölderivate, Milliardenverlust, Verlust Tausender von Arbeitsplätzen), Sportbodenhersteller Balsam (Devisenspekulationen, mehrere Milliarden DM Verlust bei 400 Millionen DM Umsatz), Colonia-Versicherung (dreistelliger Millionenbetrag bei Kurssicherungs- und Termingeschäften), Landkreis Orange County (1,7 Milliarden Dollar Verlust bei Fehlspekulationen), Procter & Gamble (mehr als 100 Millionen Dollar Verlust).

Ein noch aktuelleres Beispiel für solche ‚Zockereien' auf ‚Wildwest'-

---

3 LEESON 1997, 325 (Postskriptum).
4 Am 03.07.1999 wurde Leeson wegen guter Führung und wegen eines Krebsleidens vorzeitig entlassen.
5 LEESON (1997, 81, 123ff.).

Märkten ist die Kapitalsammelstelle Hedge-Fonds Long-Term Capital Management (LTCM)[6]: Mit einem Eigenkapital von 2,2 Milliarden Dollar wurden 1.250 Milliarden Dollar – 15 % des US-Sozialprodukts bzw. das fünffache Bruttoinlandsprodukt von Schwarzafrika – bewegt. Diese Hebelwirkung wurde durch die Derivate, „Options" und „Futures" auf Zinsen und Währungen erreicht und über eine Verschuldung, die dann die Gläubiger-Banken in die Bredouille brachte. Beteiligt waren bei LTCM auch Nobelpreisträger, welche die Derivatkonstruktionen selbst erfunden hatten. Die Verluste, die weltweit nachgeschossen wurden, beliefen sich auf ca. 3,5 Milliarden Dollar – so mussten z.B. die Schweizer Bank UBS eine Milliarde Franken und die Deutsche Bank einige hundert Millionen DM nachschießen. Mit im Spiel war aber auch die ‚Zockerei' der beteiligten Banken: Bestimmten Renditeversprechungen von 40 % und mehr wurde einfach geglaubt. Die Währungsspekulationen waren von einer solchen Größenordnung, dass LTCM die Wechselkurse von Hongkong, Malaysia usw. im eigenen Sinne beeinflussen konnte. Dass sich spekulative Finanzgeschäfte von der Realwirtschaft völlig abheben, verdeutlichen die folgenden Zahlen: 1995 bewegten Devisenhändler täglich 1,2 Billionen Dollar; im gleichen Jahr wurden weltweit Waren und Dienstleistungen für 6 Billionen Dollar ge- und verkauft. In der Folge solcher ‚Geschäfte' wurden denn auch zahlreiche Regelungsvorschläge gemacht, z.B. eine Tobin-Steuer auf kurzfristige Spekulationen oder eine Aufsicht für solche Fonds durch den IWF. – Zu den Modellen der Nobelpreisträger, die den Geschäften von LTCM zugrunde lagen, ist nur noch anzumerken, dass rationale Verhaltensannahmen eines sind, doch die Realität dann meist etwas anderes ist.

Soweit diese Beispiele, die sicherlich nicht inaktuell für eine Ethik der Korporationen sind.[7] Unternehmen, Verbände, Institutionen und Korporationen gewinnen immer mehr Gewicht, und der Einzelne mit seinen Einflüssen, Entscheidungen und Möglichkeiten scheint demgegenüber stark zurückzutreten. Entscheidungen werden immer mehr von und in Korporationen gefällt, so

---

6   Vgl. z.B. *Frankfurter Rundschau* 28.09.1998, Nr. 225, 10; 02./03.10.1998, Nr. 229, 17.
7   Weitere Beispiele sind das Kentern der Kanalfähre „Herald of Free Enterprise" vor Zeebrügge (vgl. LENK/MARING 1995, 241ff.), der Flugzeugabsturz beim Mount Erebus (vgl. HUBIG/LENK/MARING 1994, 20f.), u.a. wegen eines white out, der auch beim Flugzeug-Seilbahn-Unglück von Cavalese am 03.02.1998 eine Rolle gespielt haben soll, das Challenger-Unglück (vgl. LENK/MARING 1997, 93f.) oder der Untergang der Estonia (vgl. MARING 1997).

dass Handlungen auch auf einer korporativen Ebene stattfinden. Moralische Urteile und ethische Probleme in den Korporationen in der Wirtschaft, Technik, Wissenschaft usw. sind gewöhnlich solche nach der Zuschreibung, Zumessung und Verteilung der Verantwortung.

# I. Individuelles – kollektives Handeln bzw. Verantwortung

In der abendländischen Tradition beziehen sich Typen ethischer Begründungen sowie universalmoralische Regeln nahezu ausschließlich auf das Handeln und Leben von Individuen. Unsere Industriegesellschaft ist demgegenüber aber immer mehr und zunehmend durch Phänomene des kollektiven und korporativen bzw. institutionellen Handelns geprägt und durch Fragen der Verantwortungsverteilung bzw. Verantwortungsbeteiligung. Zwei wichtige Fallgruppen sollen hier als grobes Raster unterschieden werden (vgl. Abb. 1):

1. Hunderte und Tausende arbeiten innerhalb technisch-wirtschaftlicher Großprojekte und in Unternehmen, allgemeiner Korporationen, zusammen. Die Verantwortung für solche Projekte und in Unternehmen scheint sich mit wachsender Anzahl beteiligter Personen quasi in Luft aufzulösen. Vielfach spricht man geradezu von „organisierter Verantwortungslosigkeit", meint damit aber komplexitätsbedingte Unverantwortbarkeit.

2. Beim nicht-koordinierten kollektiven Handeln ergeben sich z.B. manche Auswirkungen erst als Folge des Handelns vieler Akteure, deren individueller Handlungsbeitrag nicht bzw. lediglich unterschwellig schädigend ist – sogenannte synergetische und kumulative Wirkungen. Die Handlungskoordination über Märkte ist hierbei ein Sonderfall.

Beide Fallgruppen können mit einer streng individualistischen Universalmoral nicht adäquat behandelt werden. Die individualistischen Konzepte der Ethik und Philosophie werden diesen Problemen allein nicht gerecht, reichen offenbar nicht mehr aus; sie richten ihr Augenmerk fast ausschließlich auf individuelle Handlungen und nicht auf interaktionelle, kollektive und korporative bzw. institutionelle Handlungsformen und strukturelle, systemische Zusammenhänge. Ethische Ansätze sind bislang zu stark individuenorientiert

107

gewesen, beachteten zu wenig soziale, gesellschaftliche Aspekte, sind nicht ausreichend sozialethisch, sozialphilosophisch ausgerichtet.[8]

Ein Schwerpunkt der Verantwortungsverteilungsmodelle ist zunächst einmal auch die Unterscheidung zwischen wertenden, normativen, insbesondere moralischen, und beschreibenden, handlungs- und verursachungsbezogenen Fragen der Verantwortungsverteilung: Wie lässt sich eine kollektive Verantwortung auf diejenige individueller Akteure reduzieren oder wenigstens kontrollierbar beziehen? Welche Rolle spielt dabei die Form kollektiven Handelns und Verursachens? Um was für eine Art von Kollektiven handelt es sich? Die jeweiligen Handlungszusammenhänge und Handlungsformen sind entscheidend zur Beantwortung dieser Fragen und sollen im Folgenden auch in ein Unterscheidungskriterium für unterschiedliche Verantwortungszuschreibungen eingehen. Die moralische Analyse ist in gewisser – jeweils genauer zu bestimmender – Weise abhängig und abkünftig von der handlungsbezogenen. Ein weiterer Schwerpunkt, der ebenfalls zu beachten ist, ist die Verteilbarkeit der Verantwortung in Abhängigkeit vom Verantwortungstyp: Unterscheidet man z.B. eine Schadensersatzpflicht von moralischer Verantwortung, dann ist bei ersterer eine Teilung leichter möglich, während dies bei der moralischen Verantwortung nicht, wenigstens nicht so einfach, möglich sein muss; diese letztere Verteilbarkeit macht aber das eigentliche ethische Problem der moralischen Verantwortungsmitträgerschaft bzw. der i.e.S. ethisch-sittlichen Verantwortungsverteilung aus.

Im Folgenden soll von ‚kollektiver Verantwortung‘ bzw. von ‚kollektivem Handeln‘ – beides ausgesprochen schillernde Begriffe – gesprochen werden, wenn im entsprechenden Handlungszusammenhang mehr als ein Einzelner verantwortlich ist bzw. handelt.[9] Zwei Fallgruppen bzw. Unterfälle kollektiven Handelns sollen besonders hervorgehoben werden: zum einen das unkoordinierte Handeln mehrerer Handlungssubjekte und zum anderen das koordinierte Handeln eines korporativen Handlungssubjektes bzw. einer natürlichen Person, die repräsentativ für die Korporation handelt. Korporative Verantwortung (i.e.S.) ist entsprechend dann Verantwortung der Korporation.

---

8   Vgl. LENK (1979, 69ff.).
9   Beispiele für problematische Fälle kollektiven Handelns bzw. Unterlassens sind u.a. die Gaffer-Fälle oder Umweltschädigungen (vgl. z.B. LENK/MARING 1995, 253ff.). Dass kollektive Verantwortung wichtig ist bzw. zunehmend wichtiger wird, bedeutet nicht, dass individuelle Verantwortung obsolet ist und dass *jede* Verantwortung kollektiv ist.

Die Verantwortung für Korporationen kann auch von Einzelnen als repräsentative oder als Führungsverantwortung getragen werden oder als partizipatorisch zu verteilende Mitverantwortung. Bei vielen Autoren bezeichnet ‚kollektives Handeln' lediglich das Handeln einer (natürlichen) Person für eine andere natürliche oder juristische Person – ersteres sollte man terminologisch eindeutiger als Stellvertreterhandeln, letzteres als Repräsentanten- oder Organhandeln bezeichnen. Wenn ein Individuum in eigenem Namen, auf eigene Rechnung und Verantwortung, für sich und nicht als Stellvertreter oder als Organ handelt, können wir von primärem Handeln sprechen; dieses Handeln lässt sich kollektivem Handeln (i.w.S.), bei dem mehrere handeln, gegenüberstellen (vgl. Abb. 1).

| Individuelles Handeln | Kollektives Handeln i.w.S. | |
|---|---|---|
| Eine Person handelt für sich, in eigenem Namen, auf eigene Rechnung und Verantwortung, nicht als Stellvertreter bzw. Bevollmächtigter oder im Auftrag, (relativ) isoliert | Mehrere Personen handeln | |
| | Kollektives Handeln i.e.S. | Korporatives Handeln |
| | Handeln vieler unter strategischen, konkurrierenden Bedingungen oder unabhängig voneinander, unkoordiniert, Massenhandeln usw., Nicht-Handeln bei normativ erwartbarem Handeln, Zufallskollektive, institutionalisiertes, koordiniertes, kooperatives, sozial normiertes Handeln | Korporative Handlungsziele, arbeitsteilige Organisation, i. d. R. hierarchisch, koordiniert, formale Entscheidungsprozesse/-strukturen, Strukturen relevant bzw. dominant, Handlungszurechnung zur Korporation, Herrschaft |
| | Reduzierbar: Aggregatkollektiv, „sum individual" (z.B. FRENCH), evtl. aber nicht reduzierbar, dennoch beziehbar bei kumulativen bzw. synergetischen Effekten | Konglomeratkollektiv (FRENCH), Handlungssystem |
| Primäres Handeln | | Sekundäres bzw. nicht reduzierbares korporatives Handeln |

Abb. 1: Individuelles – kollektives Handeln

Das kollektive Handeln i.e.S. umfasst Massenhandeln, gleichgerichtetes Handeln vieler, das unkoordinierte Handeln vieler unter strategischen, konkurrierenden Bedingungen oder unabhängig voneinander; Ansammlungen, Mengen usw. von Menschen werden in die gleiche Kategorie eingeordnet wie Zufallskollektive (Held), von denen ein Handeln erwartet werden kann, falls diese nicht aktiv werden und sich Fragen nach der Verantwortung stellen. Auch institutionalisiertes, koordiniertes, kooperatives, sozial normiertes Handeln vieler gehört zum kollektiven Handeln i.e.S. Nicht alles kollektive Handeln lässt sich mittels konjunktiver Aussagen wiedergeben, wie etwa French meint, ist nicht in jedem Fall reduzierbar auf individuelles Handeln isolierter einzelner Personen, insbesondere bei kumulativen bzw. synergetischen Handlungsfolgen, dennoch aber prinzipiell auf solches beziehbar.

Ist das kollektive Handeln orientiert an Zielen, die nicht mit denen aller einzelnen Mitglieder des Kollektivs übereinstimmen müssen, und arbeitsteilig organisiert usw., so soll von korporativem Handeln gesprochen werden. Der grundlegende Unterschied zwischen kollektivem Handeln i.e.S. und korporativem Handeln betrifft Fragen der Herrschaft und der Handlungsfähigkeit: Wird ein Handlungssubjekt konstituiert? Stellt sich die Frage nach der Herrschaft? Kollektive Verantwortung bedeutet insbesondere nicht – und dies sei vorweg betont –, dass alle Mitglieder des Kollektivs in jedem Fall verantwortlich bzw. mitverantwortlich sind.

Korporationen werden also gekennzeichnet als aufgaben- und zielorientierte, strukturierte, arbeitsteilige soziale Gebilde und Einrichtungen mit Regeln und eindeutiger Innen-/Außendifferenzierung usw. Erfolgt die Handlungskoordination zentral, gibt es eine zentrale Entscheidungsfindung, so wird eine Korporation, ein korporativer Akteur, konstituiert, für die bzw. den die Abstimmung systemintern vonstatten geht. Wichtiger als weitere Verfeinerungen und Abstufungen der Unterscheidung ist also die Frage, ob ein korporativer Akteur konstituiert wird. Die strukturellen Gemeinsamkeiten, die „Familienähnlichkeit" von Korporationen – insbesondere im Hinblick auf Fragen der Verantwortung – könnten, trotz vielfältiger unterschiedlicher Korporationsformen, sonst nicht so deutlich gezeigt werden.[10] Auch method(olog)isch ist der Unterschied von Relevanz: Die Nicht-Reduzierbarkeit des Handlungsergebnisses auf individuelle Akteure ist zwar auch beim kollekti-

---

10 Aus Gründen der Eindeutigkeit soll weitestgehend nur der Begriff „Korporation" verwendet werden (und nicht die Begriffe „Institution" bzw. „Organisation").

vem Handeln möglich, aber es kann in diesem Fall keine Zurechnung auf ein Handlungssubjekt erfolgen – insofern ist dies ein kategorialer Unterschied. Mit Lenk[11] besteht nun der Unterschied zwischen korporativem und institutionellem Handeln „nicht im Charakter oder der Art der Handlungen, sondern im Wesentlichen in der Größe und der Art der entsprechenden Aktionseinheit bzw. der Korporation einerseits und der Institution, z.B. dem Staat, andererseits" und im Hinblick auf die sekundären Schichten der zugeschriebenen, sekundären Handlungen. Solcherart verstandenes institutionelles Handeln kann dann in Analogie zum korporativen Handeln aufgefasst werden, und Konzepte der korporativen Verantwortung treffen (weitestgehend) entsprechend zu. Vielleicht sollte man auch ein korporatives Handeln i.e.S. von einem korporativen Handeln i.w.S., das diese Art institutionellen Handelns umfasst, unterscheiden.

## II. Theorien, Arten und Modelle korporativer Verantwortung

„CORPORATION, n. An ingenious device for obtaining individual profit without individual responsibility" (Ambrose Bierce[12]).

Im Folgenden soll der – sicherlich nicht nur ironisch gemeinten – Definition von Bierce nicht eigens nachgegangen werden; die am Anfang geschilderten Beispiele, so meine ich, sprechen für sich. Untersucht werden sollen Fragen nach der Verantwortung von Korporationen. Unterscheiden lassen sich analytisch (vgl. Abb. 2) die externe und interne Verantwortung. Die externe Verantwortung besteht bzw. kann bestehen gegenüber Dritten, der Gesellschaft, der Umwelt, gegenüber Kunden i.w.S. usw. Die externe Verantwortung selbst lässt sich wiederum unterteilen in 1. die externe Verantwortung der Korporation als Korporation, 2. die externe Verantwortung von – einigen bzw. allen – Korporationsmitgliedern (als repräsentative Verantwortung oder partizipatorische Mitverantwortung) oder 3. die externe Verantwortung der Korporation gemeinsam mit – einigen bzw. allen – Korporationsmit-

---

11  LENK (1998, 398f.).
12  BIERCE (1947, 216).

gliedern. Die interne Verantwortung von Mitgliedern der Korporation ist gegenüber Vorgesetzten, Kollegen usw. wahrzunehmen. Sie ist in unterschiedlich strukturierten Korporationen als Mitverantwortung und als Einzelverantwortung verschieden ausgeprägt, wobei nach wie vor hierarchische Organisationsstrukturen und ebensolche Entscheidungsprozesse in Korporationen, insbesondere in Unternehmen, dominieren. Auch Fragen der Reduzierbarkeit der bzw. spezifischer Typen der Verantwortung und die (Möglichkeit der) Delegation von Verantwortung und unterschiedlichen Verantwortungsarten spielen hier ebenfalls eine Rolle. Die externe und interne Form korporativer Verantwortung als Person und als Rollenträger sind meist wechselseitig aufeinander bezogen. – Es gibt allerdings auch eine interne (moralische) Verantwortung der Korporation als Korporation.

| (externe) Verantwortung der Korporation als Korporation oder | Verantwortung von Korporationsmitgliedern oder | Verantwortung der Korporation als Korporation gemeinsam mit Korporationsmitgliedern |
|---|---|---|
| (interne) Verantwortung von Korporationsmitgliedern | Hierarchieabhängige Mitverantwortung von Korporationsmitgliedern | Repräsentative Alleinverantwortung |

Abb. 2: Korporative Verantwortung je in moralischer, rechtlicher, rollen-, handlungs- und aufgabenbezogener Hinsicht

Eine Korporation wird dabei im Folgenden – wie angedeutet – als zielgerichtetes System mit einer Herrschaftsstruktur verstanden. In handlungstheoretischer und ethischer Hinsicht lassen sich verschiedene Modelle von Korporationen unterscheiden. Beispiele für Korporationen sind Unternehmen, Behörden, Gewerkschaften und Verbände. Ähnlich fasst auch Coleman[13] Korporationen auf; er definiert eine Korporation, einen korporativen Akteur im Gegensatz zu einer natürlichen Person als eine „nicht greifbare [...] Person, die das Gesetz ,fiktive [...] Person' [...] nannte", die selbst nicht handelt – für die Korporation handelt eine natürliche Person. Wesentliche Unter-

---

13  COLEMAN (1986, 17).

schiede im Hinblick auf das Handeln und die Verantwortung für die Folgen eben dieses Handelns von Personen und Korporationen sind[14]: größere Reichweite der Folgen, größere, nicht nur ökonomische Macht von Korporationen, komplexe(re) Struktur von und Arbeitsteilung in Korporationen und infolge dieser keine unmittelbare Rückmeldung über die Handlungsfolgen und Zurechnung dieser, unterschiedlicher Erfolg von Kontrollmaßnahmen (geringerer „Abschreckungseffekt" bei korporativem Handeln), Nicht-Identität von dispositivem Entscheidungssubjekt und exekutivem Handlungssubjekt bei Korporationen usw.

Neben inhaltlichen Theorien der Verantwortung von Korporationen, in denen sich auch die Unterscheidung der Arten der Verantwortung – Handlungs-, Rollen- und Aufgaben-, rechtliche und moralische Verantwortung – widerspiegelt, finden sich v. a. in der Wirtschaftsethik Diskussionen über unternehmensbezogene Ziele und entsprechende Verantwortlichkeiten. Unterschieden werden formale Ziele, die meist dominierend sind, wie Wirtschaftlichkeit, Rentabilität – Wertgrößen-Optimierung, Satisfizierung („satisficing" nach H. Simon) – fixer Gewinn bzw. Rendite, Gewinnmaximierung als Sonderfall, Marktanteil, Umsatz und materiale Ziele wie Güterproduktion bzw. Dienstleistungen, Bedarfsdeckung, aber auch soziale bzw. gesellschaftliche, ökologische (umweltgerechte) und moralische (menschengerechte). Mit Brummer[15] lassen sich die v. a. in der Ökonomie und der Wirtschaftsethik vertretenen Auffassungen zusammenfassen; er unterscheidet vier Theorien ökonomisch relevanter korporativer Verantwortung:

- die klassische mit alleinigem Gewinnziel,
- die Stakeholder-Theorie mit verschiedenen Anspruchsberechtigen (z.B. Aktionäre, Belegschaft, Kunden, Lieferanten, Gesellschaft),
- die „Demandingness"-Theorie mit besonderer Betonung gesellschaftlicher Anforderungen bzw. Nachfrage und
- die Gesellschaftliche-Aktivisten-(„activist"-)Theorie mit besonderer Betonung der aktiven Beteiligung an gesellschaftlichen Belangen

und vier Arten korporativer Verantwortung:[16]
- ökonomische,
- rechtliche,

---

14 Vgl. zu einigen Punkten z.B. ebenda 113ff.
15 BRUMMER (1991, 5ff., 101ff.).
16 Ebenda 19ff.

- korporativ-moralische und
- soziale bzw. gesellschaftliche.

Überblicksartig sollen zunächst 14 Korporations-Modelle i.w.S. aufgeführt werden[17]; auf die ersten sieben soll dann lediglich summarisch eingegangen werden[18] und ausführlicher auf die weiteren sieben. Schwerpunkt der Überlegungen ist die Frage nach der moralischen Verantwortung der Korporation als Korporation. Es lassen sich also unterscheiden:

- Korporationen als Assoziationen (Aggregatmodell),
- Korporationen als formale Organisationen (Maschinenmodell),
- Korporationen als Organismen (Organismusmodell),
- Korporationen in sozialvertragstheoretischer Sicht
  (Sozialvertragsmodell),
- Korporationen in rechtlicher Sicht (Rechtsmodell),
- Korporationen als moralische Personen (Personmodell),
- Korporationen als sekundäre moralische Akteure (Modell der
  sekundären moralischen Verantwortung),
- Höhere ‚Moralfähigkeit' von Organisationen bzw. Korporationen,
- Korporationen als ‚moralische Zombies',
- Biologie-Modell,
- Korporationen als Personen im weiten Sinne,
- korporative Verantwortung und Missverständnisse,
- Strafrechtsmodelle und Strafrechtsanalogien und
- Korporationen als Handlungssysteme (als eigener Vorschlag).

---

17 BRUMMER (1991, 46ff., 60ff.) unterscheidet neun solche Modelle: rechtliches Modell der Korporation (Korporationen als Rechtssubjekte), das Privateigentumsmodell (Korporationen als Privateigentum), das Privatvertragsmodell (Korporationen als Zusammenschluss auf privatrechtlicher Grundlage), das Unternehmensmodell (Korporationen als Mittel zur Befriedigung menschlicher Basisbedürfnisse), das Sozialvertragsmodell (Korporationen als gesellschaftlich legitimierte Zusammenschlüsse), das „Öffentliche-Macht"-Modell (Korporationen als machtvolle Einrichtungen mit externen gesellschaftlichen Einflüssen), das Maschinen- oder Werkzeugmodell, das Organismusmodell und das moralische Akteurs- oder Personmodell.

18 Vgl. ausführlicher MARING (1989).

## III. Moralische Verantwortung und Status von Korporationen

Im Folgenden sollen die wesentlichen Thesen einiger neuerer Theorien bzw. Modelle zum (moralischen) Status und zur (moralischen) Verantwortung von Korporationen vorgestellt und diskutiert werden.[19] Im Anschluss daran soll eine eigene, auch resümierende These formuliert werden. Nicht im Mittelpunkt steht das Problem der rein individuellen Verantwortung von Korporationsmitgliedern bzw. der gemeinschaftlich zu tragenden Mitverantwortung[20]; ebenfalls nicht die Frage nach Art und Umfang der Verantwortung von Korporationen. Gefragt wird also v. a. nach der Verantwortung eines Handlungssubjekts als „ein[es] Kollektiv[s] koordinierter Individuen."[21] Reflektiert werden soll über das „sich rechtfertigende, sich verantwortende [...] Handeln"[22] von Korporationen als Korporationen. Mit anderen Worten: Welcher Status und welche Verantwortung kann Korporationen als Korporationen zugeschrieben werden?

In handlungstheoretischer und ethischer Hinsicht lassen sich verschiedene Modelle für Korporationen unterscheiden. Das alte urtümliche Modell ist das Aggregatmodell[23]: Die Handlungen Einzelner werden sozusagen nur zusammengetan, und diese Kombination ergibt dann eine Korporation. Das jedoch ist ein überholtes Modell. Es scheidet aus vielen Gründen aus, weil es in der Tat bestimmte – nicht auf Einzelhandlungen reduzierbare – Handlungen gibt, die kennzeichnend sind für das korporative Handeln. Entsprechendes gilt auch für das Maschinenmodell der Korporation: Eine Korporation ist gleichsam eine Maschine, die nur dazu da ist, ein bestimmtes Ziel effektiv zu verwirklichen oder zu erreichen – ein quasi deterministisches Modell. An der Analogie hat auch hier die Kritik anzusetzen: Man kann Korporationen nicht schlechthin einfach als Maschinen auffassen, wie das etwa Ladd[24] und Dan-

19  Diese Diskussion wurde erst relativ spät im deutschsprachigen Raum aufgegriffen.

20  Vgl. dazu z.B. LENK/MARING (1995, 276ff.).

21  OLDEMEYER (1979, 729).

22  Ebenda 754.

23  Vgl. LEWIS (1972).

24  LADD (1983).

ley[25] vertreten haben. Entsprechend leidet auch das Organismusmodell von Goodpaster[26] unter seiner Analogie: So konfliktfrei und harmonisch, so auf ein Ziel ausgerichtet, so funktional gut wie ein Organismus funktioniert normalerweise eine Organisation oder Korporation nicht; und das Problem des moralischen Status von Korporationen wird hier ebenso wenig wirklich thematisiert wie beim Maschinenmodell (wo das auch von vornherein ausgeschlossen ist). Interessanter ist schon das Sozialvertragsmodell von Donaldson[27]: Eine Art Sozialvertrag besteht zwischen der Korporation und der Gesellschaft; dieser wird entsprechend dem Vertragsmodell der Gesellschaft zugrunde gelegt. Ein weiteres Modell fasst eine Korporation als rein rechtliches Gebilde auf. Das Rechtsmodell hebt den Status als rein juristische und fiktive Person hervor. Gegenseitige Pflichten und Rechte der Korporationen und Mitglieder sowie der Bürger werden in diesem Modell untersucht. Es werden aber hier – ähnlich wie beim sozialen Vertragsmodell – u.a. die realen Machtverhältnisse vernachlässigt. Die zunächst wohl interessantesten Modelle sind die beiden folgenden:

Das Personmodell von Peter French, der dieses in seinem Buch „Collective und Corporate Responsibility" ausgearbeitet hat[28]: Moralisch verantwortlich, eine moralische Person zu sein, setze mindestens voraus, „ein intentionaler Akteur" zu sein.[29] Korporationen seien dann moralische Personen, wenn sie über eine handlungsrelevante, „nicht-eliminierbare Intentionalität" verfügen, wenn sie eine korporative interne Entscheidungsstruktur („Corporation's Internal Decision Structure", „CID-Structure") haben, mit Hilfe derer „korporative Intentionalität" zuschreibbar ist. Diese Entscheidungsstruktur müsse weiterhin „nicht-programmierte" Entscheidungen zulassen[30], d. h. über routinisierte und standardisierte Entscheidungen hinaus auch kreative, Neues hervorbringende Entscheidungen ermöglichen. Das Vorhandensein einer Entscheidungsstruktur sei „organisatorischer Nexus"[31], garantiere quasi korporative Intentionalität und damit korporatives intentionales Handeln. Letzteres konstituiere die Korporation dann als moralische Person. Korporative Ent-

---

25  DANLEY (1991).
26  GOODPASTER (1983).
27  DONALDSON (1982, 1983).
28  FRENCH (1984).
29  Ebenda 38f.
30  Ebenda 168f.
31  Ebenda 152.

scheidungsstrukturen implizieren also korporative Intentionalität und korporatives Handeln und diese den moralischen Personstatus. Wichtig für den moralischen Status von Korporationen ist – wie von French herausgearbeitet –, dass eine interne Entscheidungsstruktur hierarchischer Art in Korporationen vorhanden ist, die neue Entscheidungen, Gemeinschaftsentscheidungen erbringen kann, die über die Entscheidung eines Einzelnen hinausgehen. Doch nicht richtig ist, dass Korporationen die Reflexionsstruktur der natürlichen Person, d.h. der moralischen Person, haben. Sie haben auch nicht den Selbstzweckcharakter wie natürliche Personen. Man hat trotzdem Parallelen zum moralischen Handeln von Personen, aber eine Korporation ist keine Person im moralischen Sinne.

Deswegen ist Patricia Werhane[32] dazu übergegangen, ein anderes, etwas abweichendes Modell zu entwickeln, in dem sie die These aufstellt, dass die sekundäre moralische Verantwortung die Verantwortung von Korporationen als nichtpersonaler sekundärer Handelnder ist. Sekundäres Handeln ist jenes korporative Handeln, das auf primärem Handeln aufbaut, die Handlungen und deren Folgen in anderer Interpretation – z. B. in bestimmter von der Korporation oder ihren Zielen vorgegebenen Deutung – auffasst und von den primären Handlungen der Mitglieder abhängig ist. Aber die sekundären Handlungen können nicht auf das primäre Handeln allein einfach zurückgeführt werden.

Einige Zeit nach der angelsächsischen Diskussion wurde auch im deutschsprachigen Raum die Diskussion um die Verantwortung von Korporationen aufgegriffen.[33] Zunehmend wird die Bedeutung kollektiven und korporativen Handelns in ethischer Hinsicht (an)erkannt und diskutiert. Die Diskussion verläuft vielfach parallel zur angelsächsischen. Manche sehen in der Betonung kollektiver und korporativer Verantwortung „institutionentheoretische [...] Ausflüchte", trennen Handlungs- und (moralisches) Verantwortungssubjekt, appellieren an das Verantwortungsgefühl von Individuen usw. und meinen insbesondere, dass für die sogenannten Institutionalisten „die Individualethik [...] ausgespielt [...] habe"[34]. Andere betonen „die Systemqualität" korporativen (intermediären) Handelns, die Mitverantwortung von Korporati-

---

32  WERHANE (1985).
33  Nur wenige Autoren beschäftigen sich explizit mit der korporativen Verantwortung; teilweise findet die Diskussion auch nur als ein Aspekt der Technikethik und Wirtschaftsethik statt.
34  ZIMMERLI (1991, 86f., 79).

onsmitgliedern und die auch moralische Verantwortung von Korporationen („das wirkliche moralische Subjekt ist der korporative Akteur")[35]. So schreiben Zimmerli/Palazzo neuerdings[36]: „Selbst wenn sich immer mehr Kollektive als eigentliche Handlungssubjekte erweisen, bleibt das Verantwortungssubjekt doch immer das Individuum. Nur im Sinne einer schlechten Metaphysik (oder einer unpräzisen Redeweise, was häufig dasselbe ist) kann gesagt werden, Unternehmen, Institutionen, Gruppen, kurz: kollektive Akteure hätten ein ‚Gewissen' oder seien ‚moralische Subjekte'. Mithin muß auch, wer so etwas wie institutionelle Verantwortung einfordert, zeigen können, wie sich diese ‚Verantwortung' auf die Ebene der in den Kollektiven handelnden Individuen abbilden läßt. [...] Und gerade aus Sicht der in der Verantwortungsdebatte immer stärker bedrängten Organisationen auf der Mesoebene des Wirtschaftssystems, d. h. auf der Ebene der Unternehmen, ist es entscheidend, eine umsetzbare Antwort auf die Frage zu finden, wie unter den Bedingungen der Moderne individuelle Verantwortung noch möglich ist." (Vgl. zu einer zutreffenden Kritik dieser reduktionistischen Position die These Ropohls[37]: „... an die Stelle des individuellen Handelns" trete „das korporative Handeln", das „ein Handeln im nichtmetaphorischen Sinn" sei, und die entsprechende Verantwortung sei eine nicht-individuelle, korporative). Im Folgenden skizzenhaft zu einigen weiteren – deutschsprachigen – Autoren:

Geser begründet seine These von der höheren ‚Moralfähigkeit' von Organisationen und Korporationen folgendermaßen: Korporationen seien überindividuelle Akteure ‚sui generis'[38]. Das Handeln von Korporationen präge die Welt mehr als individuelles Handeln. Die höhere ‚Moralfähigkeit' von Korporationen ergebe sich,

- „weil sie in gesteigertem Maß selbstverantwortlich und schuldfähig" seien,
- weil sie fähig seien, „sich auch die Motivation zu ihrem Handeln autonom zu beschaffen",
- „weil sie besser in der Lage" seien, „komplexe Aktivhandlungen zu vollziehen, und auch für die Folgen ihres Handelns die Verantwotung zu tragen",
- „weil sie besser in der Lage" seien, „sich an der Konstituierung, Mo-

---

35  ROPOHL (1991, 63f.).
36  ZIMMERLI/PALAZZO (1998, 188).
37  ROPOHL (1991, 56f.).
38  GESER (1989, 28).

difizierung und diskursiven Begründung ihrer Normen mitzubeteiligen."[39]

Organisationen hätten ,sekundäre Autonomie' und, befreit von „psychischen und biologischen Bindungen", seien sie „dazu disponiert, in einem radikaleren Sinne als Individuen ,Akteure' zu sein und ihnen keineswegs nur als Agenten technisch-zweckrationalen Handelns, sondern auch in weniger harmloser Hinsicht (eben z.b. als Träger einer überlegenen praktischen Vernunft) die Zentralposition im ,sozialen Universum' streitig zu machen."[40]

Arni[41] kritisiert in den „Bemerkungen zur ,Moralfähigkeit' von Organisationen" zu Recht, dass Korporationen „offenbar alles andere als moralisch sensibel" seien und dass sie die individuellen moralischen Potentiale von Menschen eher ,herunterwirtschaften'. Korporationen seien „im wesentlichen amoralische Akteure, denen gegenüber moralische Forderungen [...] praktisch nur mittels Zwang durchgesetzt werden können."[42] Es sei zwar „richtig, dass die besonderen Potentiale von Organisationen es grundsätzlich möglich machen, auch in moralischer Hinsicht einiges von ihnen zu verlangen", aber daraus folge nicht, dass Organisationen „Träger einer überlegenen praktischen Vernunft" seien, wie Geser meint.[43] „Die Moralität von Unternehmen" sei „im wesentlichen eine erzwungene Moralität"; die „Grundlage" einer Gesellschaft beruhe auf der Moral der Individuen.[44] Die von Geser hervorgehobene höhere Moralfähigkeit von Korporationen, die Arni kritisiert, ist, um zunächst das Positive hervorzuheben, eher eine Fähigkeitsverantwortung, die Möglichkeiten von Korporationen aufzeigt. Als Beschreibung ist sie aber untauglich, da doch gerade die allermeisten Unternehmen faktisch lediglich Zweck-Mittel-rationale Ziele verfolgen und keineswegs „Träger einer überlegenen praktischen Vernunft" sind. Geser und Arni verkennen v. a. den Konstruktcharakter von Korporationen und unterscheiden nicht ausreichend nach beschreibenden Kennzeichnungen von und nach normativen Ansprüchen an Korporationen.[45] Dass Korporationen „die Zentralposition im ,sozialen Uni-

---

39  Ebenda 30ff.
40  Ebenda 37.
41  ARNI (1989, 30).
42  Ebenda
43  Ebenda 30f.
44  Ebenda 31.
45  Normative, moralische Ansprüche und Erwartungen können an die Organe einer Korporation oder im Extremfall an alle Korporationsmitglieder gerichtet sein, die diese stellvertretend wahrzunehmen haben. Ansprechpartner könnte auch – so-

versum' den Individuen streitig" machen, ist wiederum faktisch nicht zu bestreiten, letztere bleiben aber im ‚moralischen Universum' nach wie vor zentral und wichtig.

Die genau gegenteilige These wie Geser vertritt Helmut Spinner; für ihn sind Korporationen „moralische Zombies"[46], und als Begründung führt er an, dass unabhängig von der Idee des Ethischen, des Guten (die ohnehin nicht auf das korporatives Handeln, auf das, was man den gesellschaftlichen Großbetrieb nennen könnte, anwendbar sei), korporative Akteure all das haben, was man zum Handeln in der Welt braucht; sie haben aber weder Schmerzempfindung, Leidwahrnehmung noch Mitgefühl bzw. Gewissen und somit auch kein Organ für Moralität. Genauso wenig hätten sie eine Bewusstheit der Zielorientiertheit. Was brauchen wir nach Spinner also? Eine individuelle Moral sei für Folgen heutiger Technik und Wissenschaft nicht geeignet, geeignet sei eine Moral, die „auf das Prinzip Verursachung setzen und eine umfassende ‚Produkthaftung' für das Tatprodukt festlegen [...] müßte, in Anwendung auf alle überhaupt aktionsfähigen Akteure."

Die moralische Zombie-These Spinners ist gewissem Sinne tatsächlich richtig. Und es stellt sich ja heutzutage gerade das Problem, dass wir und die sozialen Situationen bzw. Phänomene, Ereignisse, Verhältnisse usw. weitgehend von solchen moralischen Zombies abhängig geworden sind, mit und ‚in' ihnen operieren und sie insbesondere auch mit uns, bis hin zu Problemen der ausschließlichen betrieblichen Rentabilitätsorientierung ohne moralische Rücksichtnahmen, wozu auch eine vornehmlich am (kurzfristigen) Gewinn orientierte Einstellung in der Wirtschaft oft führt. In der ökonomischen Theorie und in der (meist) zutreffenden Beschreibung der Wirklichkeit – da hat Spinner Recht – sind Unternehmen und allgemeiner Korporationen tatsächlich „moralische Zombies", da Verantwortung, die mehr umfasst als Gewinninteressen, leer läuft und niemand, nicht einmal eine personale Instanz in der Korporation als Person, in moralischer Hinsicht verantwortlich ist bzw. zu sein scheint. Doch dies dürfte wohl kaum zu rechtfertigen sein; auch Rollenträger sind über ihre Rollenverantwortung hinaus moralisch verantwortlich. Spinner scheint überdies aus der Tatsache, dass Korporationen moralischen Zombies sind bzw. bloß ökonomisch korrekt als solche beschrieben werden können, zu folgern, dass an sie keine normativen – moralischen – Ansprüche

---

fern vorhanden – eine Ethikkommission, ein Ethikbeauftragter usw. (das ‚Gewissen' der Korporation) sein.

46 SPINNER (DIE WELT 07.01.1995, G1).

zu richten sind – ein (negierender) naturalistischer Fehlschluss. Spinners Vorschlag „auf das Prinzip Verursachung [zu] setzen" und eine umfassende ‚Produkthaftung' für das Tatprodukt fest[zu]legen", würde alle Folgen, die aus der massenhaften legalen Verwendung einwandfreier Produkte resultieren – Autounfälle, Hausbrände usw. – und Fälle ungeklärter Kausalität, von anderen Rechtsbereichen einmal abgesehen, nicht erfassen und damit als generelle Regelungsform nicht genügen. Moralische Verantwortung – und das ist ein weiterer Kritikpunkt – ist nicht direkt abhängig von (realen) physischen Eigenschaften oder biologischen Kriterien oder bloß ökonomischen Bedingungen (vgl. unten: Korporationen als Handlungssysteme).

Süßbauer[47] verknüpft in seinem Biologie-Modell moralische Verantwortung mit bestimmten physischen und psychischen Eigenschaften, die er aus der Biologie übernimmt und folgert, nur Lebewesen, die mentale Akte vollziehen, können „im ursprünglichen und primären Sinne" handeln. Da das für Korporationen nicht gelte, können diese auch nicht moralisch verantwortlich sein. Korporative Handlungen seien überdies vielfach nicht reduzierbar. Die bleibende Identität von Korporationen trotz Mitgliederwechsel vergleicht Süßbauer[48] mit dem Verlieren und Hinzugewinnen von „Teile[n]", mit dem „Stoffwechsel" bei Menschen und Tieren (Wären nach diesem Ansatz Tiere dann moralisch verantwortlich?). Die Zuschreibung von Handlungen und Verantwortung in Aussagen wie „Die Bau GmbH errichtet den Rohbau auf dem Grundstück Schloßallee 1" sei „notwendigerweise falsch", korrekt sei hingegen „Martin, Franz, Ägidius und Josef errichten gemeinsam den Rohbau auf dem Grundstück Schloßallee 1", da eine Korporation, „ein Unternehmen stets eine Vielheit von Menschen umfasst" und der Bezug deshalb „mit pluralen Termen" zu erfolgen habe.[49]

Genauso wenig wie der Organismus-Vergleich für Korporationen zutreffend ist, so ist dies Süßbauers Biologie-Modell: Harmonie und Konfliktfreiheit sind kaum überragende Kennzeichnungen von Korporationen. Überdies sind physische und psychische Eigenschaften für moralische Verantwortung nicht direkt relevant (vgl. unten: Korporationen als Handlungssysteme). Das Beispiel der Bau GmbH ist sogar streng genommen falsch, da nicht Martin, Franz, Ägidius und Josef als Personen, sondern sie auf fremde Rechnung und als Rollenträger den Bau arbeitsteilig strukturiert errichten. Zur Beschreibung

---

47  SÜSSBAUER (1994, 133ff.).
48  Ebenda 150.
49  Ebenda 147ff.

und Erklärung ihres Handelns ist auf einen Rollenbegriff Bezug zu nehmen, der auf Individuelles nicht reduzierbar ist. Auch ist eine GmbH eine juristische Person, die nur mit dem Gesellschaftsvermögen haftet, und selbst in moralischer Perspektive scheitert ein Rekurs auf beteiligte Personen allein. – Angemerkt sei nur, dass es auch Korporationen wie eine Ein-Personen-GmbH u. ä. gibt oder gar eine in Abwicklung, die nur noch Vermögensmasse ist und keine Korporationsmitglieder mehr hat; hier können plurale Terme gar keine Rolle spielen, aber eine Zuschreibung korporativer moralischer Verantwortung ist – gerade mit Blick auf die IG Farben – durchaus sinnvoll.

Nach Seebaß[50] ist der „Begriff der ‚Verantwortlichkeit‘ im Sinne von ‚Haftbarkeit‘ auf Institutionen und Korporationen ebenso anwendbar [...] wie auf Individuen". Es gebe bei den Sanktionen und bei der normativen Zurechenbarkeit jedoch „signifikante Unterschiede".[51] Sinnvoll sei bei Korporationen zwar „die kausale Rückführung aufs Handeln", aber die „Rückführung aufs Wollen oder die freie, aktive Willensbildung dagegen" entfalle.[52] Seebaß[53] kommt „somit zu folgendem Zwischenergebnis. Nicht individuengebundene kollektive Korporationen und Institutionen können moralisch und rechtlich haftbar sein und als solches sind sie im weiten Sinne ‚Personen‘. Normativ steuerbar werden sie nur, wenn ‚Personen‘ im engeren Sinne im Spiel sind, d. h. Personen, die überlegen, wollen und willensabhängig handeln können. Nur solche sind normativ ansprechbar, und bei solchen Personen macht es auch Sinn, ihre Haftbarkeit (uneingeschränkt) an Kriterien der normativen Zurechenbarkeit zu binden. Korporationen und Institutionen erfüllen diese Kriterien nicht; sie sind nur normativ steuerbar durch ihre menschlichen Träger. Auf der Ebene nicht individuengebundener Kollektive [sei] also unsere Suche nach einem Begriff ‚der kollektiven Verantwortung‘, der nicht auf die individuelle zurückführt und das tradierte System der normativen Verhaltenskontrolle ergänzen könnte, gescheitert".[54]

Das Personen-Modell im weiten Sinne von Seebaß ist nur dann gerechtfertigt, wenn man wie Seebaß eine reduktionistische Position vertritt und den Unterschied zwischen „reduzierbar" und „beziehbar" außer Acht lässt. Seebaß verkennt ebenfalls, dass mit der Hester-Prynne-Sanktion ein Mittel zur

---

50 SEEBASS (1993, 20).
51 Ebenda.
52 Ebenda.
53 Ebenda 21.
54 Ebenda.

Verfügung steht, um Korporationen zu beeinflussen – ein normatives Mittel, eine Sanktionsform, die für Menschen aus moralischen Gründen nicht zulässig ist (vgl. unten 4). Seebaß trifft weiterhin unklare Unterscheidungen und macht den wechselseitigen Bezug der Begriffe nicht ausreichend deutlich: Worin der Unterschied zwischen der Haftung der Personen im weiten Sinne und der Haftung der Personen im engeren Sinne besteht, bleibt im Dunkeln. Normative Steuerbarkeit ist gerade durch Haftung möglich, die durch deskriptive Zurechnung – Verursachung, Handeln – erfolgt, und Steuerbarkeit setzt u.a. Haftbarkeit voraus. Ein Anders-handeln-können, das mehr ist als das Anfangen von Kausalprozessen, ist für die Zuschreibung korporativer (moralischer) Verantwortung gar nicht nötig. (Korporative) Handlungsfähigkeit ist ausreichende Voraussetzung zur Zuschreibung korporativer – auch moralischer – Verantwortung (vgl. unten).

Jean-Claude Wolf[55] schildert einige Missverständnisse, die bei der Behandlung des Themas „korporative Verantwortung" auftreten, z.B. „Verwechslung von geteilter Verantwortung in Gruppen und korporativer Verantwortung": Zufallskollektive bzw. Gruppen – so Wolf – unterscheiden sich von organisierten Kollektiven oder Korporationen mit Entscheidungsstrukturen. Am „Beispiel des Erscheinens einer Zeitung" zeigt er, dass korporative Verantwortung nicht das Aggregat individueller Verantwortungen ist, denn sie ist „gewöhnlich nicht von allen Mitgliedern geteilte Verantwortung".[56] Ein weiteres Missverständnis bestehe darin, dass kollektive Verantwortung angeblich „einen moralischen Heroismus" postuliere und dass eine Reduktion der Verantwortungen auf (interne =) Rollenverantwortung im Betrieb nicht statthaft sei.[57] Hierzu erwidert er mit der „Faustregel zur Wahrnehmung sozialer Verantwortung in der Position eines nicht-leitenden Angestellten in einem Unternehmen": Bei Konflikten zwischen interner und externer (= sozialer) Verantwortung bemesse sich letztere nach Macht des Adressaten, Aussicht auf Erfolg, Risiko für Betroffene usw.[58] Mit De George plädiert Wolf für Struktur- und Zielreformen in den betreffenden Korporationen anstelle von Gewissensreformen. Den von Wolf geschilderten Missverständnissen ist lediglich hinzuzufügen, dass es auch externe Rollenverantwortung und interne soziale sowie moralische Verantwortung gibt.

---

55  WOLF (1993).
56  Ebenda 346.
57  Ebenda 349.
58  Ebenda 350.

Auch W. Lübbe[59] beschäftigt sich mit der Verantwortung für bzw. in Korporationen: „Natürlich müssen sich eine organisationsinterne Aufteilung von Zuständigkeiten und die komplementäre Entlastung der Unzuständigen nicht eo ipso in rechtliche Zuständigkeiten und Entlastungen transformieren."[60] Strafrechtliche Verantwortung reiche jedoch aus, da in Fällen wie dem des Ledersprays, dessen Benutzung zu Körperverletzungen führt, die Zuschreibung moralischer Verantwortung auf Firmenmitglieder wenig klärend scheine. Eine solche Bekundung der moralischen Verantwortungszuschreibung zeige lediglich, dass man sich auf die Härte einer Sanktionierung nach den üblichen Regeln der Körperverletzung nicht einlassen möchte. Und dies zeige auch, dass das Ausweichen auf vage, im Appellativen verbleibende ‚moralische Verantwortung' gerade dort gerne praktiziert werde, wo rechtliche Zurechnungen nicht greifen würden, man sich aber nicht genau überlegt hätte, warum sie nicht greifen. Denn was unterscheide den Ladearbeiter, der von der Schädlichkeit der Produkte weiß (!) und Lastwagen zum Versand belädt, von dem eiligen Autofahrer, der einen Unfall verursacht?[61] Lübbes These zu den Fällen ist, dass das, was in den nicht ganz eindeutigen Fällen allenfalls zugerechnet werden könnte, ein Normverstoß vom Charakter der Nichtanzeige geplanter Straftaten oder der unterlassenen Hilfeleistung wäre und nicht ein Verstoß vom Charakter der aktiven Körperverletzung. Die wegen der verteilten Zuständigkeiten fehlende Garantenstellung der Mitarbeiter für die Kontrolle der Nebenwirkungen ihrer Aktivitäten mache sie zu unterlassend Beitragenden, indem sie den vermuteten (?) Regelverstoß eines anderen (Zuständigen) in Kenntnis der möglichen Folgen schweigend hinnehmen. Dies sei jedoch (!) kein rechtspolitischer Vorschlag, sondern der Versuch der Rekonstruktion (!) der moralischen Verantwortung in Korporationen. Lübbe räumt im Folgenden ein, dass in bestimmten sozialen Kontexten der nicht selbst Ausführende verantwortlich sein kann und dass sich Kontexte so gestalten lassen, dass der selbst Ausführende für nicht auszuschließende Folgen seines Handelns unverantwortlich oder doch nicht in dem Maße verantwortlich ist, wie er es ohne diesen speziellen Kontext gewesen wäre. Zur strafrechtlichen Verantwortung von Korporationen führt sie aus: Strafrechtliche Sanktionsfolgen könnten Unschuldige treffen, z.B. zweifelsfrei Unschuldige (?) wie Aktionäre, die sich bei Aktionärsversammlungen meist eher für die Gewinne als für die Umweltschutzmaßnahmen des Unternehmens zu

---

59  LÜBBE (1998, 153ff.).
60  Ebenda 155.
61  Vgl. ebenda 155f.

für die Umweltschutzmaßnahmen des Unternehmens zu interessieren pfle-
gen.[62] Eben gerade deshalb sind es keine Unschuldigen!
Entgegen W. Lübbes Tendenz der strikten Individualisierung der Verantwortung bzw. der Nicht-Verantwortung wird gerade im Strafrecht neuerdings
untersucht, ob Korporationen nicht – wie in den USA – auch strafrechtlich
zur Verantwortung gezogen werden sollten. So untersucht z.b. Heine Gründe
für die Verantwortlichkeit von Unternehmen, die z.t. schon genannt wurden:
Auseinanderfallen von Ausführungstätigkeit, Informationsbesitz und Ent-
scheidungsmacht, die im Strafrecht üblicherweise in einer Person vorausgesetzt werden; hieraus resultiere eine strukturelle individuelle Unverantwortlichkeit. Weiter zählen hierzu viele Möglichkeiten der Verschleierung, Verwirrung und Lückenbildung, so dass sich Ermittlungen häufig schon an der
unternehmerischen Fassade totlaufen können (organisierte individuelle Unverantwortlichkeit). Die Kernfrage ist für Heine, wie sich individuelle Schuld
und kollektive (korporative) Verantwortlichkeit neu ausbalancieren lassen.
Drei Modelle strafrechtlicher Verantwortung mit fließenden Übergängen
lassen sich weltweit unterscheiden: Organtat als Fehlverhalten des Unternehmens, fehlerhafte Verbandsorganisation und Veranlassungsprinzip, d. h. die
Errichtung einer komplexen Organisation. Den Bedenken der Gleichsetzung
von individueller und kollektiver (korporativer) Verantwortung bzw. Schuld
könne man Rechnung tragen, indem die korporative Verantwortung funkti-
onsanalog zum Individualstrafrecht ausgerichtet werde, d. h. Handlung, Kausalität und Erfolg, Taterrschaft bis hin zu subjektiven Elementen wie der
Schuld werden auf Organisationen übertragen.[63]
Für das folgende Prinzip wird – unwissentlich – Frenchs spezielles PRA[64]
verwendet: Der zentrale einschlägige Begriff ist für Heine die Betriebs-

---

62 Vgl. ebenda 160ff.
63 Vgl. HEINE (1996, 212-217, i. O. teilweise fett).
64 FRENCH schlägt zwei Prinzipien der erweiterten Zuschreibung moralischer Verantwortung vor: Das „erweiterte Prinzip der Verantwortlichkeit" („Extended
Principle of Accountability [EPA]") und das „Prinzip der entsprechenden (reaktiven) Anpassung („Principle of Responsive Adjustment [PRA]"). Das PRA erweitert den Bereich des zu verantwortenden Handelns in die Vergangenheit. Es
lässt sich auch als Prinzip der Ex-post-Zuschreibung moralischer Verantwortung
für ein zeitlich zurückliegendes nicht-intentionales Verhalten charakterisieren,
das dann anwendbar ist, wenn das Handlungssubjekt sich weiterhin so – z.B.
schädigend – verhält und sich (bewusst) weigert, das Verhalten zu ändern, selbst

führungsschuld. Ein Großteil der strafrechtlich relevanten Fälle sei das Ergebnis betrieblicher Fehlentwicklungen, die sich nicht auf einzelne Entscheidungen zurückführen lassen, sondern einem meist langjährigen Defizit an
Vorsorge bezüglich betrieblicher Risiken entsprechen. Die Betriebsführungsschuld als spezifische Verantwortlichkeit des Unternehmens zwinge die Richter zu einer Begründung, die – anders als im Zivil- und Verwaltungsrecht –
der 'Individualität' des konkreten Unternehmens Rechnung trägt. Entsprechend kollektiv-funktional seien auch Vorsatz, Fahrlässigkeit und Unrechts-
bewusstsein des Unternehmens zu bestimmen. Da diese subjektiven Elemente
bereits im Individualstrafrecht nicht als reales Wissen des Täters festgestellt,
sondern nach sozialen Anschauungen festgeschrieben werden, sei ihre Zuschreibung bei einem Unternehmen in Wirklichkeit viel weniger problematisch als bei einer natürlichen Person. Zeitlich gestreckte Betriebsführungsschuld der Korporation und zeitlich fixierte Einzeltatschuld wären de lege
ferenda zwei verschiedene Haftungsanlässe, die zwei unterschiedliche Ver-
antwortungsbereiche des Kollektivs hier und des Individuums dort markieren.
Sie seien daher auch grundsätzlich nebeneinander zu bedenken und zu verfolgen. Wesentlich sei auch die besondere prospektive Ausrichtung dieser korporativen Verantwortung.[65]

Alwarts grundlegende Frage, wer für den Wellenschlag des Verbrechens –
d. h. für die Folgen einer inkriminierten Handlung – verantwortlich ist, beantwortet er zunächst wie folgt: Im deutschen Strafrecht sei der Mensch Endpunkt und Mittelpunkt eines inkriminierten Geschehens und somit strafrechtlich verantwortlich. Er fragt dann, ob nicht die Frage nach einer strafrechtli-

---

wenn die (negativen) Folgen erkannt wurden und eine Änderung zu erwarten wäre (FRENCH 1984, 145ff., insbesondere 156). Zur Verdeutlichung ein Beispiel:
Verschmutzt eine Firma die Umwelt zum Zeitpunkt $t_0$ nicht-intentional und er-
kennt dies, weigert sich aber wissentlich, dies abzustellen, so ist die Firma nicht
nur für die Verschmutzung nach $t_0$, sondern auch für die in $t_0$ moralisch verantwortlich. Wichtig ist dieses PRA insbesondere in seiner Anwendung auf Korporationen: Denn deren Entscheidungsstrukturen und -prozeduren ermöglichen eine
je auf die Folgen bezogene Beurteilung und reflektierende Korrektur, welche zudem ungleich leichter fällt als bei Individuen, die größere Schwierigkeiten haben,
von lieb gewordenen Gewohnheiten Abschied zu nehmen (vgl. ebenda 167).
Rein intuitiv soll das PRA auch dazu dienen, eine gewisse Einheit im Leben einer moralischen Person zu fördern (vgl. ebenda 172).

65  Vgl. HEINE (1996, 218, i. O. teilweise fett).

che Verantwortung einer Korporation ein Kategorienfehler sei. Im Folgenden unterscheidet Alwart drei Arten der Kriminalität: Mikro-, Makro- und Mesokriminalität. In Bezug auf das strafrechtsdogmatische Verhältnis von Mikro- und Makrokriminalität – z.b. Völkermord – schreibt er, die Differenz sei strafrechtlich unergiebig, da auch die kollektiven Verbrechen individuell zurechenbar seien. Im Hinblick auf die strafrechtliche Behandlung der Mesokriminalität (der Unternehmen, der juristischen Personen) sei zu überlegen, welche Modelle entwickelt und sodann dem Gesetzgeber empfohlen werden und ob das Individualstrafrecht vorsichtig zu erweitern sei. Es betrete hier ein weiteres Subjekt moralischer und rechtlicher Verantwortung die Szene: das Täterunternehmen oder der Straftäter Unternehmen. Zentral für das Strafrecht de lege lata sei der unauflösliche Zusammenhang zwischen Zurechnung und Verurteilung: nur ein und dieselbe Person können betroffen sein. Korporationen könnten zwar durchaus die Hauptrolle in einem Schurkenstück spielen, Mesokriminalität sei bedeutsam, dennoch bleibe es de lege lata bei der bloß individuellen strafrechtlichen Verantwortung. Mit Hilfe der Konstruktion eines Auffangtatbestandes, einer zweiten Zurechnungsstufe macht Alwart aber dann einen Vorschlag zur subsidiären Haftung von Korporationen: Wenn in Unternehmen keine persönlich Verantwortlichen auszumachen sind, dann sei aus strafrechtlicher Sicht die Haftbarmachung einer juristischen Person allemal besser als nichts. Er schildert folgenden Fall: Nach einem Chemieunglück wurde gegen mehrere Firmenangehörige – Bedienungsmann, Werksleiter, Betriebsführer u.a. – ermittelt. Lediglich der Bedienungsmann wurde verurteilt, und nach deutschem Strafrecht kann gegen die Firma auch nicht vorgegangen werden. Nach US-amerikanischem Strafrecht hingegen würde das Fehlverhalten des untergeordneten ‚Bedienungsmannes' genügen, die strafrechtliche Unternehmensverantwortung auszulösen. Eine Verringerung der drohenden Geldbuße könnte die Firma durch Hinweis auf Schulungen des Bedienungsmannes u.ä. erreichen. Alwarts subsidiärer Tatbestand freilich würde eine Verurteilung der Firma wegen Gemeingefährdung und einen entsprechend auffälligen Bericht über die Verurteilung in der Tagespresse zur Folge haben mit entsprechendem Verlust der Reputation (vgl. die Hester-Prynne-Sanktion, Abschnitt IV). Es könnte jener soziale Raum erfasst werden, wo einzelne zu Kollektiven sich zusammenfinden und wo ein hohes Maß an Schuld sich hinter generell durchaus akzeptierten Organisationsformen

127

verschanzen kann. Auch eine Ausweitung der Haftung (Geldbuße nach Ordnungswidrigkeitengesetz) für Prokuristen als Nicht-Organ empfiehlt Alwart.[66]

In einem neueren deutschsprachigen Buch zur Verantwortung von Unternehmen[67] werden u.a. zur Frage korporativer Verantwortung als einschlägig behandelt: internationaler Rechtsvergleich von Verantwortung von Unternehmen, das Verhältnis individueller und kollektiver Haftung(smodelle), organisierte und strukturelle individuelle Unverantwortlichkeit, Grundmodelle strafrechtlicher Verantwortlichkeit – die durchaus Ähnlichkeiten mit der in Abbildung 2 skizzierten Auffassung korporativer Verantwortung haben –, Betriebsführungsschuld als funktionales Äquivalent zur individuellen Schuld und die ‚U.S. Federal Sentencing Guidelines for Organizations'.

Im Vorwort zu diesem Buch schreibt Alwart programmatisch, wem es gelinge, das offizielle Modell moralischer und rechtlicher Verantwortung um sozusagen kollektivistische Anteile zu erweitern, der grabe überlieferter Grammatik kein Grab, sondern bringe eine aktualisierte Neuauflage auf den Markt. Alwart stellt der deutschen juristischen Diskussion, welche die rechtssystematischen Fragen zu stark in den Vordergrund stellt, die amerikanische, utilitaristische Rechtstradition gegenüber, die in pragmatischer Manier Verantwortung so zuschreibt, dass ein gesellschaftliches Problem gelöst werden kann[68] (vgl. die Hester-Prynne-Sanktion, Abschnitt IV).

Dannecker[69] untersucht im gleichen Band u.a. die Frage nach der Art der Sanktionen gegen juristische Person in der EG, d. h. ob straf- und zivilrechtliche Sanktionen usw. verhängt werden können. Bisher sind die Regelungen uneinheitlich. Zu den Harmonisierungsvorschlägen der EG zur Kriminalstrafbarkeit von Unternehmen und juristischen Personen führt er aus, dass eine Harmonisierung nicht um jeden Preis erfolgen solle. Die Strafbarkeit juristischer Person solle als eigenständige ‚zweite Spur' der Strafbarkeit eingeführt werden und die strafrechtliche Verantwortung natürlicher Personen unberührt lassen. Die Strafbarkeit solle aber nicht für Unternehmen generell, sondern nur für juristische Personen eingeführt werden, wobei nicht alle Handlungen ihrer Angestellten als eigenes Verhalten bzw. eigenes Verschulden zugerechnet werden, sondern nur von Entscheidungsträgern. Und dem Schuldgrundsatz, der in einigen EG-Staaten Verfassungsrang hat, könne dadurch entspro-

---

66  Vgl. ALWART (1998a, 18-30).
67  ALWART (Hg., 1998).
68  Vgl. ALWART (1998b, VI).
69  DANNECKER (1998, 11, 14).

chen werden, dass ein kollektives Organisationsverschulden als spezifische Verantwortung des Verbandes gefordert wird. ‚Schuld' beschränke sich dann auf den Vorwurf, dass sich eine kollektive Entscheidung zur Legalität nicht durchgesetzt hat; erforderlich sei also keine Schuld irgend eines Angestellten, sondern Organisationsverschulden der juristische Person genüge. Dieses liege jedoch nicht vor, wenn der Nachweis geführt werden kann, dass eine ordnungsgemäße Organisation vorhanden war; nur ein Organisationsverschulden führe zu einer originären strafrechtlichen Verantwortung des Verbandes und nicht jeder Rechtsverstoß von Angestellten.[70]

Gröschner[71] diskutiert Fragen der (strafrechtliche) Unternehmensverantwortung – „Unternehmen als Handlungs- und Zurechnungssubjekt" im Rahmen einer republikanischen Grundgesetzauffassung –, wobei er Republik als „selbstgestaltete gemeinwohlorientierte [Rechts-]Ordnung"[72] auffasst. Er prüft im Einzelnen, ob die Menschenwürde und der damit zusammenhängende Grundsatz „nulla poena sine culpa" ein Hindernis für die Zuschreibung strafrechtlicher unternehmerischer – korporativer – Verantwortung darstellen und verneint dies. Gröschner wendet sich auch gegen das bisher übliche ‚rein' akzessorische Modell der Strafbarkeit von Unternehmen (deren Strafbarkeit resultiere aus dem zurechenbaren Verhalten bestimmter Individuen) und plädiert – mit Alwart – für ein subsidiäres Modell. ‚Subsidiäre' Unternehmensverantwortung greife dann und nur dann, wenn individuelle Straftaten entweder nicht vorliegen oder nicht nachgewiesen werden können. Eine Strafvorschrift über die ‚Gemeingefährdung durch ein Unternehmen' als ein ausdrücklich gemeinwohlbezogenes und insofern republikanisches Modell und eine entsprechend öffentlich bekannt zu machende Verurteilung von Unternehmen sollten diskutiert und in der Rechtspolitik zur Kenntnis genommen werden.[73] Im Weiteren untersucht Gröschner noch, ob andere Grundgesetzbestimmungen – Freiheitsrechte, Berufsfreiheit, Eigentumsgarantie – einer Strafbarkeit von Unternehmen entgegen stehen und kommt zum Ergebnis, dass die republikanische Konzeption des Unternehmens als good corporate citizenship auf konkrete rechtspolitische Lösungsvorschläge hin zu entwickeln ist und das liberalistische Unternehmensrecht des vergangenen Jahrhunderts durch ein republikanisches, das insbesondere die Eigentumsver-

---

70  Vgl. DANNECKER (1998, 26-28).
71  GRÖSCHNER (1998).
72  Ebenda 61f.
73  Vgl. ebenda.

pflichtung (‚dem Wohle der Allgemeinheit', Art. 14 Grundgesetz) beachtet, ersetzt werden sollte.[74]

Einen ähnlichen Vorschlag wie Alwart macht auch die BAG Kritischer Polizistinnen und Polizisten[75]: In Anlehnung an angloamerikanische, niederländische, skandinavische und französische Regelungen solle ein modernes Unternehmensstrafrecht die strafrechtliche Haftung eines Unternehmens festschreiben, und zwar in den Fällen, in denen ein individual bezogenes Sanktionensystem unterlaufen werde – was ja faktisch oft gegeben ist. Somit könnte einer Empfehlung des Ministerkomitees des Europarates vom 20. Oktober 1988 an die EU-Staaten gefolgt werden und die strafrechtliche Verantwortlichkeit von Unternehmen mit Rechtspersönlichkeit für Delikte, die in Ausübung ihrer Tätigkeit begangen werden, eingeführt werden.[76] Weitere europäische Staaten, z.B. die Schweiz, Belgien, Portugal, Spanien planen ebenfalls, eine Unternehmensstrafbarkeit einzuführen.[77] Die EU-Empfehlung führt als mögliche Sanktionen auf: Verweis, Warnung, Werbeverbot, Ausschluss von steuerlichen Vorteilen und Subventionen, Entschädigung und/oder Schadensersatz für die Opfer, Veröffentlichung eines Verweises/Urteils bis hin zur Liquidierung oder Schließung eines Unternehmens.[78] Wesentlich sei aber auch, so die BAG, dass die Regelungen auch greifen und nicht wie beim Geldwäschegesetz die Ineffizienz durch geschicktes Agieren der einschlägigen Lobbies und willfähriger Abgeordneter eingebaut ist.[79]

Die Strafrechtsmodelle behandeln zum Teil andere Themen als bei der Diskussion um die korporative moralische Verantwortung; es zeigen sich aber deutliche Parallelen zur ethischen Diskussion, und es werden v. a. ähnliche Vorschläge zur Verhaltenssteuerung von Korporationen gemacht wie bei der Hester-Prynne-Sanktion (vgl. Abschnitt IV). W. Lübbe behandelt in ihrem zu engen legalistischen, reduktionistischen Ansatz nicht den moralischen Status usw. von Korporationen. Ethik scheint für sie eigentlich unnötig zu sein – entscheidend ist die individuelle strafrechtliche Verantwortung. Heine folgt mit seinen rechtswissenschaftlichen Überlegungen der allgemeinen philosophischen, indem er mit der „Betriebsführungsschuld" einen Haftungsanlass

---

74   Vgl. ebenda 73f.
75   Vgl. Frankfurter Rundschau 25.11.1998, Nr. 274, 11 und ALWART 1998a.
76   Vgl. ebenda und DANNECKER 1998 (s. oben).
77   Vgl. ebenda.
78   Vgl. ebenda.
79   Vgl. ebenda.

für Korporationen einführt, der Frenchs PRA entspricht, wenn auch Heine wesentlich detaillierter argumentiert. Ähnliches gilt für Alwart, Gröschner und den Vorschlag der Polizisten-BAG: Strafrechtliche Verantwortung der Korporation und korporative moralische Verantwortung werden analog konstruiert einschließlich der Hester-Prynne-Sanktion. Danneckers rechtsvergleichende Untersuchungen führen ebenfalls zu einer Bejahung strafrechtlicher Verantwortung, allerdings nur juristischer Personen, die ja insbesondere korporativen Charakter haben. Alwarts Vorbemerkung deckt sich weitgehend mit dem pragmatischen Anliegen von French u.a., das ja zu bejahen ist (s. Abschnitt IV). Verschiedene rechtliche und moralische Argumentationsstränge – so könnte man als These für diesen Bereich zusammenfassen – laufen also zum großen Teil zusammen.

Als nächstes mein eigener Vorschlag: Insgesamt betrachtet stellen die vorgestellten Modelle einen interessanten und wichtigen Beitrag dar, Probleme korporativen Handelns sachgerecht zu untersuchen und moralisch zu (be)werten. Besonders wichtig und interessant sind die Modelle von French und Werhane und die Strafrechtsmodelle. Die Schwerpunktsetzungen der einzelnen Modelle sind allerdings unterschiedlich und behandeln nicht in jedem Fall den moralischen Status von Korporationen, beleuchten aber dennoch, wenn auch unterschiedlich, das Problem der (moralischen) Verantwortung von Korporationen. Auch in der deutschsprachigen Diskussion zeigen sich weitgehend Parallelen zur angelsächsischen, auch und insbesondere beim Recht. Extrempositionen sind die von Geser einerseits und von Spinner andererseits. Insgesamt wird m. E. in den meisten der vorgestellten Konzepte der Zuschreibungscharakter von Verantwortung und der Unterschied von normativen und deskriptiven Zuschreibungen nicht ausreichend beachtet, also die Tatsache, dass der Korporationsbegriff Konstrukt- und Modellcharakter hat, welcher im folgenden eigenen Modell ausdrücklich betont wird. Mit diesen Modellen, die noch nach semantischen Ebenen und nach interpretierenden Personenkreisen – etwa Handelnder, Teilnehmer, Beobachter, Wissenschaftler – differenziert werden können, wird Wirklichkeit strukturierend und deutend konstitutiv erfasst. Bei den Begriffen „Verantwortung", „Handlung", „Korporation" und dem folgenden Modell der „Korporation als Handlungssystem" handelt es sich um Interpretationskonstrukte.[80] Den Modellen selbst kommt symbolische Existenz zu, sie wirken sozial (vermittelt). Beim jeweili-

---

80  Vgl. z.B. LENK (1993).

gen Handlungssystem handelt es sich – wie allgemeiner beim System einer allgemeinen Systemtheorie[81] – um ein Modellkonzept, um ein Mittel zur strukturierenden Erfassung der Wirklichkeit. Bezeichnet man die allgemeine Systemtheorie als ein nicht voll entwickeltes Wissenschafts- und Erkenntnisprogramm, so ist der Handlungssystemansatz eine besondere Ausprägung des allgemeineren interpretativen konstruktiven systemtheoretischen Ansatzes. Systeme, Handlungssysteme sind interpretatorische Konstrukte. Die Ansätze stellen – zunächst, aber sekundär nicht nur – sprachliche Methoden der Darstellung von in bestimmter Weise gesehenen Sachverhalten dar. Sie können heuristisch-methodologisch fruchtbar sein, dürfen aber nicht zur Reifizierung der (Handlungs-)Systeme führen. Freilich gibt es eine sekundäre, u. U. sehr folgenreiche soziale Existenz der Handlungssysteme durch allgemein für verbindlich gehaltene Interpretationskonstrukte und deren normativer Geltung.[82]

Notwendige Voraussetzung für eine moralische Analyse und Bewertung korporativen Handelns ist eine sachgerechte Untersuchung und Darstellung eben dieses Handelns. Das Handeln, das Handlungsergebnis einer Korporation ist nicht (in jedem Fall) reduzierbar auf isoliert Handelnde(in) der Korporation. So lässt sich etwa das nur korporationsintern-arbeitsteilig zu erreichende Produktionsergebnis in einem Unternehmen nicht bloß mittels isolierter Individuen erzielen. Menschliches Handeln ist darüber hinaus (nicht nur) in Korporation von (externen) sozialen, überindividuell verfestigten Strukturen beeinflusst und mitbestimmt; diese machen das ‚Mehr‘ aus, das nicht auf Individuen bezogen reduzierbar ist. Auch bei eigendynamischen Entscheidungsprozessen und Interaktionen, bei Neigungen zur Risikoerhöhung[83] lassen sich die Ergebnisse nicht ausschließlich auf Individuen zurückführen. Die Ziele (Intentionen) einer Korporation sind ebenfalls weder reduzierbar auf die Ziele aller einzelnen in der Korporation noch identisch mit den Zielen aller. Überindividuell verfestigte Strukturen bestimmen Ziele und Handlungen (mit). Weitere Gründe für die Nicht-Reduzierbarkeit sind Fluktuation und Ausscheiden der Korporationsmitglieder, langfristige(re) Korporationsstrategien (bei Firmen z.B.) usw. Überdies gibt es eine Kontinuität der Korporation und nicht etwa des Vorstands, der Mitglieder usw.

---

81 Vgl. LENK/ROPOHL (1978).
82 Vgl. LENK/MARING (1998b) zu normativen Interpretationskonstrukten.
83 Sog. 'risky shifts' nach Stoner, vgl. z.B. PHILLIPS (1995, 569).

Korporationen können intentional, zielgerichtet nicht-reduzierbar handeln im sekundären Sinne, auf höherer gesellschaftlich fingierter, symbolisch-semantisch strukturierter und interpretierter Ebene als einzelne Personen; ihre Handlungen sind aber nichtsdestoweniger ‚real' – z.b., aber nicht nur – in den sozialen Wirkungen. Korporatives Handeln ist sekundäres bzw. nicht-reduzierbares Handeln; ohne primäres Handeln gibt es kein sekundäres Handeln. Korporatives Handeln wird durch primäres Handeln konstituiert. Korporationen sind also zu Handlungen fähige Systeme – sie könnten auch anders handeln –, kurz: Sie sind Handlungssysteme auf der Meso- und Makroebene.[84] Das Handeln eines Mesohandlungssystems ist ein ‚Handeln', das (nicht in jedem Fall) reduzierbar ist auf das Handeln der Akteure des Systems; faktisch (ontisch) handeln im primären Sinne immer Mikrohandlungssysteme (Individuen).[85] Handlungssysteme ab der Mesoebene sind eben nicht eine bloße Menge von Individuen, sondern sozial verbundene, strukturierte Mengen. Diese Struktur wirkt auf die Individuen ein, ebenso wie diese die Struktur mitprägen.

Moralische Verantwortung lässt sich bestimmen als Eintreten(-Müssen) für moralisch relevante Folgen von Handlungen (z.b. Schädigungen anderer), als moralische Handlungsverantwortung also. Handlungsfähigkeit impliziert moralische Verantwortungsübernahmefähigkeit, ist Kriterium für moralische Verantwortungszuschreibung. Dieses Kriterium ist für Handlungssysteme auf allen Hierarchieebenen – wenn auch je differenziert – erfüllt. Handlungssystemen kann also in gewissem Sinne auch moralische Verantwortung zugeschrieben werden. Korporationen haben also ‚neben' der rollen- bzw. aufgabenspezifischen, der rechtlichen und der kausalen handlungsgebundenen Verantwortung eine moralische oder moralanaloge Verantwortung. Diese moralische Verantwortung kann auch als eine sekundäre verstanden werden.

Da Korporationen Handlungssysteme sind und da Handlungssystemen sekundäre moralische Verantwortung zuschreibbar ist, ist auch den Korporatio-

---

84  Die Auffassung von Korporationen als Handlungssystemen ist auch aus einem weiteren Grund sinnvoll: Entgegen vorherrschender Auffassung in der Ökonomie sind Unternehmen Korporationen auf der Mesoebene mit Entscheidungsstrukturen einer ganzen Anzahl von Anspruchsberechtigten (stakeholder) und nicht lediglich Gewinnmaximierer.

85  Vielleicht sollte man auch aus terminologischen Gründen vom Quasi-Handeln von Mesohandlungssystemen sprechen und im Folgenden von quasi-moralischer oder moralanaloger Verantwortung von Handlungssystemen.

nen moralische Verantwortung zuschreibbar. Korporationen sind i. d. R. moralisch verantwortliche Handlungssysteme, ohne dass hiervon (zunächst) das Problem der handlungssysteminternen Verantwortung(sverteilung) berührt ist. Die interne Frage ist unabhängig von der Frage nach der Verantwortung des Mesohandlungssystems selbst zu prüfen. Die Prüfung der individuellen Verantwortung bzw. Mitverantwortung wird auch nicht schon deshalb hinfällig, weil das Mesohandlungssystem verantwortlich ist. Die (Handlungs-) Verantwortung des Mesosystems darf nicht zur Verflüchtigung der Verantwortung der Mikrosysteme führen (genauso wenig wie umgekehrt). Die eine Verantwortung ersetzt die andere nicht. Die Verantwortung des Mesohandlungssystems kann neben der und unabhängig von der der Mikrohandlungssysteme bestehen und umgekehrt. Verantwortlich sein können also (vgl. Abbildung 2): Erstens die Korporation als solche, zweitens Korporationsmitglieder oder drittens die Korporation und deren Mitglieder zugleich. Individual- und Korporationsverantwortung bedeuten nicht dasselbe. Beide sind nicht einfach aufeinander reduzierbar. Die Reduktion kann misslingen! Das moralische Verantwortlichmachen der Korporation kann auch einen ersten – zunächst u. U. summarisch zu verstehenden – Schritt der Verantwortungszuschreibung bei korporativem Handeln darstellen; in einem zweiten, weiteren Schritt könnte dann das korporationsinterne Verantwortungsverteilungsproblem angegangen werden. Aus der Verantwortung einer Korporation ergibt sich nicht automatisch die je besondere individuelle Verantwortung einiger oder aller Korporationsmitglieder, obwohl die korporative Verantwortung zur Folge hat, dass einige Mitglieder individuelle Verantwortung tragen bzw. trugen.

Die Zuschreibung moralischer und anderer Verantwortung wird also an das Kriterium der Handlungsfähigkeit gekoppelt, und dieses Kriterium ist ein schwächeres (aber ausreichendes) als das Kriterium, eine (moralische) Person zu sein. Die Handlungsfähigkeit, die Fähigkeit, auch anders handeln zu können, ist schwächer (d. h. weiter) insofern, als dies nicht nur natürliche Personen (moralische Personen) können, sondern auch Korporationen, die nichtreduzierbar intentional, d. h. zielorientiert, handeln.[86] Auch verfügen Korpora-

---

86 Die CID-Struktur Frenchs und das Anders-handeln-können aus eben dieser Struktur lässt sich als institutioneller Autonomiebegriff (Lenk) deuten. Als korporatives bzw. institutionalisiertes Gewissen lassen sich Ethikbeauftragter bzw. -kommission in Korporationen auffassen.

tionen als Mesohandlungssysteme über keine Fähigkeit zur selbständigen bewussten Reflexion; dies können allerdings die Subsysteme, die Mikrohandlungssysteme, soweit sie moralische Personen sind. Mesohandlungssysteme sind also keine (moralischen) Personen.[87] Zur Zuschreibung moralischer Verantwortung ist dies auch nicht erforderlich. Denn die Zuschreibung moralischer Verantwortung setzt m. E. lediglich Handlungsfähigkeit und Zurechenbarkeit von moralisch relevanten, d. h. in wichtiger Hinsicht – Beeinflussung des Wohlbefindens – Dritte betreffende Handlungsfolgen voraus, und dies ist auch von Mesohandlungssystemen erfüllt. Wäre es nicht geradezu unbillig und moralisch nicht zu rechtfertigen, die Folgen einer korporativen Handlung einem einzelnen Individuum zuzuschreiben, wenn dieses die Handlung gar nicht hätte allein ausführen können? Oder sollte man sie mehreren Individuen in völlig undifferenzierter Weise, d. h. nicht individualisierbar, zuschreiben?

Metaphysische Voraussetzungen i. S. eines bestimmten ontischen Substrats, einer Substanz oder einer Entität (i. d. R. Menschen) sind nicht hinreichende Bedingungen der Zuschreibung von Intentionalität und (moralischer) Verantwortung. Moralische Verantwortung ist nicht direkt abhängig von (realen) physischen Eigenschaften oder biologischen Kriterien.[88] Das zentrale Problem im Hinblick auf korporative moralische Verantwortung besteht nicht darin, ob Korporationen metaphysische Personen sind oder in der Frage nach der ‚Natur' von Korporationen. Entscheidend ist – nicht nur in moralischer Hinsicht – das Ziel der Verhaltensteuerung von Korporationen und ob es potentiell von den korporativen Handlungen Betroffene gibt:[89] Eine metaphysische Analyse von Korporationen sei, so mehrere Autoren, nicht nötig zu deren moralischen Beurteilung, sondern wichtiger sei die Behandlung von Korporationen.[90] Sie seien Konstrukte, die dem Gemeinwohl dienen sollen. Der ontologische Status von Personen, Korporationen und Systemen könne offen bleiben, während die Ähnlichkeiten und Unterschiede zwischen den Ebenen der moralischen Verantwortlichkeit untersucht werden; Klassifikationen in der moralischen Welt genügen ihrem Zweck, wenn sie Ziele des guten Lebens verfolgen helfen.[91]

---

87 Wenn man die bewusste Reflexion oder die evtl. zu entwickelnde Fähigkeit dazu als definitorisches Charakteristikum der Person ansieht.
88 Vgl. LENK/MARING (1998a, 34).
89 Vgl. schon DE GEORGE (1986, 65).
90 RAFALKO (1989, 925).
91 Vgl. GOODPASTER (1985, 178).

MATTHIAS MARING

## IV. Die Hester-Prynne-Sanktion für Korporationen

In „Shame, Responsibility and the Corporation"[92] – einem der besten Bücher zur korporativen Verantwortung – werden diskutiert: der metaphysische, der (straf-)rechtliche und moralische Status von Korporationen, methodologische, semantische und handlungstheoretische Fragen der Reduzierbarkeit korporativer Handlungen auf individuelle in Abhängigkeit u.a. von Entscheidungsstrukturen, die Vergleichbarkeit bzw. funktionale Äquivalenz korporativer und individueller Eigenschaften (Haben Korporationen Intentionen, Persönlichkeit, Bewusstsein, Herz, Gefühle?) und vor allem auch das An-den-Pranger-Stellen von Korporationen, die Hester-Prynne-Sanktion nach French, die abschreckend wirken, das Image und die Reputation des Korporation angreifen und damit Reformen bewirken soll.[93] Auch kann die Hester-Prynne-Sanktion Vorstufe von möglichen Boykotts sein. Man denke als Beispiel hierfür etwa an die Proteste und das Boykottieren einer Mineralölfirma durch Verbraucher, die dazu führten, dass die Ölplattform Brent Spar im Juni 1995 nicht im Atlantik versenkt wurde – ein Ereignis nicht nur von hoher Symbolkraft, sondern auch ein mehr als bemerkenswerter Erfolg für Umweltschützer und Verbraucher.[94]

---

92 CURTLER (1986).
93 Vgl. FRENCH (1984, 194ff.). Peter French, der den Ausdruck „Hester-Prynne-Sanktion" einführt, benutzt ihn in Anlehnung an den Roman „Der scharlachrote Buchstabe" (1850) von NATHANIEL HAWTHORNE (dt. Ausgabe 1976). Hawthorne schildert in dem Roman den Gerichtsprozess wegen Ehebruchs gegen eine Frau – Hester Prynne: Diese wird statt zur Todesstrafe „nur dazu verurteilt, drei Stunden auf dem Gerüste des Prangers zu stehen und von da an bis an ihr Lebensende ein Zeichen der Schande auf ihrer Brust zu tragen" – den scharlachroten Buchstaben A für adultery (Ehebruch ); ebenda 73.
94 Im November 1998 begannen die Zerlegungs- und Umbauarbeiten zur Hafenanlage an der Küste Norwegens. Am 23.07.1998 beschlossen im übrigen die EU-Umweltminister, dass die 720 Gas- und Ölplattformen, die in den nächsten 30 bis 40 Jahren im Nordost-Atlantik ausgemustert werden, nur noch in Ausnahmefällen im Meer entsorgt werden dürfen (Frankfurter Rundschau 24.07.1998, Nr. 169, 2).

John Ladd[95] hält nun die Hester-Prynne-Sanktion für inadäquat für Menschen, da diese nach Kant ja Selbstzwecke seien, Würde hätten und der kategorische Imperativ für sie gelte; die Hester-Prynne-Sanktion sei hingegen geeignet für Korporationen, da diese bloße Mittel seien. Hieraus ergebe sich ein Dilemma in Bezug auf Frenchs Position: Entweder gelte der kategorische Imperativ (die Hester-Prynne-Sanktion) nicht für Menschen, da durch die Hester-Prynne-Sanktion die Würde des Menschen verletzt werde, oder die Analogie Mensch bzw. Person – Korporation gelte nicht, da diese eine Gleichbehandlung gebiete. Auch ist die Hester-Prynne-Sanktion sehr wohl geeignet für Korporationen, allerdings für Menschen nicht adäquat, nicht universalmoralisch zulässig, da sie die genannten Kantischen ethischen Charakteristiken der menschlichen Person (Selbstzweck, Würde) verletzt. Die Analogie Mensch – Korporation darf nämlich nicht als Gleichheit verstanden werden; es gibt Unterschiede in Bezug auf die Behandlung von Menschen und Korporationen. Korporationen sind im Unterschied zu Personen weder Selbstzwecke noch haben sie Personwürde. Mittlerweile werden in den USA (und – das ist inhuman – nicht nur in Einzelfällen) Menschen solchen Pranger-Methoden, solchen öffentlichen Demütigungen ausgesetzt mit dem Ziel der Abschreckung und der Entlastung der Gefängnisse.[96]

Die Auffassung der Korporation als einer moralischen Person (French[97]) soll auch helfen, Korporationen „in die Reichweite" der Ethik zu bringen, damit diese sich nicht nur als Gewinn anstrebende bzw. optimierende erweisen. Auch gehören aus Gründen der Gerechtigkeit nicht nur Korporationsmitglieder (im Falle eines Schadens beispielsweise) angeklagt, sondern – so French[98], dem ich zustimme – auch die Korporation. Man also kann die Vorteile dieses Ansatzes für die Verantwortungszumessung und -verteilung übernehmen, ohne die Auffassung von Korporationen als moralischer Personen i.e.S. teilen zu müssen.

Auch bei der Diskussion um die Hester-Prynne-Sanktion von French lassen sich reduktionistische und korporativistische Positionen unterscheiden: Bestraft werden könnten ihnen zufolge entweder Individuen oder Korporationen. Ein striktes Entweder-Oder ist aber auch bzgl. der Bestrafung von Korporationen bzw. Korporationsmitgliedern nicht angebracht. Sanktionen soll-

---

95  LADD (1986, 94f.).
96  Badische Neueste Nachrichten 17.03.1998, Nr. 63, 8.
97  FRENCH (1984, 144).
98  Ebenda 186.

ten gegen die Korporation und auch gegen deren Mitglieder verhängt werden
können. Diskutiert werden u.a. auch die Angemessenheit und Zweckmäßig-
keit der gerichtlich verhängten bzw. staatlich auferlegten Hester-Prynne-
Sanktion im Hinblick darauf, ob die „Richtigen" getroffen werden, ob die
Strafe abgewälzt werden und ob ihr durch die Gründung einer neuen Korporation – bei Bankrott der alten – entgangen werden kann. Abschreckung,
Fairness, Prävention und Rehabilitation sind weitere Diskussionspunkte.
Oberstes Ziel der Sanktion ist vielfach die Förderung des Gemeinwohls mittels negativer, schlechter Publicity, die eine sinnvolle Möglichkeit zur Steue-
rung von Korporationen ist, falls z.B. das Recht (noch) nicht genügend
greift.[99] Zum Argument, dass Geldbußen u. ä. die Aktionäre, die Arbeitnehmer oder die Konsumenten und nicht die Korporation treffen, schreiben
Hoffman/Frederick[100], die Aktionäre oder die Arbeitnehmer sind neben dem
Management „Teil der Korporation", und deshalb sei es „nicht überraschend
oder notwendigerweise unfair", wenn sie davon betroffen seien. Es gebe auch
Wege, die verhindern, dass finanziellen Lasten auf die Konsumenten abgewälzt werden(?): Gerichte und die Regierung könnten z.B. Preiserhöhungen
für eine gewisse Zeit verbieten. Kevin Gibson[101] schlägt vor, Korporationen
mittels (weiterem) Schadensersatzrecht verantwortlich zu machen und nicht
mittels (engerem) Strafrecht, da so der Vorsatz als Voraussetzung der Verantwortungszuschreibung entfalle und Fahrlässigkeit bzw. Nachlässigkeit
genüge, um Korporationen, in denen das ‚Klima', die korporative Kultur,
solches fördere, korporativ-moralisch verantwortlich zu machen. Im Schadensersatzrecht sei Verschulden nicht notwendigerweise mit Vorsatz verbunden. So sei beim Challenger-Unglück oder in Bhopal niemandem Absicht zu
unterstellen, dennoch sei das Verschuldenskriterium des weiteren Schadens-
ersatzrechts erfüllt. „A duty to care" – eine Sorgfaltspflicht genüge als Zu-
schreibungsvoraussetzung.[102] Gibson[103] meint, dass ein Vorteil seines Ansatzes darin bestehe, dass sich unsere Aufmerksamkeit stärker auf das Innere der

99 Und es gibt ja genügend Bereiche, in denen das der Fall ist, v. a. auch beim Um-
   weltschutz. In vielen Bereichen gesellschaftlichen Lebens bleibt auch nach einer
   rechtlichen Regelung eine Regelungsunterbestimmtheit, eine ‚Lücke' bestehen.
100 HOFFMAN/FREDERICK (1986, 30f.).
101 GIBSON (1995).
102 Ebenda 763; vgl. LADDS Prinzip der moralischen Unzulänglichkeit (1992, 296),
   LENKS Prinzip konkreter Humanität (1998).
103 GIBSON (1995, 766).

Korporation richte und so das Konzept der „vernünftigen Korporation als moralischer Maßstab" entwickelt werden könne. Zusammenfassend meine ich zur Hester-Prynne-Sanktion: Sie ist zur Verhaltenssteuerung von Korporationen gut geeignet, jedoch für Menschen nicht angemessen ist. Im Folgenden nun zum Verhältnis von korporativer und individueller Verantwortung.

# V. Zum Verhältnis von korporativer und individueller Verantwortung

In hoch komplexen Industriegesellschaften sind Phänomene kollektiven und korporativen Handelns von weitaus größerer Bedeutung als das meiste individuelle Handeln.[104] Insbesondere die Arbeitsteilung und die Segmentierung der Arbeit in Unternehmen und bei Großprojekten erschweren die Zurechnung und Zuordnung von (unerwünschten) Handlungsfolgen, die Zuschreibung von Verantwortung und erzeugen Probleme der Verantwortungsverteilung. Die lediglich individualistischen Konzepte der Ethik und der Verantwortung werden diesen Problemen nicht gerecht; sie richten ihr Augenmerk fast ausschließlich auf individuelle Handlungen und nicht auf interaktionelle, kollektive und korporative Handlungsformen. Das Standardmodell der Verantwortung, der Verantwortungszuschreibung in Ethik und Recht schirmt zu oft die eigentlich Verantwortlichen in Korporationen ab, die heute eher als Systeme organisierter Unverantwortlichkeit gelten könn(t)en. Die traditionelle apriorische Kopplung der moralischen Verantwortungszuschreibung an natür-

---

104 Dass eine solche Verbindung und die Analyse korporativer Verantwortung nötig sind, zeigt nicht zuletzt ein Blick in das Protokoll der konstituierenden Sitzung der AG Wirtschaftsethik der AGPhD (24.01.1998), in dem u.a. folgende Defizite festgestellt bzw. zu behandelten Themen genannt werden:
  - fehlende Vermittlung von handlungstheoretischen oder individualethischen Konzeptionen einerseits und systemtheoretischen und institutionenethischen Konzeptionen andererseits und
  - Problem der kollektiven Verantwortung, Korporationen als moralische Subjekte, Organisationsverantwortung – Organisationsversagen.

lichen Personen und die auf Individuen bezogenen Verantwortungskonzepte scheinen unüberwindliche Hindernisse zu sein, um korporatives Handeln als solches und Korporationen als Korporationen in die Reichweite der Ethik zu bekommen. Doch dies muss nicht so sein. Man sollte hier differenzieren nach moralischen (natürlichen) Personen, nach moralisch (oder moralanalog) verantwortlichen Korporationen und (korporativ-moralisch verantwortlichen) Handlungssystemen. Eine ausschließlich individualistische Ethik und Handlungstheorie, die am klassischen Bild des personalen Einzelhandelns ausgerichtet ist, reicht in der heutigen Zeit nicht mehr aus zur Analyse der einschlägigen Verantwortungsprobleme. Auch metaphysische Voraussetzungen i. S. eines bestimmten ontischen Substrats, einer Substanz oder einer Entität (i. d. R. Menschen) sind nicht hinreichend als Bedingungen der Zuschreibung von Intentionalität und (moralischer) Verantwortung. Moralische Verantwortung ist nicht direkt abhängig von (realen) physischen Eigenschaften oder biologischen Kriterien. Das zentrale Problem im Hinblick auf korporative moralische Verantwortung besteht nicht darin, ob Korporationen metaphysische Personen sind. Entscheidend ist das Ziel der Verhaltenssteuerung bzw. der internen Entscheidungsverteilung von Korporationen. Und mit der Hester-Prynne-Sanktion verfügen wir auch über eine geeignete vorrechtliche Steuerungsform für Korporationen. Die notwendige inhaltliche Ergänzung dieser Diskussion um die Verantwortung von Korporationen könnte und müsste durch ein Konzept der konkreten Humanität (Lenk) oder auch durch einen ‚transhumanistischen‘ Wertekanon geleistet werden, der den humanistischen erweitert und der den Menschen Respekt vor der Natur und Verantwortung für die Bewahrung ihrer Vielfalt als eine Aufgabe auferlegen würde, die, aufs Ganze gesehen, keinen geringeren Rang hätte als die Sorge für die Erhaltung des Ich, der ‚Nächsten‘ und der menschlichen Gattung.[105] Denn Verantwortung ohne Inhalt bleibt leer.

In Bezug auf korporative Verantwortung können wir inhaltliche Theorien und verschiedene Modelle in handlungstheoretischer und ethischer Hinsicht unterscheiden. Korporationen lassen sich als rollenmäßig strukturierte (hierarchische) zielgerichtete arbeitsteilige Handlungssysteme darstellen. Zu erfüllende Aufgaben und Kompetenzen (Handlungsbefugnisse) innerhalb des Systems und gegenüber außenstehenden Dritten und die damit (idealiter) einhergehenden Verantwortungen und Pflichten können je unterschiedlich

---

105 Vgl. OLDEMEYER (1988, 43f.).

geregelt sein; solche Regelungen können gesetzlich vorgeschrieben bzw. freiwillig vereinbart sein. Moralische Verantwortung ist – idealtypisch wenigstens – in Bezug auf korporatives Handeln analytisch unterscheidbar bzw. separabel: Verantwortlich sein können die Korporation als solche, Korporationsmitglieder oder die Korporation und deren Mitglieder. Die Zuschreibung individueller Verantwortung ist jeweils gesondert auszuweisen bzw. zu rechtfertigen. Generell sollte man die externe moralische, rechtliche, Rollen- bzw. Handlungsverantwortung für die bzw. der Korporation von der entsprechenden internen Verantwortung bzw. Verantwortungsverteilung unterscheiden. Auch beim korporativem Handeln und bei der korporativen Verantwortung ist zu beachten, dass sich moralische Verantwortung nicht einfach im multisubjektivem Handlungszusammenhang verflüchtigt und auflöst und dass man nicht sagen kann, niemand sei mehr verantwortlich, sich also niemand hinter dem Kollegialprinzip und korporativen Mauern verstecken kann. Die externe Verantwortung von Korporationsmitgliedern kann als repräsentative Verantwortung oder als partizipatorische Mitverantwortung gegeben sein; dies gilt auch für die interne Verantwortung in unterschiedlich strukturierten Korporationen. Die Verantwortung der Korporation als Korporation kann bedeuten: Das Handeln wird der Korporation zugerechnet bzw. es handelt sich um nicht reduzierbares korporatives Handeln – um mehr als individuelles Handeln –, was in der angelsächsischen (moralphilosophischen) Diskussion kaum beachtet wird. Diese Nicht-Reduzierbarkeit ist zwar auch beim kollektivem Handeln möglich, aber es kann im korporativen Fall eine Zurechnung auf ein Handlungssubjekt erfolgen – insofern ist dies ein kategorialer Unterschied.

Wenn Korporationen verantwortlich sind, folgt daraus nicht automatisch, dass alle Korporationsmitglieder verantwortlich sind, und wenn Korporationsmitglieder verantwortlich sind, heißt das nicht unbedingt, dass die Korporation verantwortlich ist; wenn bestimmte Korporationsmitglieder verantwortlich sind, heißt dass ebenfalls nicht, dass nicht auch andere Korporationsmitglieder (mit-)verantwortlich sind – die jeweilige Verantwortung kann als nicht (von vornherein) als Schutz vor einer Verantwortungszuschreibung in Anspruch genommen werden. Korporative Verantwortung muss mit der persönlichen Verantwortung, sowohl der Aufgaben- und der Rollenverantwortung im Betrieb etwa, die jemand als Person in einer bestimmten Rolle trägt, wie auch mit der moralischen persönlichen Verantwortung, in eine nachvollziehbare oder analytisch-konstruktive sinnvolle Verbindung gebracht werden. Erstere ist zwar nicht reduzierbar oder rückführbar auf individuelle Verantwortung allein, aber es ist notwendig, eine Rückbeziehung der korporativen Verantwortung auf die persönliche Verantwortung in einem rativen Verantwortung auf die persönliche Verantwortung in einem theoretischen Verantwortungsmodell zu analysieren und nachzuzeichnen. Denn es gibt, wie erwähnt, kein sekundäres Handeln ohne primäres Handeln; sekundäres Handeln ohne primäres Handeln wäre gar nicht möglich – ebenso liefe korporative Verantwortung ohne jegliche persönliche Verantwortung der Beteiligten innerhalb der Korporationen leer. Es geht also um eine Ergänzung und Vermittlung der Verantwortungstypen und nicht um eine Ersetzung oder Abschiebung der Verantwortlichkeiten. So können aber etwa die Korporationsmitglieder unter Umständen wechseln, die korporative – auch die moralische und die intern-moralische – Verantwortung bleibt. Es gibt überdies auch eine persönliche moralische Verantwortung z.B. der neuen Vorstandsmitglieder für korporative Handlungen der Vergangenheit, nicht im dem Sinne, dass die neuen Vorstandsmitglieder verantwortlich für diese Handlungen sind, sondern z.B. im Falle der Schädigung Dritter für einen ausreichenden – evtl. über das rechtlich gebotene hinausgehenden – Schadensersatz.

Ethik und Universalmoral müssen sich von der ausschließlichen Beschränkung auf individualistische Aspekte lösen, die soziale Verortung und systemische Verbundenheit moralischer Probleme und Phänomene berücksichtigen, ohne nun ins andere Extrem einer kollektivistischen oder korporativistischen Moral zu verfallen. Eine Vermittlung und Ergänzung der unterschiedlichen Ansätze ist also dringlich und geboten. Gerade im Bereich der Auswirkungen von Ökonomie und Technik zeigen sich Entwicklungen, die mit der herkömmlichen Individualmoral allein und einer ihr entsprechenden politischen und rechtlichen Regelung nicht mehr sinnvoll gesteuert werden können.

## Literaturverzeichnis

ALWART, H. (1998a): *Zurechnen und Verurteilen*, Stuttgart et al. (Boorberg) 1998 (= Jenaer Schriften zum Recht; Bd. 16).

ALWART, H. (1998b): „Vorwort des Herausgebers", in: ALWART, H. (Hg.): *Verantwortung und Steuerung von Unternehmen in der Marktwirtschaft*, München/ Mering (Hampp) 1998, S. V-VII.

ALWART, H. (Hg.): *Verantwortung und Steuerung von Unternehmen in der Marktwirtschaft*, München/Mering (Hampp) 1998.

ARNI, J.-L.: „Bemerkungen zur ‚Moralfähigkeit' von Organisationen", in: *Arbeitsblätter für ethische Forschung*, 2/89, S. 29-32.

BIERCE, A.: *The Collected Writings of Ambrose Bierce*, New York (The Citadel Press) 1947.

BRUMMER, J.J.: *Corporate Responsibility and Legitimacy*, New York et al. (Greenwood Press) 1991.

COLEMAN, J.S.: *Die asymmetrische Gesellschaft*, Weinheim/Basel (Beltz) 1986.

CURTLER, H. (Hg.): *Shame, Responsibility and the Corporation*, New York (Haven) 1986.

DANLEY, J.R.: „Ethics and the Organizational Person: Revisiting De George", in: *Journal of Business Ethics*, 10 (1991), S. 935-950.

DANNECKER, G.: „Das Unternehmen als ‚Good Corporate Citizen' – ein Leitbild der europäischen Rechtsentwicklung?", in: ALWART, H. (Hg.): *Verantwortung und Steuerung von Unternehmen in der Marktwirtschaft*, München/Mering (Hampp) 1998, S. 5-35.

DE GEORGE, R.T.: *Business Ethics*, New York/London (Macmillan) ²1986 (³1990, ⁴1995).

DONALDSON, T.: *Corporations and Morality*, Englewood Cliffs (Prentice-Hall) 1982.

DONALDSON, T.: „Constructing a Social Contract for Business", in: DONALDSON, T./ WERHANE, P.H. (Hg.): *Ethical Issues in Business*, Englewood Cliffs, NJ (Prentice-Hall) ²1983, S. 153-166.

FRENCH, P.A. (Hg.): *Individual and Collective Responsibility*, Cambridge, MA (Schenkman) 1972.

FRENCH, P.A.: *Collective and Corporate Responsibility*, New York (Columbia University Press) 1984.

GESER, H.: „Organisationen als moralische Akteure", in: *Arbeitsblätter für ethische Forschung*, 1/89, S. 28-37.

GIBSON, K.: „Fictitious Persons and Real Responsibilities", in: *Journal of Business Ethics*, 14 (1995), S. 761-767.

GOODPASTER, K.E.: „The Concept of Corporate Responsibility", in: *Journal of Business Ethics*, 2 (1983), S. 1-22.

GOODPASTER, K.E.: „Toward an Integrated Approach to Business Ethics", in: *Journal of Thought*, 60 (1985), S. 161-180.

GRÖSCHNER, R.: „Unternehmensverantwortung und Grundgesetz. Verfassungsrechtliche Vorgaben für ein modernes Unternehmensrecht", in: ALWART, H. (Hg.): *Verantwortung und Steuerung von Unternehmen in der Marktwirtschaft*, München/ Mering (Hampp) 1998, S. 60-74.

HAWTHORNE, N.: *Der scharlachrote Buchstabe*, 1850, dt. Ausgabe: Stuttgart (Deutscher Bücherbund) 1976.

HEINE, G.: „Die strafrechtliche Verantwortlichkeit von Unternehmen: internationale Entwicklung – nationale Konsequenzen", in: *Österreichische Juristen-Zeitung*, 51 (1996), S. 211-219.

HELD, V.: „Can a Random Collection of Individuals be Morally Responsible?", in: *The Journal of Philosophy*, 67 (1970), S. 471-481.

HOFFMAN, W.M./FREDERICK, R.E.: „Corporate Moral Responsibility: A Reply to Professor Gibson", in: *Journal of Thought*, 21 (1986), S. 27-39.

HUBIG, C./LENK, H./MARING, M.: „Technikethik aus dem Elfenbeinturm? Forderungen an die Ethik", in: DIFF (Hg.): *Funkkolleg „Technik: einschätzen - beurteilen - bewerten"*, Studienbrief 2. Tübingen (Deutsches Institut für Fernstudienforschung) 1994, S. 4/1-4/38.

LADD, J.: „Morality and the Ideal of Rationality in Formal Organizations", in: DONALDSON, T./WERHANE, P.H. (Hg.): *Ethical Issues in Business*, Englewood Cliffs, NJ (Prentice-Hall) ²1983, S. 125-136 .

LADD, J.: „Persons and Responsibility: Ethical Concepts and Impertinent Analysis", in: CURTLER, H. (Hg.): *Shame, Responsibility and the Corporation*, New York (Haven) 1986, S. 77-97.

LADD, J.: „Bhopal: ‚Moralische Verantwortung, normale Katastrophen und Bürgertugend'", in: LENK, H./MARING, M. (Hg.): *Wirtschaft und Ethik*, Stuttgart (Reclam) 1992, S. 285-300.

LEESON, N.: *Das Milliarden-Spiel. Wie ich die Barings-Bank ruinierte*, München (Goldmann) 1997.

LENK, H.: *Pragmatische Vernunft. Philosophie zwischen Wissenschaft und Praxis*, Stuttgart (Reclam) 1979.

LENK, H.: *Interpretationskonstrukte. Zur Kritik der interpretatorischen Vernunft*, Frankfurt a. M. (Suhrkamp) 1993.

LENK, H.: *Konkrete Humanität. Vorlesungen über Verantwortung und Menschlichkeit*, Frankfurt a. M. (Suhrkamp) 1998.

LENK, H./MARING, M.: „Wer soll Verantwortung tragen? Probleme der Verantwortungsverteilung in komplexen (soziotechnischen-sozioökonomischen) Systemen", in: BAYERTZ, K. (Hg.): *Verantwortung. Prinzip oder Problem?* Darmstadt (Wissenschaftliche Buchgesellschaft) 1995, S. 241-286.

LENK, H./MARING, M.: „Technik zwischen Können und Sollen: Wer verantwortet die Technik?", in: FRHR. ZU PUTLITZ, G./D. SCHADE (Hg.): *Wechselbeziehungen Mensch – Umwelt – Technik*, Stuttgart (Schäffer-Pöschel) 1997, S. 92-118.

LENK, H./MARING, M. (1998a): „Das moralphilosophische Fundament einer Ethik für Organisationen – korporative und individuelle Verantwortung", in: BLICKLE, G. (Hg.): *Ethik in Organisationen*, Göttingen (Verlag für Angewandte Psychologie) 1998, S. 19-35.

LENK, H./MARING, M. (1998b): „Normative Interpretationskonstrukte", in: RUCH, A. et al. (Hg.): *Das Recht in Raum und Zeit*. Festschrift Lendi, Zürich (Schulthess

Polygraph. Verlag) 1998, S. 355-371.

LENK, H./ROPOHL, G. (Hg.): *Systemtheorie als Wissenschaftsprogramm*, Königstein (Athenäum) 1978.

LEWIS, H.D.: „The Non-Moral Notion of Collective Responsibility", in: FRENCH, P.A. (Hg.): *Individual and Collective Responsibility*, Cambridge, MA (Schenkman) 1972, S. 119-144.

LÜBBE, W.: *Verantwortung in komplexen kulturellen Prozessen*, Freiburg/München (Alber) 1998.

MARING, M.: „Modelle korporativer Verantwortung", in: *Conceptus*, 23 (1989), S. 25-41.

MARING, M.: „Der Untergang der ‚Estonia' – Individuelle Fehler und Systemdominanz", in: *Ethica*, 5 (1997), S. 277-294.

OLDEMEYER, E.: „Handeln und Bewusstsein", in: LENK, H. (Hg.): *Handlungstheorien – interdisziplinär*, Band II/2, München (Wilhelm Fink) 1979, S. 729-764.

PHILLIPS, M.J.: „Corporate Moral Responsibility: When it Might Matter", in: *Business Ethics Quarterly*, 5 (1995), S. 555-576.

RAFALKO, R.J.: „Corporate Punishment: A Proposal", in: *Journal of Business Ethics*, 8 (1989), S. 917-928.

ROPOHL, G.: „Ob man die Ambivalenz des technischen Fortschritts mit einer neuen Ethik meistern kann?", in: LENK, H./MARING, M. (Hg.): *Technikverantwortung. Güterabwägung – Risikobewertung – Verhaltenskodizes*, Frankfurt a. M. (Campus) 1991, S. 47-78.

SEEBASS, G.: „Kollektive Verantwortung", in: AGPD/INSTITUT FÜR PHILOSOPHIE DER TU BERLIN (Hg.): *XVI. Dt. Kongreß für Philosophie. Neue Realitäten*. Sektionsbeiträge I. Berlin 1993, S. 17-24.

SÜSSBAUER, A.: „Unternehmen und Verantwortung", in: NEUMAIER, O. (Hg.): *Angewandte Ethik im Spannungsfeld von Ökologie und Ökonomie*, Sankt Augustin (Academia) 1994, S. 123-169.

WERHANE, P.H.: *Persons, Rights, and Corporations*, Englewood Cliffs, NJ (Prentice-Hall) 1985.

WOLF, J.-C.: „Kollektive Verantwortung – Ausräumung einiger Mißverständnisse", in: *Philosophisches Jahrbuch*, 100 (1993), S. 337-356.

ZIMMERLI, W.C.: „Verantwortung des Individuums – Basis einer Ethik von Technik und Wissenschaft", in: LENK, H./MARING, M. (Hg.): *Technikverantwortung. Güterabwägung – Risikobewertung – Verhaltenskodizes*, Frankfurt a. M. (Campus) 1991, S. 79-89.

ZIMMERLI, W.C./PALAZZO, G.: „Interne und externe Technikverantwortung des Individuums und der Unternehmen. Zwischen Technik- und Wirtschaftsethik", in: LENK, H./MARING, M. (Hg.): *Technikethik und Wirtschaftsethik. Fragen der praktischen Philosophie*, Opladen (Leske + Budrich) 1998, S. 185-204.

# 6. Kapitel

# Moralische Verantwortung in individueller und kollektiver Form

MATTHIAS KETTNER

I.   Moralverantwortung als Grundbegriff der Ethik
II.  Welche Fähigkeiten benötigt der moralisch verantwortliche Akteur?
III. Handlungsfreiheit, Voraussicht und Überlegungsfähigkeit
IV.  Mitbetroffenheit als die Matrix moralischer Vielfalt
V.   Erläuterungen zu den fünf Variablen der Mitbetroffenheit
    1. Statusgruppen
    2. Eigenwerte
    3. Imputation
    4. Intentionalität
    5. Allgemeinverbindlichkeit
VI.  Grundformen geteilter Moralverantwortung
VII. Korporative Moralverantwortung

## I. Moralverantwortung als Grundbegriff der Ethik

Braucht die Ethik einen Grundbegriff? Ja, denn die philosophische Disziplin Ethik ist eine Reflexionstheorie, die die Realität des Moralischen (i.e. die Moral) zum Thema hat. Sie braucht deshalb eine Konzeptualisierung ihres Themas, die der Realität des Moralischen (der Moral) gerecht wird. Sie benötigt einen grundbegrifflichen Teil, in dem die Frage beantwortet wird, was Moral überhaupt sei. In der gängigen Systematik der Ethik wird diese Fragestellung der „Metaethik" zugerechnet. Soweit sich die Frage nach der Bestimmung der Moral in der Form einer Begriffsanalyse überhaupt beantworten lässt, darf derjenige Begriff, der sich für diese Analyse vergleichsweise am besten eignet, der Grundbegriff der Ethik genannt werden.

Bekanntlich wurden hierfür schon einige philosophisch interessant erscheinende Kandidaten ausprobiert: der Begriff eines guten Willens (Kant); Autonomie (ebenfalls Kant); das moralische Sollen (angelsächsische Kantianer); die moralische Pflicht (epigonale Kantianer); das gute Leben (Neo-Aristoteliker); das Gerechte (Kohlbergianer); Fürsorgeverantwortung (Jonas); Fürsorglichkeit (Gilliganianer) usw. Nicht alle angeführten grundbegrifflichen Kandidaten eignen sich zum Aufbau vernunftmoralischer Ansätze. Aber die vernunftmoralischen Ansätze, mit denen sich die philosophische Ethik gerne brüstet, sollten nicht vorschnell geadelt werden. Denn die meisten dieser Ansätze weisen in diesem Zusammenhang einen blinden Fleck auf. Wo sie überhaupt metaethische Mühe auf die Bestimmung eines allgemeinen, nichtpräjudizierenden Moralbegriffs verwenden, setzten sie in der Regel voraus, dass Moral aus Vernunft folgt und daher nicht *beschrieben* werden kann, ohne zugleich *gerechtfertigt* (bzw. kritisiert) zu werden.

Demgegenüber vertrete ich die Auffassung, dass eine selbstkritische Ethik diese Voraussetzung eigens begründen müsste oder andernfalls nur als eine Hypothese behandeln darf, über deren Negation nachzudenken wäre. Ich halte es mit der Negation. Das besagt: Man kann eine Moral nur wirklich rechtfertigen, wenn man *auch unabhängig* von Rechtfertigungsargumenten beschreiben kann, was Moral überhaupt ist und was für eine Moral speziell diejenige ist, die man überdies am besten rechtfertigen zu können glaubt.

## II. Welche Fähigkeiten benötigt der moralisch verantwortliche Akteur?

Wir suchen also jetzt einen Moralbegriff, der erstens Fragen der Rechtfertigung (Begründung) bestimmter moralischer Ansprüche oder Überzeugungen zu stellen erlaubt, statt sie schon zu beantworten, und der zweitens der unübersehbaren Diversität bzw. Vielfalt gerecht wird, die nach Auffassung der Menschen über das, was sie als „die eine" oder als „ihre Moral" hochhalten oder als „die Moral der anderen" abwerten, besteht. Der gesuchte grundlegende Moralbegriff soll sich auszeichnen durch (1) normative Offenheit und (2) deskriptive Validität bzw. empirische Adäquatheit.

Doch wie suchen? Indem man sich außer bei Moralphilosophen noch bei anderen klugen Leuten umsieht, zu deren Job die verständnisvolle Beschreibung von Mustern moralischen Denkens gehört, vor allem bei Kulturanthropologen, Historikern und Ethnologen. Um einen langen *empirischen* Erkundungsgang auf eine knappe Formel zu bringen: Moralisch bedeutungsvolle Belange (*moral concerns*) werden als eine besondere Art von Verantwortung wahrgenommen. Handelnden, denen wir zuschreiben, „moralisch zu handeln" (statt unmoralisch oder amoralisch), denken wir uns als Wesen, die eine bestimmte Verantwortung übernehmen (oder tragen) und diese richtig wahrnehmen (bzw. realisieren)[1]. Ein auch *methodisch* überzeugender Grund für meinen Vorschlag ergibt sich aber erst durch die Analyse von Präsuppositionen sinnvollen moralischen Urteilens bzw. von Entschuldigungsgründen, aus denen wir rechtfertigen, dass wir mit Bezug auf einen mutmaßlichen Akteur, über den wir eigentlich moralisch urteilen wollten, die Unterstellung moralischer Beurteilbarkeit zurückziehen:

Wenn A urteilt, dass C sich moralisch unrecht verhält, B aber urteilt, dass Cs Verhalten „moralisch recht" ist – das heißt: erlaubt oder geboten –, dann entsteht gar nicht wirklich eine Frage, wessen Urteil richtig ist, wenn A und B nicht bezüglich C unterstellen, dass C über die nötige Interventionsmacht, über das nötige Weltwissen und über die nötige Handlungsrationalität verfügt. Erst wenn C die mit diesen drei Stichworten signalisierten Voraussetzungen erfüllt, kommt Cs Verhalten dafür in Frage, in moralische Urteilspraktiken hineingezogen (problematisiert, gerechtfertigt) zu werden. Man kann sich das leicht klarmachen an der Absurdität, die entsteht, wenn man

---

1 Für meinen Vorschlag, ausgerechnet Moralverantwortung als den Grundbegriff der Ethik zu behandeln, sprechen auch noch andere Gründe. Ein Grund ist, dass der Verantwortungsbegriff in den Lebensverhältnissen moderner Gesellschaften viel erhellender geworden ist als nahezu alle übrigen grundbegrifflichen Kandidaten, vielleicht mit Ausnahme des Grundbegriffs „Autonomie", dessen „richtige" Analyse allerdings notorisch umstritten geblieben ist (nur wer außer Kant nichts gelesen hat, kann sich dazu versteigen, Kant habe in Sachen Autonomie doch schon alles gesagt). Ein anderer, allerdings eher partisanenhafter Grund ist, dass ich die pragmatistische (bei W. James, J. Dewey, J.H. Mead, F.L. Will u.a. lebendige) Intuition über den sozialen Sinn von Moral für richtig halte, die besagt, dass in Sozialverbänden über Handlungsanforderungen genau deshalb moralisch geurteilt wird, weil die Mitglieder auf diese Weise ernstnehmen, wie ihre Aktivitäten für all die anderen, an denen ihnen etwas liegt, gute oder schlechte Konsequenzen haben.

annimmt, eine oder mehrere dieser Voraussetzungen seien nicht erfüllt (negiert) und gleichwohl würde moralisch geurteilt.

Der dann erst sinnvolle Streit mit Argumenten zwischen A, B und womöglich C selber, ob Cs Verhalten in moralischem Sinne als recht (erlaubt, geboten, hochgeschätzt) oder als unrecht (verboten, verächtlich) zu beurteilen sei, bedarf freilich noch weiterer begrifflicher Unterscheidungen, die ich mit dem vierten Stichwort pauschal als eine Moralauffassung bezeichnen will. Nur wenn man einem Akteur zuschreibt, dass der Akteur selber sich mit einer bestimmten Moralauffassung identifiziert (oder sich identifizieren müsste), kann der Akteur zum Gegenstand moralischer Urteile werden. Der entscheidende Punkt zugunsten der Wahl von Verantwortung als Grundbegriff der Ethik ist nun der folgende: Interventionsmacht, Weltwissen, Handlungsrationalität, schon diese ersten drei Voraussetzungen, deren Erfüllung notwendig (aber noch nicht hinreichend) ist, damit ein Akteur zu einem möglichen Gegenstand moralischer Urteile wird, bilden eine Verantwortlichkeit ab. Die vierte notwendige Voraussetzung, eine Moralauffassung, bringt dann einen spezifischen Inhalt ins Spiel, *bezüglich dessen* ein Akteur verantwortlich ist oder gemacht wird. So ist der Akteur spezifisch verantwortlich dafür, dass seine Moralauffassung in seinem Handeln gut genug verwirklicht wird bzw. dass ihr sein Handeln „entspricht".

Dazu unten mehr. Bleiben wir noch einen Moment bei den drei noch moralunspezifischen, aber doch notwendigen Voraussetzungen. Wenn wir sie nun als Akteursqualifikationen begreifen, dann haben wir diese Voraussetzungen als *Fähigkeiten* (F1-4) zu denken. So erhält der gesuchte allgemeine Moralbegriff den folgenden Inhalt:

Eine Akteursinstanz A ist ein Moralsubjekt („moral actor") genau dann, wenn A ausgestattet ist mit den Fähigkeiten der...

F1 ...Handlungsfreiheit: Fähigkeit, unter situativ offenstehenden Möglichkeiten des Tuns und Lassens absichtlich bestimmte zu verwirklichen;

F2 ...Voraussicht: Fähigkeit zur vorlaufenden Orientierung an erwartbaren Ergebnissen und Folgen ausgeübter Handlungsfreiheit;

F3 ...Überlegungsfähigkeit: Fähigkeit, Gründe rational zu bewerten und dementsprechende Absichten zu bilden;

F4 ...Mitbetroffenheit: Fähigkeit, F1-F3 einen moralisch bestimmten Sinn zu geben.

## III. Handlungsfreiheit, Voraussicht und Überlegungsfähigkeit

Die ersten beiden Fähigkeit (F1, F2) der Moralverantwortung – nennen wir sie die „strukturellen Fähigkeiten der Handlungsfreiheit und der Voraussicht" – werfen keine tiefen theoretischen Probleme auf, wenn man sie bescheiden versteht. Gewiss, die metaphysische Problematik von Determinismus versus Willensfreiheit ist altehrwürdig. Ich glaube aber, dass man sie theoretisch sauber aufheben kann, erstens Dank einer Interventionstheorie der Kausalität, zweitens Dank der noch überaus aktuellen Idee im dritten Buch der Nikomachischen Ethik, wo Aristoteles ausführt, dass Handlungsfreiheit genau in jener Freiwilligkeit besteht, die sich darin bezeugt, dass ein Akteur auch *anders hätte handeln können*, als er de facto gehandelt hat.

Wie lässt sich die dritte strukturellen Fähigkeit, die „Überlegungsfähigkeit" (F3) genauer fassen? Im Selbstverständnis von Wesen, die einander Vernunft zuschreiben wie wir, integriert die mit zugeschriebene Überlegungsfähigkeit die schon genannten Fähigkeiten der Willensfreiheit und der Voraussicht. Überlegungsfähigkeit, noch einmal anders gesagt, integriert die Fähigkeit, „frei" im Sinne von „absichtsvoll" zu handeln, mit der Fähigkeit, hierbei „zukunftsberücksichtigend" – gewissermaßen vor-sichtig – zu handeln.

Präziser lässt sich das, was ich soeben mit dem deutschen Wort „Überlegungsfähigkeit" eingekreist habe, mit einer englischen Formulierung als „reason responsiveness" (Gründeempfänglichkeit) fassen. Damit natürliche Personen – oder überhaupt irgendwelche person-analogen Akteursinstanzen A, B, C... – einander für verantwortlich halten können, müssen wir sie gedanklich mit der Fähigkeit ausstatten, dass A auch anders hätte handeln können in dem Maße, wie A andere einschlägige Gründe für gut gehalten hätte, das heißt: andere Gründe als die Gründe, aus denen A tatsächlich gehandelt hat.

Ohne die Zuschreibung von Überlegungsfähigkeit, verstanden als „reason responsiveness", wäre es sinnlos, jemanden Vorhaltungen zu machen, jemanden zu ermahnen, oder jemanden darüber zu belehren, wie es *richtig* wäre sich zu verhalten.

Um dies zu erläutern: Angenommen, die Handlungssituation, in der ich mich begreife, liefert mir bessere Gründe, statt $a_1$ besser $a_2$ zu tun, dann kann ich normalerweise absichtlich (d.h. wenn und weil ich will) *anders* handeln als so, wie wenn ich dem Ergebnis der Ausübung meiner Überlegungsfähigkeit *gemäß* handeln will. Das heißt, ich kann absichtlich das tun, wofür ich schlechtere Gründe habe ($a_1$).

Den folgenden Zusatz halte ich für eine gültige Verallgemeinerung: Normale Menschen erwarten von normalen Menschen, dass sie normalerweise (d.h. von außerordentlichen Umständen abgesehen) beabsichtigen können, einsichtig zu handeln. Einsichtig handeln zu können heißt nun aber nicht, das tun zu müssen, was aus der eigenen Sicht hier und jetzt die besseren Gründe für sich hat als etwas anderes. Einsichtig handeln zu können heißt vielmehr, dass ich beabsichtigen kann, genau *das,* wofür ich die besseren Gründe habe, auch zu tun; dass ich aber auch beabsichtigen kann, *gegen* bessere Einsicht zu handeln.

## IV. Mitbetroffenheit als die Matrix moralischer Vielfalt

Nun kommt die entscheidende Frage: Was macht einen Fall von Verantwortlichsein, vorläufig verstanden als ein Zusammenspiel von Handlungsfähigkeit, Voraussicht und der dies beide Fähigkeiten integrierenden Überlegensfähigkeit, zu einem Fall von spezifisch moralischem Verantwortlichsein? Diese Frage muss beantwortet werden, denn Verantwortung ist nicht *eo ipso* moralische Verantwortung. Wir suchen eine spezifische Differenz. Machen wir uns das Spezifikationsproblem mit Hilfe eines primitiven Beispiels klar:

Wenn Lena sagt: „Lisa mit ihrer Hochstimmung war für das Gelingen unseres Familienfests verantwortlich", dann schreibt sie Lisa etwas zu, was man „Hergangsverantwortung" nennen mag, aber gewiss nicht Moralverantwortung.

Das Beispiel von Lena und Lisa zeigt übrigens, dass Verantwortungszuschreibungen nicht auf Negatives (Versagen, Verschulden, Haftbarmachen, Misserfolg, Fehler) abonniert sind. Vielmehr können sie je nachdem in einem positiven oder negativen Sinne gemeint sein. Diese Bivalenz wird oft vergessen. Die Bivalenz gilt auch für Moralverantwortung: Eine klare Zuschreibung von Moralverantwortung in einem moralisch positiven Sinn erfolgt z.B. mit der Behauptung: „Schindler ist verantwortlich dafür, dass einige Juden sich vor ihren Mördern retten konnten". Mit diesem Urteil wird Schindlers Handeln als moralisch rechtes Handeln beurteilt und ihm ein anerkennenswerter moralischer Wert zugesprochen. Eine klare Zuschreibung von Moralverantwortung in einem moralisch negativen Sinn erfolgt mit der Behauptung: „Pol Pot und seine Führungskader sind für Massenmorde an ihren Mitbürgern verantwortlich". Mit diesem Urteil wird Pol Pots Handeln als moralisch unrechtes Handeln beurteilt und ihm ein verächtlicher (oder sonstwie negativer) moralischer Unwert zugesprochen.

Zurück zu dem eigentlichen Spezifikationsproblem. Angesichts der historischen und epochalen Vielfalt und Unterschiedlichkeit von Moralauffassungen, und angesichts unserer eingangs getroffenen metaethische Entscheidung, moralische Vielfalt zuerst zu beschreiben ohne gleich so zu tun, als sei nur das „echte" Moral, was reine Vernunftwesen für Moral halten müssten, muss für die Lösung des Spezifikationsproblems eine so weite Moralperspektive M* beschrieben werden, dass für zwei beliebige näher bestimmte Moralauffassungen M1 und M2 gilt, dass die zwei alle Vergleichsgesichtspunkte, unter denen sich M1 und M2 *als Moral*auffassungen voneinander unterscheiden, mit der weiten Moralperspektive M* sowie miteinander gemeinsam haben. Hier ist mein Vorschlag:

Die gesuchte vierte moralspezifische Fähigkeit sei als Fähigkeit zur „Mitbetroffenheit" bezeichnet. Zwar ist das Wort „Mitbetroffenheit" ein von mir geprägtes Kunstwort. Aber nah verwandte Alltagsbegriffe wie „Mitleid" oder „Anteilnahme" oder „Einfühlung", die man hier vielleicht assoziiert, wären weit weniger passend. Gewiss, mit jedem dieser Begriffe meint man bestimmte Weisen der Betroffenheit und Fähigkeiten zur Übernahme sozialer Perspektiven, Fähigkeiten des ,Sich durch das, was mit anderen Personen los ist, Betreffenlassens'. Für meinen Zweck, die Einführung einer möglichst offen gehaltenen Realdefinition von Moral überhaupt, sind diese verwandten Begriffe aber entweder zu allgemein und weit (wie die Fähigkeit, sich in fremdes Erleben „einzufühlen", Empathie) oder aber zu spezifisch und eng (wie die Fähigkeiten zu „Anteilnahme" und „Mitleid").[2]

Ich muss nun genauer erläutern, welche Bedeutungselemente ich mit Hilfe des Kunstworts „Mitbetroffenheit" zusammenfassen möchte. Zu unterscheiden sind fünf Bedeutungselemente. Ihre Konfiguration und inhaltliche Konkretisierung macht jene spezifische Differenz aus, dank der wir eine

---

2  Dass *alle* genuine Moral „Mitleidsmoral" wäre, glauben wohl nicht einmal Schopenhauerianer.

moralisch-normative Ordnung von allen übrigen normativen Ordnungen nichtmoralischer Art unterscheiden können.

Oben hatte ich Mitbetroffenheit kursorisch bereits eingeführt als die komplexe Fähigkeit, den Fähigkeiten der Handlungsfreiheit („Interventionsmacht"), Voraussicht („Weltwissen") und Überlegungsfähigkeit („Handlungsrationalität") einen moralisch bestimmten Sinn zu geben. Genauer lässt sich das folgendermaßen aufschlüsseln:

Mitbetroffenheit (F4) ist die komplexe Fähigkeit...

V1  repräsentativ ernst zu nehmen, wie

V2  Handlungsaktivität (= F1-F3) von A

V3  in einem Bereich, für den A als zuständig gilt,

V4  ausschlägt zum Guten oder Schlechten

V5  aller Wesen, die diesbezüglich zählen.

Mitbetroffenheit soll den Eigensinn von Zuschreibungen moralischer Verantwortung ausdrücken. Andere Formen von Verantwortung, wie die Haftbarkeitsverantwortung (z.b. von Firmen für die Sicherheit ihrer Produkte) und die „Hergangsverantwortung", auch manchmal „Kausalverantwortung" genannt (z.b. von Lena und Lisa für die Feststimmung), teilen mit der Moralverantwortung die Voraussetzung, dass wir den Subjekten, denen wir sie zuschreiben, die Fähigkeiten F1-F3 zusprechen müssen. Anders aber als Haftbarkeitsverantwortung und Hergangs- oder Kausalverantwortung gibt Moralverantwortung den Fähigkeiten F1-F3 dank einer besonderen Perspektive, der Perspektive einer Moralauffassung, einen eigentümlichen Sinn. „Mitbetroffenheit" benennt die komplexe Fähigkeit, diesen eigentümlichen Sinn zu bilden.

Und die Perspektive selbst? Um das, was die komplexe Fähigkeit der Mitbetroffenheit beinhaltet, nicht nur als Fähigkeit (F4), sondern auch als Perspektive (M*) zu beschreiben, beschreiben wir die fünf Variablen der Mitbetroffenheit erneut und diesmal so, dass jeder Variable ein phänomenologisch aufweisbarer, sozusagen materialer Erfahrungsgehalt des Moralischseins entspricht. Wir beschreiben die Variablen jetzt als fünf Teilwirklichkeiten in der Wirklichkeit der moralischen Sinnbildung. Hier ist mein Vorschlag:

Die Perspektive der Moral (M*) ist der sinnhaft hergestellte Zusammenhang zwischen den Tatsachen der...

V1  Allgemeinverbindlichkeit („moral community"),

V2  Absichtlichkeit („intentionality")

V3  Anerkennung von Zuständigkeiten („imputation)

V4 Eigenwerte

V5 Statusgruppen („moral standing").

Die fünf Bedeutungselemente, die in unserer Definition die komplexe Fähigkeit der Mitbetroffenheit bzw. die weite Moralperspektive charakterisieren, sind als offene, inhaltlich ungesättigte Stellen zu betrachten, d.h. als *Variablen* (V1-V5). Es gibt viele verschiedene Moralauffassungen. Niemand wird das bestreiten wollen. Jede distinkte Moralauffassung schreibt in die Lebenswelt derer, die die Auffassung teilen, gewisse Demarkationslinien ein, die mehr oder weniger beweglich sind und alles, was moralisch bedeutsam („signifikant") ist, von allem sonstigen abgrenzen, was moralisch bedeutungslos („insignifikant") ist. Aber worin bestehen ihre *intermoralischen Unterschiede*? Mit Hilfe unseres metaethischen Begriffs einer komplexen Fähigkeit zur Mitbetroffenheit in einer weiten Moralperspektive ist zu antworten:

Intermoralische Unterschiede bestehen darin, dass die fünf Variablen V1-V5 in verschiedenen Moralen inhaltlich unterschiedlich ausgefüllt (interpretiert, konkretisiert, belegt, besetzt) werden. Das lässt übrigens offen, welche und wie viel Unterschiedlichkeit wir (oder wer auch immer) in den Rang von Kriterien erheben wollen, die dann entscheiden, ob angesichts unterschiedlicher Moralauffassungen von „zwei Moralen" oder nur von „zwei Varianten einer Moral" gesprochen werden sollte. Wenn wir von einer bestimmten Moralauffassung sagen wollen, sie habe sich verändert – z.B. von der katholischen Sexualmoral im Verlauf des 20. Jahrhunderts –, dann wäre der analytische Sinngehalt solcher Rede der, dass man für mindestens eine der Variablen V1-V5 aufzeigt, wie sie zum früheren Zeitpunkt anders als zum späteren interpretiert worden ist.

# V. Erläuterungen zu den fünf Variablen der Mitbetroffenheit

Nun erläutere ich die einzelnen Variablen der für Moral überhaupt charakteristischen Mitbetroffenheit. Der Einfachheit halber beginne ich mit der letzten Variable (V5), „Statusgruppen".

## 1. Statusgruppen

Jede Moralauffassung enthält Abgrenzungen, um Bereiche von Objekten zu bilden, auf die, soweit man sich zu ihnen verhält, in moralischem Sinne Rücksicht genommen werden soll.

Solche „Statusgruppen" (oder Kategorien von „moral standing") werden in der üblichen metaethischen Terminologie auch als „Zentrismen" *grosso modo* unterschieden: Für sogenannte *ratiozentrische* Moralauffassungen (z.B. bei Kant) soll genau nur auf alle Vernunftwesen in moralischem Sinne Rücksicht genommen werden, soweit sie sich zueinander verhalten. In *anthropozentrischen* Moralauffassungen (z.B. in der Menschenrechtsmoral) ist ein Mensch oder eine menschliche Person das direkte Objekt von moralischen Rücksichtnahmen, nicht aber z.B. eine Maus. Für *pathozentrische* Moralauffassungen (z.B. im Utilitarismus) sollen Menschen ebenso wie Mäuse und alle anderen empfindungsfähigen Lebewesen „drinnen" sein, Moskitos und Mohnblumen sind „draußen". *Biozentrisch* werden Moralauffassungen genannt, in denen alle Lebewesen qua Lebewesen als moralisch berücksichtenswerte Objekte für uns zählen sollen (man denke an die Albrecht Schweitzer zugeschriebene Moralauffassung der „Ehrfurcht vor dem Leben"). Und schließlich sollen in *physio-* oder *kosmozentrischen* Moralauffassungen alle lebendigen und nichtlebendigen Gestaltungen der Natur zählen (z.B. als Bestandteile einer insgesamt anerkennungswürdigen göttlichen Schöpfung, eine Franz von Assisi zugeschriebene Moralauffassung), also Menschen, Mäuse und Moskitos, Moose und Meere, Mond und Sonne.

Müssen wir uns, „wenn wir nur vernünftig sein wollten", alle auf die Anerkennung genau einer Statusgruppe einigen? Nein, denn Dissense über den „richtigen" Statusbereich können sich auf *alle möglichen* inhaltlichen Gründe beziehen, die im Rahmen inhaltlich konkreter Moralauffassungen zu Verfügung stehen. Dissense, was der „richtige" Statusbereich der Moral sei, sind daher rational unterdeterminiert, d.h. sie lassen sich nicht allein mit solchen Gründen entscheiden, die im Selbstverständnis von Wesen allein schon *qua Vernunft*wesen liegen müssen.[3] Wenn das der Fall ist, wie weit können Ver-

---

3 Lässt sich philosophisch zeigen, dass es gute Gründe gibt, die im Selbstverständnis von Wesen allein schon *qua Vernunft*wesen liegen müssen? Lässt sich zeigen, dass solche Gründe zur Anerkennung einer bestimmten Moralstatusgruppe zwingen (nämlich zur Statusgruppe aller Wesen, denen Vernunftwesen zuschreiben,

suche, vorhandene Dissense über den „richtigen" Statusbereich in Konsens zu überführen, auf vernünftigem Wege überhaupt kommen? Das hängt vor allem davon ab, welche mehr oder weniger unterschiedlichen oder überlappenden Moralauffassungen die Beteiligten tatsächlich haben. Es ist aber natürlich *auch* abhängig davon, dass alle Beteiligten an ein Selbstverständnis appellieren können, das insoweit für alle dasselbe sein muss, wie alle ja „auf vernünftigem Wege" mit Dissens und Konsens umgehen wollen, z.B. ein Selbstverständnis als Teilnehmer an einer diskursiven Argumentation („Diskursteilnehmer").[4]

## 2. Eigenwerte

Die vierte Variable in der Strukturformel der Moralverantwortung habe ich mit den Worten umschrieben, dass etwas „zum Guten oder Schlechten ausschlägt" von Moralobjekten (d.h. von allen Wesen, die gemäß der Konstitution von Statusgruppen in einer Moralauffassung moralisch zu berücksichtigen sind). Gemeint ist damit, dass jede Moralauffassung Wertestandards enthält, die bestimmbar machen, ob und inwieweit Moralobjekte durch Aktivitäten, die sie betreffen, besser oder schlechter gestellt werden: ob und inwieweit es für sie zuträglich oder abträglich, schädigend oder nützlich, gut oder übel ist, wie sie behandelt werden.[5]

---

dass sie sich gleichfalls als Vernunftwesen verstehen)? Ich denke ja. Nicht zeigen lässt sich aber m.E., dass eine Person, die noch mehr und andere Statusgruppen anerkennt, deshalb irrational sein muss. Wieso sollte, wer es moralisch recht findet, nicht nur Vernunftwesen, sondern z.B. auch leidensfähige unvernünftige Wesen moralisch zu berücksichtigen, *eo ipso* einen logischen oder performativen Widerspruch begehen? Die Probleme des Utilitarismus liegen in logischen oder performativen Widersprüchen, sondern woanders.

4 Das Letztere ist aber metaethisch betrachtet zwar notwendig, aber nicht hinreichend.
5 Warum sind solche Wertestandards nötig? Weil Moralurteile der Form „Es ist moralisch recht/unrecht, wie A B behandelt" für jede Moralauffassung basal sind und zum Sinn solcher Urteile gehört, dass man sie bei Nachfragen mindestens einen Begründungsschritt weit begründen kann mit Hinweisen darauf, wer besser oder wer schlechter dran wäre je nachdem, ob es A erlaubt oder nicht erlaubt ist, B so zu behandeln. Machen wir uns das klar: Wenn ich z.B. urteile (N!): „Es war

Oft weist man einfach darauf hin, dass B *geschädigt* wird, voraussetzend, dass es keinen guten Grund gibt, der es rechtfertigen (= erlaubt machen) könnte, B zu schädigen. Ebenso begründet man Elementarurteile, etwas sei moralisch recht, oft damit, dass B *geholfen* wird, voraussetzend, dass es keinen guten Grund gibt, der es rechtfertigen könnte, B nicht zu helfen. So gewöhnlich wie diese Voraussetzungen sind, so altehrwürdig ist auch ihr Echo in „ethischen Prinzipien" wie dem Nichtschädigungsprinzip (lat. „primum non nocere", engl. „non-maleficence") und dem Prinzip, anderen Gutes zu tun (engl. „beneficence").

Welche Werte kommen infrage, um die Rolle moralinterner Wertestandards zu besetzen? Wenn wir einen allgemeinen, nichtpräjudizierenden Moralbegriff bestimmen wollen, dann können wir lediglich die folgende schwache Beschränkung vertreten: Es muss sich um Arten des Guten bzw. Üblen handeln, die wir auf das Objekt unserer Werturteile *selber* beziehen können, kurz: um Eigenwerte.

Das sei kurz erläutert. Wertschätzungen („evaluative Perspektiven", *valuational attitudes*), mit denen wir, die Urteilenden, Werte direkt dem Objekt selber zuschreiben können, unterscheiden sich von anderen Wertschätzungen, mit denen wir, die Urteilenden, Werte einem Objekt nur indirekt zuschreiben können, nämlich als ein Reflex von Wertschätzungen, deren Vollzug wir, die Urteilenden, in die Perspektive eines *anderen* Wertschätzers und Urteilers hineinlegen (also nicht ins Objekt). Die Richtung des Wertens geht bei den indirekten Zuschreibungen sozusagen von dem anderen hin aufs Objekt. Wer ist der andere, in dessen Perspektive wir, die Urteilenden, bei transitiven Werten die Wertschätzungen hineinlegen? Dieser andere kann der Urteilende selbst sein (wie in dem Werturteil „Für mich ist der Grand Canyon erhabener als der Mont Blanc") oder ein anderer urteilender anderer (wie wenn ich urteile: „Für die Leute vom *Sierra Club* ist der Grand Canyon erhabener als der Mont Blanc"). Bei *intransitiven* Wertungen (des Üblen bzw. Guten) aber geht die Richtung des Wertens nicht von einem Ersten aus auf ein Zweites hin, sondern bleibt bei dem Objekt. Den Wertunterschied, den unser Wertur-

---

moralisch unrecht, dass A B zur Abtreibung überredete", aber bei Nachfrage, warum ich As Verhalten so beurteile, überhaupt nicht sagen kann, ob und inwiefern und für wen oder was As Verhalten schlecht ist, dann kann keine vernünftige Person mein Moralurteil (N!) ernstnehmen, auch ich selber nicht. Mein „Moralurteil" war nur scheinbar eines.

teil ausdrückt, denken wir uns dabei so, dass er einen Unterschied macht an dem und für das Objekt selbst (wie wenn einer urteilt: „Die Erhabenheit des Grand Canyon würde zerstört, wenn wir ihn als Mülldeponie benutzten").

Interessant ist noch der folgende Punkt. Wenn es wirklich so ist, dass wir im Großen und Ganzen in einer Welt ohne alle Moral schlechter gestellt wären als in einer Welt mit Moral, dann muss die Aufrechterhaltung der Struktur der Moralverantwortung selber als das höchstrangige Ziel von Moral gelten. In diesem präzisen Sinne ist Moralverantwortung reflexiv („moralreflexive Verantwortung"): Sie erstreckt sich immer auch auf den Belang der Aufrechterhaltung der Struktur der Moralverantwortung selber. Wer sich mit einer bestimmten Moral identifiziert, d.h. als Mitglied einer Moralgemeinschaft handelt, trägt *immer auch* Verantwortung dafür, dass sich diese Moralgemeinschaft in der Welt behauptet, und zwar so behauptet, dass die Welt in Zukunft nicht weniger gut wird (aus der Sicht dieser Moral) im Vergleich damit, wie gut sie durch die Existenz dieser Moral in der Welt jetzt schon geworden ist.

## 3. Imputation

Was ist mit den „anerkannten Zuständigkeiten" (V3) gemeint? Wenn wir durch die Brille einer moralischen Auffassung darauf achten, wie Verhalten von Moralsubjekten (*moral agents*) zum Guten oder Schlechten von Moralobjekten (*moral patients*) ausschlägt, so unterstellen wir

(1) dass es ein Subjekt A (Handlungsinstanz, Akteursubjekt) gibt

(2) und eine Aktivität (Sich-verhalten, Handeln), bezüglich derer wir A für zuständig halten, und

(3) dass wir in As eigener Aktivität eine kausal signifikante Komponente (für das Zustandekommen des Gutgehens bzw. Schlechtgehens) erkennen, und

(4) dass anerkannt ist, dass diese Komponente notwendig ist, um As Verhalten moralisch beurteilen zu können.

Damit B und C den A für etwas moralisch Unrechtes verantwortlich machen können, genügt es nicht, dass etwas *geschehen* ist, was für A, B und C als moralisches Unrecht zählt. Es genügt auch nicht, dass A für das Geschehen *irgendwie kausal* eine wesentliche Rolle gespielt hat. Wir (= B, C und ggf. A selbst) müssen A überdies als *zuständig* für das fragliche Geschehen ansehen. A muss anerkanntermaßen dafür zuständig sein, das Geschehen (bzw. das, was daran moralisch relevant ist) zu kontrollieren.

Ein Negativbeispiel: Wenn ich z.B. ein Gesetz moralisch unrecht finde, das Taschendiebe mit Handabhacken bestraft, dann unterstelle ich, dass dieses drakonische Gesetz von einer hierfür zuständigen Instanz (einer Legislative, einem Herrscher, einem Gott...) gemacht worden ist, und dass diese Instanz *in ihrer Zuständigkeit etwas Unrechtes gemacht hat.* Angenommen wir glauben, dass Gott für das Strafgesetz zuständig ist. Wir könnten Gott für jenes unmenschliche Gesetz dennoch moralisch dann nicht tadeln (verantwortlich machen, zur Rechenschaft ziehen), falls der Teufel es dem göttlichen Gesetzgeber untergemogelt hat (Gott haftet für den Teufel nicht, denn er ist anerkanntermaßen für dessen Treiben nicht zuständig). Ein Positivbeispiel: Wenn ich es für moralisch geboten halte, dass Eltern ihren Kindern einschärfen nicht zu lügen, und die kleine Tochter meiner nachlässigen Nachbarn lügt das Blaue vom Himmel herunter, dann kann ich diesen Eltern vorwerfen, mit ihrer Nachlässigkeit moralisch unrecht zu handeln, obwohl nicht sie selber lügen, sondern ihr Kind (Eltern haften unter Umständen für ihre Kinder, denn sie sind anerkanntermaßen für deren Erziehung zuständig).

Die Beispiele zeigen freilich auch, dass die Zuständigkeit-für-Kausalität *allgemein anerkannt* sein muss und deshalb ihre Festlegung auch wieder strittig werden kann (Vielleicht kommt es zu einer Revision der religiösen Dogmatik und Gott wird nun auch für den Teufel verantwortlich gemacht. Vielleicht werden neue Hypothesen der Genetik akzeptiert, dass Lügenhaftigkeit genetisch determiniert ist, usw.). Die Grenzlinien, die das Terrain abgrenzen, in dem es „normal" ist, Zuständigkeit-für-Kausalität anzuerkennen, werden *kulturell* konstruiert, d.h. sie sind vom Aushandeln kultureller Konventionalisierungen abhängig. Sie werden durch keine Wissenschaft „objektiv" bestimmt, sondern allenfalls kritisiert und begrenzt.[6]

Mit den Grenzlinien der Zuständigkeit kovariieren die *Rechenschaftspflichten,* die man den zuständig gemachten Subjekten auferlegen *kann.* Limitativ gilt: Über Aktivitäten, für die einer nicht zuständig ist, kann von einem keine Rechenschaft gefordert werden. Wenn ein männlicher Passant,

---

6 Es ist klar, dass man unter aufgeklärten Zeitgenossen nicht mehr weit damit kommt, für Übel und Gutes großen Stils die Götter zuständig zu machen. Neuerdings geht die Zuständigkeit an „die Globalisierung" über, ein Aktorsubjekt, das kaum weniger mythisch als die Götter konstruiert ist.

nem keine Rechenschaft gefordert werden. Wenn ein männlicher Passant, der an der Ampel steht, die Leute auf der anderen Straßenseite anblickt und bei einer Frau das empörende Gefühl auslöst, sexistisch angestarrt zu werden, so ist nicht ohne weiteres klar, ob der Passant dafür zuständig ist. Und wenn eine Autofahrerin einem Autofahrer den letzten Parkplatz vor der Nase wegschnappt, und der vor Wut einen Herzschlag bekommt, so mag das tragisch sein, fällt aber nicht in ihre moralische Zuständigkeit, so dass sie sich (oder man ihr) keinen moralischen Vorwurf machen muss, obwohl sie hergangskausal für den Herzschlag verantwortlich ist.

## 4. Intentionalität

Für welche Menge von Aktivitäten kann ein Akteur zuständig und deshalb im Prinzip auch moralisch rechenschaftspflichtig sein? Ein grammatischer, deshalb leider bloß formaler Test ist, ob sich eine Aktivität – sagen wir: $a$en –, die einem Subjekt A zugerechnet wird, deontisch negieren lässt, d.h. ob es Sinn macht zu behaupten, A solle nicht $a$en. „Lügen" z.B. besteht den Test, „verdauen" besteht den Test nicht. Limitativ gilt: Handlungsaktivität von A ist alles, wofür man A selber einen gründeempfänglichen Kontrollspielraum zu Recht zuschreibt.

Klarerweise gehören zu dieser Menge alle Verhaltensweisen, zu denen Personen sich frei (willentlich, absichtlich) entscheiden können. Aber es ist keineswegs in allen Moralauffassungen so, dass man sich lediglich für das, was man *tut* – im Sinne des unmittelbaren Ausführens einzelner Handlungen – verantwortlich hält oder gehalten wird. Moralkomparativ gesehen gilt vielmehr: A kann moralisch verantwortlich gemacht werden für alles, was A wenigstens in einem gewissen Ausmaß von sich aus zu kontrollieren vermag. Mit schon eingeführten Begriffen unserer Verantwortungsanalyse könnten wir die Menge von Aktivitäten, für die man im Prinzip moralisch verantwortlich gemacht werden kann, auch so umreißen: Alles, was in die Interventionsmacht einer mit Weltwissen und Handlungsrationalität ausgestatteten Akteursinstanz fällt.

In einem gewissen Ausmaß von sich selbst aus zu kontrollieren vermag man z.B. auch, welche Wünsche man hegt, welche Vorlieben und Abneigungen man aufbaut, welche Gewohnheiten man pflegt, welche Einstellungen man kultiviert oder aufgibt. Es genügt, wenn A je nachdem, wie oder wofür A sich entscheidet, irgendwie effektiv beeinflussen kann, welches Verhalten wirklich zustande kommt – auch wenn das Verhalten, das dann wirklich zustande kommt, mit dem von A selber beabsichtigten Resultat (= As Handlungsabsicht) womöglich gar nicht übereinstimmt. Nur dort, wo der Spielraum effektiver Entscheidungen gegen Null geht, verschwindet die Möglichkeit moralischer Verantwortung ganz.

## 5. Allgemeinverbindlichkeit

Dass man sich mit einer Moralauffassung identifiziert (sich von ihr leiten lässt, ihr folgt, ihr gemäß „lebt" usw.), beinhaltet unmittelbar, dass man etwas *ernst nimmt*. Metaethisch verstanden ist das, was man ernst nimmt, letztlich immer dies, wie Handlungsaktivität in anerkannten Zuständigkeitsbereichen sich gut oder schlecht auswirkt bezüglich aller Wesen, die hierfür zählen.

Ernst nehmen ist nicht auf Kennen oder Wissen reduzierbar, sondern enthält ein „volitives" Moment. Wer moralisch sein will, *will* etwas – und zudem hält er dies (moralisch sein zu wollen) für *richtig* und *wichtig*.[7]

Dass ein Moralakteur für richtig hält, was er will, zeigt an, dass moralisches Ernst nehmen neben dem volitiven immer auch ein „kognitives" Moment enthält. Denn wo Richtigkeitsüberzeugungen gebildet werden, bilden sich auch diesbezügliche Urteilspraktiken; aber ohne Kognition, d.h. erkennendes Denken keine Urteilspraktiken. Praktiken des moralischen Urteilens wiederum vermitteln die Wichtigkeit, die Moralakteure ihrer Moralauffassung geben: Praktiken des moralischen Urteilens können sozialpragmatisch bedeutsam werden als Vehikel für Billigung und Missbilligung, Lob und Tadel, Hochschätzung und Verachtung.

Moralkomparativ gilt: Moralakteure wollen die Frage, ob gehandelt wird, wie es im Licht ihrer Moralauffassung richtig sein würde zu handeln, wichtig genommen haben wollen. *Wie* wichtig aber – im Vergleich mit anderem Wichtigen, z.B. mit irgendwelchen persönlichen Lebenszielen –, das schaut in verschiedenen Moralauffassungen verschieden aus. Wer meint, „das moralische Sollen" begegne einzig in Pflichten, die überragend wichtig genommen

---

7  Daher könnte eine Anforderung wie „Man soll jeden zweiten Tag grüne Strümpfe anziehen" keine Moralregel werden, selbst wenn sie von Gott offenbart wäre. Die Regel ist ganz offensichtlich nicht wichtig, sondern nur idiosynkratisch.

werden müssen, halst sich eine Begründungslast auf, die zu tragen m.E. nicht möglich, aber auch nicht nötig ist. Die „overridingness of the moral ought" ist ein metaethischer Mythos. Eine Moral M ist nicht nur dann genuine und/oder rationale Moral, wenn die Allgemeinverbindlichkeit in M die Inhalte von M im Vergleich mit allem, was ein moralisches Subjekt mit seinem Leben anfangen will, mit *Vorrang* ausstattet. Auch ist eine Moral M nicht nur dann genuine und/oder rationale Moral, wenn die Allgemeinverbindlichkeit der Inhalte von M die Form von *Pflichten* (Gebotsnormen) haben. Moralkomparativ gilt nur dies, dass moralisch gesinnte Akteure bestimmte normative Ansprüche an ihre Aktivitäten stellen, die amoralische Akteure *ceteris paribus* nicht stellen würden. Dass diese normativen Ansprüche in Form von Gebotsnormen auftreten, ist kontingent. Pflichten sind nur *ein* präskriptives Format unter anderen.[8]

Wie schon gesagt, sind normative Ansprüche moralischer Art erstens in der Regel wichtiger als viele normative Ansprüche anderer Art (z.B. grammatisch korrekt zu sprechen) und zweitens kommt hinzu, dass ihre Wichtigkeit den Moralakteuren selber nicht bloß als ein Ausdruck dessen erscheint, dass sie selber (individuell, persönlich) diese Ansprüche an ihr Handeln stellen wollen, egal wie es die anderen damit halten wollen (das wäre vielmehr ein Kennzeichen individueller Präferenzen). Die Wichtigkeit normativer Ansprüche moralischer Art erscheint den Moralakteuren zugleich als ein Ausdruck dessen, dass auch andere Moralakteure – so wie sie selber – diese Ansprüche an das Handeln anderer – so wie an ihr eigenes Handeln – stellen, um dies auf den Punkt zu bringen: Normative Ansprüche moralischer Art werden *in Gemeinschaft mit anderen* ernst genommen, und das heißt: Ihre Wichtigkeit erscheint uns als ein Ausdruck ihrer *Allgemeinverbindlichkeit*.

Verabschieden wir uns an dieser Stelle von einem weiteren Ethikmythos, der besagt, eine Moral M sei nur dann eine genuine und/oder rationale Moral,

---

8  Wie weiß man, ob Akteure überhaupt normative Ansprüche an eine Aktivität stellen? Erkennbar ist das daran, dass sie erstens Beschreibungen des Typus der Aktivität *deontisch modalisieren* können (elementare deontische Modalitäten sind: erlaubt, verboten, geboten) und zweitens diese modalisierten Beschreibungen als *Standards* nehmen, die sie mit Beschreibungen von Tokens der Aktivität vergleichen, um über den *Wert* der Tokens zu *urteilen*. Wenn B über A urteilt: „A handelte kriminell, als er die Dollarnoten fälschte, denn Geldfälschen ist bei Strafe verboten", stellt B bestimmte normative Ansprüche an As Aktivität, hier: normative Ansprüche des Strafrechts.

wenn „das moralische Sollen" in M von uneingeschränkter, d.h. universaler Allgemeinverbindlichkeit ist.[9] Moralkomparativ gilt vielmehr, dass es einige Moralauffassungen gibt, die in die Gemeinschaft, in der ihre Repräsentanten ihre normativen Ansprüche ernst genommen haben wollen, alle möglichen Moralakteure einschließen; dass es aber außer diesen *universalistischen* Moralauffassungen andere Moralauffassungen gibt, die in die Gemeinschaft, in der ihre Repräsentanten ihre normativen Ansprüche ernst genommen haben wollen, *nicht* alle möglichen Moralakteure, sondern nur eine bestimmte Wir-Gruppe einschließen – *nichtuniversalistische* Moralauffassungen. Der metaethische Moralbegriff darf weder die einen noch die anderen *per definitionem* ausschließen. Eine Vernunftmoral, die von einem universalistischen Vernunftbegriff hergeleitet wird, ist von ersterer Art. Professionsmoralen (z.B. die Moral der Ärzteschaft, die Moral der Wirtschaftsprüfer, die Moral der Finanzdienstleister) sind von der letzteren Art. *Allgemeinverbindlichkeit* ist natürlich mit *beiden* Moralen assoziiert. Denn Allgemeinverbindlichkeit impliziert lediglich eine Gemeinschaft, nicht aber eine uneingeschränkte oder maximal inklusive Gemeinschaft. Allgemeinverbindlichkeit ist kein Synonym für Allgemeingültigkeit.

Zurück zur Analyse. Ich sagte: Normative Ansprüche moralischer Art werden in Gemeinschaft mit anderen Moraladressaten ernst genommen. Einer kann sie nur ernst nehmen, wenn er will, dass auch andere sie so wie er selber ernst nehmen.[10] Um diesen Punkt auch terminologisch hervorzuheben, habe ich formuliert, dass im moralischen Ernst nehmen etwas „repräsentativ" ernst genommen wird. Das Ernst nehmen verteilt sich auf die Mitglieder einer Moralgemeinschaft: *In* der Gemeinschaft wird *von* jedem Einzelnen *qua* Mitglied der Gemeinschaft *gegenüber* sich selber sowie gegenüber anderen *qua* Mitglieder der Gemeinschaft etwas ernst genommen.

Fassen wir das repräsentative Ernst nehmen noch genauer: A will, dass alle anderen (B, C, ...) sich an etwas halten, weil sie (B, C, ...) wollen, dass alle anderen (inklusive A) sich daran halten. So ist dieser wie jener und einer so gut wie ein anderer ein „Repräsentant" ihrer Moralgemeinschaft: A wie B wie C ... ist „Repräsentant" einer Menge von Moraladressaten, die sich als

---

9   Diesem Mythos zufolge umfasst das ,All' in ,Allgemeinverbindlichkeit' notwendigerweise alle möglichen Moralakteure.

10   Hier wäre ein „Privatsprachenargument" zu konstruieren: Es kann nicht einer allein einen moralischen Anspruch ernst nehmen.

Adressaten derselben Moral M anerkennen. Dass moralische Anforderungen „repräsentativ" ernst genommen werden, heißt deshalb auch, dass es dem Akteur A nicht egal ist, wie B den C behandelt, und zwar auch dann nicht egal ist, wenn A faktisch gar nicht von Bs Verhalten betroffen ist.[11]

## VI. Grundformen geteilter Moralverantwortung

Das Ergebnis der Strukturanalyse können wir folgendermaßen zusammenfassen: Die Moral ist eine gemeinschaftlich unterstützte, insofern soziale und sozial konstruierte Perspektive zur unparteilichen Erweiterung des Rücksichtnehmens auf andere Wesen über einen selbst hinaus. Eine Moral – jede Moral – ist eine bestimmte Konzeptualisierung von Mitbetroffenheit (im Rahmen der vollen Struktur der Moralverantwortung). Jede in der Praxis lebendige Moral M ist eine normative Textur, vermittels derer alle Adressaten von M irgendwie *zwingend erfahrbar* einander auferlegen wollen, sich darum zu kümmern, dass es durch Tun und Lassen, für das man zuständig ist, bestimmen Arten von Wesen besser geht, als es ihnen ginge, wenn man sich nicht auferlegen würde, sich hierum zu kümmern (zu den Wesen, um die man sich zu kümmern hat, kann man natürlich auch selber gehören). „Zwingend erfahrbar" heißt: Ist eine Moralgemeinschaft erst einmal erfolgreich konstituiert, dann ist das Ausscheren aus ihr mit informellen Sanktionen verbunden.

Unter natürlichen Personen heißt das: Eine Moral M ist intra- und interpersonell „internalisiert", so dass eine Person, die missachtet, was unter

---

11  Eine Seitenbemerkung für die Tierfreunde unter den Ethikern: Auch die neuesten ethologischen Befunde stützen nicht die wohl allzu generöse Annahme, dass gewisse Affen, die gewisse Regeln der Rücksichtnahme auf das Wohlergehen von Genossen haben, die Einhaltung dieser Regeln auch „repräsentativ" ernst nehmen. Zwar reagieren Menschenaffen mit Schuldgefühlen und Verwirrung, wenn sie andere Menschenaffen umgebracht haben. Und es gibt in ihren Gemeinschaften etablierte, uns als solche begriffliche Praktiken der Austeilung von Vergeltung oder Wiedergutmachung nach erfolgter Nachteilszufügung (Retribution). Empörung über Aggression gibt es aber nur bei denjenigen Affen, die selber deren Opfer sind, und nicht bei denen, die nicht selber deren Opfer sind.

M-Adressaten repräsentativ ernst genommen werden sollte, hierfür einen Preis zahlt, sei es in Form von Furcht, Scham, Schuld oder Beeinträchtigung der Selbstachtung oder der Wertschätzung seitens anderer Mitglieder ihrer Moralgemeinschaft. Der Strukturbegriff der Moralverantwortung ist aber so allgemein angesetzt, dass Moralverantwortung etwas ist, was sich zwar *normalerweise* in Gemeinschaften von natürlichen Personen verkörpert, strukturanalog aber auch in Verantwortungsträgern anderer Art realisiert sein kann, deren Akteurqualitäten nicht die von natürlichen Personen sind. Hier eröffnen sich interessante Ausblicke auf geteilte Formen von Moralverantwortung.

Wir gehen davon aus, dass schon wegen der Allgemeinverbindlichkeit einer Moralauffassung diese einen Gemeinschaftsbezug, eine kommunitaristische Seite hat, also von den Mitgliedern einer Moralgemeinschaft geteilt wird, entweder tatsächlich oder zumindest der Möglichkeit nach. Daher ist eine von nur einem Akteur allein getragene Moralauffassung ein unwirkliches Extrem. Radikal individuelle Moralverantwortung gibt es nicht.[12] – Wir fragen jetzt aber nach Formen des Geteiltseins, die über den einfachen Gemeinschaftsbezug von Moral hinausgehen.

Zunächst bietet es sich an, zwischen institutionellen (d.h. an die Existenz bestimmter sozialer Institutionen gebundenen) Formen und nichtinstitutionellen Formen des Geteiltseins von Verantwortung zu unterscheiden. Der Begriff einer Institution sei hierbei in einem soziologisch weiten Sinne verstanden, nämlich als eine gängige Praxis mit einer bestimmten normativen Textur. Im Folgenden geht es mir nur um institutionelle Formen des Geteiltsein. Wir können weniger formelle von mehr formalisierten Institutionen unterscheiden. Klassentreffen, Familienmittagessen und Stammtischgespräche sind eher am informellen Ende dieser Skala, Firmen, Wirtschaftsprüfungen, Gerichtsverhandlungen näher am formalistischen Endpunkt.

Mit Hilfe der gerade vorgenommenen theoretischen Weichenstellungen lässt sich nun recht einfach ein Mitverantwortungsbegriff einführen. Betrachten wir z.B. die Förderung eines Meinungs- und Einstellungsklimas von

---

12 Die vom frühen Sartre propagierte Vorstellung, dass jede Person auf radikal individuelle Weise für alles moralisch verantwortlich ist (vgl. „Ist der Existenzialismus ein Humanismus?"), ist selbstwidersprüchlich, was ich aber hier nicht ausführen kann.

Fremdenfeindlichkeit, das die Schädigungen bestimmter Personen wahrscheinlicher macht. Die Förderung eines Meinungsklimas ist offensichtlich eine moralisierbare Handlungsaktivität. Wenn B und C das Meinungsklima Fremdenfeindlichkeit moralisch verurteilen, weil in diesem Meinungsklima mehr Menschen Opfer schändlicher Gewalttaten werden, dann wäre es nicht deplaziert, wenn sie A für fremdenfeindliche Äußerungen am Stammtisch moralisch kritisierten, selbst dann, wenn B und C eigentlich überzeugt sind, dass A persönlich gar keine schändlichen Gewalttaten begehen wird, will oder kann. Dass fremdenfeindliche Schandtaten begangen werden, können wir als Produkt einer *aggregierten* Aktivität betrachten, die A je nachdem, wie oder wozu A sich entscheidet (z.B. in Stammtischgesprächen), effektiv beeinflussen kann, obwohl das Produkt aus kaum intentional koordinierten Aktivitäten sehr vieler Menschen hervorgeht.

Massenphänomene, wie z.B. ein Meinungsklima mit probabilistischen moralisch signifikanten Auswirkungen, verweisen auf eine Situation des Einzelnen, die wir „Mitverantwortung" nennen können. Mitverantwortung, das ist in gering formalisierten institutionellen Formen geteilte Moralverantwortung. Von dieser können wir unter dem Stichwort „korporative Verantwortung" solche Formen des Geteiltseins von Moralverantwortung zusammenfassen, bei denen eine Entscheidungs- oder Planungsstruktur (etwa in einer Firma) existiert, kraft derer sich eine Aktivität der Organisation O selber zurechnen lässt – und des Weiteren auch einzelnen Repräsentanten A, B, C der Organisation O, deren Beiträge zum Gesamtergebnis sich im Licht der Entscheidungsstruktur ermitteln und A oder B oder C nach Maßgabe des Anteils ihrer Zuständigkeit zurechnen lassen.[13]

---

13 Die Terminologie in der Literatur variiert. Manchmal wird korporative Verantwortung als „kollektive" Verantwortung bezeichnet. Ich schlage hingegen vor, korporative und Mitverantwortung als zwei Formen „geteilter" Verantwortung zu bezeichnen. Wenn man so will, kann man „geteilte" freilich auch als „kollektive" Verantwortung bezeichnen.

## VII. Korporative Moralverantwortung

Zum Thema Mitverantwortung liegen insbesondere von Larry May (1992, vgl. auch Smith 1994) gute Analysen vor. Dieses Thema werde ich nicht weiter verfolgen. Peter A. French (1979, 1982, 1992) hat eine viel diskutierte Auffassung korporativer Verantwortung entwickelt. Diese möchte ich zum Abschluss kurz darstellen und kritisieren.

French unterscheidet zwei Arten von Verantwortungszuschreibungen, je nachdem, ob auf die Frage „Wer (oder was) hat es getan?" oder aber auf die Frage „Wer muss wem Rechenschaft für etwas ablegen?" geantwortet wird. Zuschreibungen der ersten Art, Kausalitätszuschreibungen, sind Voraussetzungen für Zuschreibungen der zweiten Art. Wenn der Entscheidungsfluss in Institutionen intern so organisiert ist, dass eine klare interne Entscheidungsstruktur existiert („Corporation's Internal Decision Structure", CID-Struktur), die beide Arten von Zuschreibungen verkoppelt, dann berechtigt uns diese CID-Struktur, die Institution als einen *korporativen Akteur* zu betrachten und ihr „korporative Intentionalität" zuzuschreiben.

Man kann dann die Institution selber quasi als ein personales Aktivitätszentrum beschreiben und z.B. von der Firma Exxon sagen, dass Exxon beabsichtigt, das und das zu tun, dann aber ihre Meinung geändert und einen Rückzieher gemacht hat, usw. CID-Strukturen erlauben sozusagen eine bifokale Betrachtungsweise: Ein und dasselbe Ereignis kann aus der einen Sicht als eine Handlung von natürlichen Personen gesehen werden und aus einer zweiten Sicht als eine korporative Handlung, die die Handlungen der natürlichen Personen einbegreift. Während der Exxon-Vorstandsvorsitzende Adalbert Alpha durch ein paar Bewegungen seines Füllfederhalters auf einem Papier die Handlung vollzieht, *einen Mergervertrag von Exxon mit Shell zu unterzeichnen*, erscheint dasselbe Ereignis, wenn man es korporativ im Licht der CID-Struktur betrachtet, als eine andere Handlung, nämlich als die korporative Handlung *von Exxon, mit Shell zu fusionieren*. Die CID-Strukturen einer Organisation erlauben uns auch, die persönlichen Gründe, die ein Repräsentant der Organisation hat, von denjenigen Gründen zu unterscheiden, die die von ihm repräsentierte Organisation hat. So gesehen, können wir über den Fusionsversuch Dinge sagen wie „Der Fusionsversuch von Exxon hatte die und die korporativen *Gründe*, war von dem korporativen *Wunsch* nach Ausweitung des Asiengeschäfts motiviert und erfolgte mit der korporativen

*Überzeugung*, dass die Fusion sich zum beidseitigen Vorteil auswirken würde" usw.[14]

Wenn wir der Organisation so ähnlich (korporative) Intentionalität zuschreiben, wie wir natürlichen Personen Intentionalität zuschreiben, dann können wir u.U. auch Analoga für die übrigen Verantwortungsfähigkeiten (F1-F4) und Variablen (V1, V3, V4, V5) der Moralverantwortung bestimmen. Mein Vorschlag geht dahin, dass wir den Fall der Realisierung der allgemeinen Struktur der Moralverantwortung in natürlichen Personen nicht etwa als „originären Modus" und den Fall ihrer Realisierung in korporativen Akteursinstanzen als „defizienten Modus" begreifen, auch nicht als „Stammform" und „Abwandlung", sondern dass wir den ersten Fall als die *unspezialisierte Struktur*, den zweiten Fall als die *spezialisiertere* Struktur begreifen.

So etwa wird man den durch ein wirksames Wertemanagement gut implementierten Ethik-Kodex eines Unternehmens als korporative Verkörperung von Eigenwerten (Variable 4) betrachten können. Absichtlichkeit und Zuständigkeit (Variablen 2 und 3) werden durch relevante Teile der CID-Struktur korporativ verkörpert. Statusgruppen (Variable 5) werden in der Organisation als verschiedene Stakeholder- und Shareholder-Gruppen codiert. Allgemeinverbindlichkeit (Variable 1) erlangt die Moral eines Unternehmens dadurch, dass das betreffende Unternehmen nur eines unter anderen gleichen Unternehmen ist, die einander als Mitglieder einer wirtschaftsethischen Moralgemeinschaft anerkennen und auch überwachen. Diese Moralgemeinschaft ist ihrerseits mehr oder weniger spannungsreich eingebettet in größere Moralgemeinschaften mit öffentlichen (menschenrechtlichen, staatsbürgerlichen, wirtschaftsbürgerlichen u.a.) Moralauffassungen.[15]

Auf dieser Linie wäre Frenchs Ansatz produktiv weiterzuführen. French selber verfolgt allerdings eine etwas andere Linie. Sein Ansatz will darauf hinaus, „daß Korporationen als Mitglieder der moralischen Gemeinschaft zu

---

14 Wie die Ressourcen unseres alltagspraktischen und alltagssprachlichen intentionalen Selbstverständnisses und Vokabulars auch auf Nichtpersonen ins Spiel gebracht werden, hat niemand überzeugender beschrieben als DANIEL C. DENNETT (1981, 1987).

15 Verschiedene Auffassungen von diesen Einbettungsverhältnissen entwickeln CORTINA 1997, GARCÍA MARZÁ 1997, ULRICH 1997 (bes. S. 289-462), KETTNER 1998, WIELAND 1999 (bes. S. 91-116), HOMANN/SUCHANEK 2000 (bes. S. 228-234).

behandeln sind, gleichgestellt mit deren traditionell anerkannten Mitgliedern – mit natürlichen Personen" (French 1979). Sie können „vollwertige moralische Personen sein und haben alle Privilegien, Rechte und Pflichten, die moralische Personen normalerweise haben" (ebenda). French geht es nicht um Analogien zwischen natürlichen Personen und korporativen Akteuren unter den strukturellen Aspekten einer weiten Moralperspektive, sondern um eine ethische Gleichstellung natürlicher Personen und korporativer Akteure.

Diese Theoriestrategie überzeugt mich nicht. Erstens fehlt bei French eine metaethische Bestimmung der Natur von Moral. Ohne diese Bestimmung bleiben aber die zwei Arten von Verantwortungszuschreibung, die für French zur Moral gehören, unspezifisch: Sie gehören eben nicht nur zur Moral. Zweitens bricht Frenchs Verantwortungsanalyse bei den CID-Strukturen ab. Ihre Existenz wird vorausgesetzt. Weiterzufragen wäre aber, woher eine gegebene CID-Struktur kommt; wie, wann und wodurch sie modifiziert wird; wer hierfür Verantwortung trägt. Die Verantwortung für Design und Modifikation einer CID-Struktur kann ja nicht endlos aufs Konto weiterer CID-Strukturen gehen. Drittens liegt in Frenchs Ansatz die m.E. absurde Konsequenz, dass wir Korporationen quasi Menschenrechte verleihen müssten. Gewiss, die Struktur der Moralverantwortung ist allgemein, sie kann sich in Personen unspezialisiert und in korporativen Akteuren spezialisierter verkörpern. Das darf uns aber nicht den Blick darauf verstellen, dass die moralische Mitbetroffenheit sozialontologisch in Gemeinschaften natürlicher Personen verankert ist.

Unübersehbar wird diese sozialontologische Verankerung in dem Begriff einer allen Menschen *als* Menschen zukommenden Würde.[16] Menschenwürde aber hat kein korporatives Pendant.

---

16 Da nicht alle Moralauffassungen den modernen, egalitären und universalistischen Menschenwürdebegriff implizieren, ist die Menschenwürde aber kein metaethischer *Grundbegriff* der Ethik (Kettner 1999).

## Literaturverzeichnis

APEL, K.-O.: „Die transzendentalpragmatische Begründung der Kommunikationsethik und das Problem der höchsten Stufe einer Entwicklungslogik des moralischen Bewusstseins", in: APEL, K.-O.: *Diskurs und Verantwortung*, Frankfurt (Suhrkamp) 1988, S. 306-369.

CORTINA, A.: „Presupuestos éticos del quehacer empresarial", in: CORTINA, A. et al. (Hg.): *Rentabilidad de la ética para la empresa. Fundación Argentaria*, Madrid 1997, S. 13-36.

DENNET, D.C.: „Intentional Systems", in: DENNET, D.C.: *Brainstorms. Philosophical Essays on Mind and Psychology*, Cambridge (MIT Press) 1981, S. 3-22.

DENNET, D.C.: „Three Kinds of Intentional Psychology", in: DENNET, D.C.: *The Intentional Stance*, Cambridge (MIT Press) 1987, S. 43-68.

FRENCH, P.A. (1979): „Die Korporation als moralische Person", in: LENK, H./ MARING, M. (Hg.): *Wirtschaft und Ethik*, Stuttgart (Reclam) 1992, S. 317-328.

FRENCH, P.A.: „Collective Responsibility and the Practice of Medicine", in: *The Journal of Medicine and Philosophy* 7, (1982), S. 65-85.

FRENCH, P.A.: *Collective and Corporate Responsibility*, New York (Columbia University Press) 1984.

GARCÍA MARZÁ, D.: „Del balance social al balance ético", in: CORTINA, A. et al. (Hg.): *Rentabilidad de la ética para la empresa. Fundación Argentaria*, Madrid (1997), S. 229-254.

GERT, B.: *Morality. Its Nature and Justification*, Oxford (Oxford University Press) 1998.

HOMANN, K./SUCHANEK, A.: *Ökonomik. Eine Einführung*, Tübingen (Mohr) 2000.

KETTNER, M.: „Globalisierung, Diskursethik und der Terror der Ökonomie", in: MAAK, T./LUNAU, Y. (Hg.): *Weltwirtschaftsethik. Globalisierung auf dem Prüfstand der Lebensdienlichkeit*, Bern et al. (Haupt) 1998, S. 77-96.

KETTNER, M.: „Menschenwürde und Interkulturalität. Ein Beitrag zur diskursiven Konzeption der Menschenrechte", in: GÖLLER, T. (Hg.): *Philosophie der Menschenrechte: Methodologie, Geschichte, kultureller Kontext*. Göttingen (Cuvillier) 1999, S. 52-87.

MAY, L.: *Sharing Responsibility*, Chicago (University of Chicago Press) 1992.

SMITH, P.: „Individualism and Social Responsibility: Reflections on Recent Works by French and May", in: *Social Theory and Practice*, Vol. 20/3 (1994), S. 363-380.

TUGENDHAT, E.: *Vorlesungen über Ethik*, Frankfurt (Suhrkamp) 1993.

ULRICH, P.: *Integrative Wirtschaftsethik*, Bern et al. (Haupt) 1997.

WIELAND, J.: *Die Ethik der Governance*, Marburg (Metropolis) 1999.

7. Kapitel

# Können Unternehmen Verantwortung tragen? — Ein ökonomisches Kooperationsangebot an die philosophische Ethik

INGO PIES

I. Persona Oeconomica: Der individualethische Ansatz von
Annette Kleinfeld
II. Institutionelle Selbstbindung zur Überwindung sozialer Dilemmata:
Der unternehmensethische Beitrag einer ökonomischen Theorie
der Moral
III. Zur Überlegenheit der ökonomischen Theorie der Moral:
Implementation durch Begründung
IV. Sozialstruktur und Semantik: Zur anreizethischen Rekonstruktion
des vermeintlichen Gegensatzes zwischen Individual- und
Institutionenethik
V. Zusammenfassung

Titel und Untertitel dieses Beitrags sind programmatisch gewählt. Sie sollen zum Ausdruck bringen, dass den folgenden Überlegungen *zwei* Anliegen zugrunde liegen. Das erste – theoretische – Anliegen besteht darin, der Frage nachzugehen, ob bzw. inwiefern Unternehmen als korporative Akteure Verantwortung tragen können. In Bezug auf diese Frage sind unterschiedliche Antworten und sogar unterschiedliche Beantwortungsstrategien möglich. Zwei moraltheoretische Ansätze sollen diesbezüglich genauer untersucht und einander gegenübergestellt werden: ein philosophischer, individualethischer Ansatz auf der einen Seite und ein ökonomischer, institutionenethischer Ansatz auf der anderen Seite. Sodann werden die Unterschiede und Gemeinsamkeiten dieser beiden Ansätze aus der integrativen Perspektive einer ökonomischen Anreizethik zu bestimmen versucht. Diese Rekonstruktion der philosophischen Individualethik in terms of economics versteht sich als eine Einladung an die Philosophie zu einer wechselseitig vorteilhaften interdisziplinären

Zusammenarbeit. Hierin liegt das zweite – metatheoretische – Anliegen des vorliegenden Beitrags.

Die Argumentation ist wie folgt strukturiert. Der *erste* Argumentationsschritt stellt zur Illustration des philosophischen Ansatzes eine neuere Arbeit vor, in der versucht wird, das Thema der Zuschreibung von Verantwortung an Unternehmen individualethisch anzugehen. Hierauf aufbauend wird im *zweiten* Argumentationsschritt skizziert, wie der institutionenethische Ansatz das Thema der Verantwortungszuschreibung bearbeitet. Hier wird gezeigt, dass die beiden Ansätze zu diametral entgegengesetzten Einschätzungen gelangen, wie die Frage nach der Verantwortungsfähigkeit von Unternehmen zu beantworten ist. Der *dritte* Argumentationsschritt stellt den wesentlichen Qualitätsunterschied der beiden Ansätze heraus. Hierbei wird deutlich, dass ökonomisch generierte Ratschläge zur Verantwortungsübernahme vergleichbaren philosophisch generierten Ratschlägen eindeutig überlegen sind. Dieser Befund mündet schließlich in ein Grundlagenproblem nicht nur der Wirtschafts- und Unternehmensethik, sondern der Ethik allgemein. Der *vierte* und letzte Argumentationsschritt schließlich skizziert, wie dieses Grundlagenproblem gelöst werden kann und dass die Ausarbeitung dieser Lösung nach einer Zusammenarbeit von Ökonomik und Philosophie verlangt.

Um Missverständnissen vorzubeugen, sei hier noch der Hinweis vorangestellt, dass die moderne Ökonomik sich nicht länger – als ‚Wirtschafts‘-Wissenschaft – von ihrem primären Gegenstand her definiert, sondern sich als *Methode* begreift: als economic approach. Kennzeichen der ökonomischen Analyseperspektive ist die Annahme eigeninteressierten rationalen Verhaltens im Sinne individueller Vorteils-Nachteils-Kalküle, wobei mit einem sehr weiten Interessen- bzw. Vorteilsbegriff gearbeitet wird, der materielle *und* immaterielle Aspekte umfasst. Der ökonomische Ansatz ist also weder auf im engeren Sinne monetäre noch auf im weiteren Sinne wirtschaftliche Größen beschränkt, ganz im Gegenteil. So lässt sich beispielsweise argumentieren, dass Verstöße gegen moralische Standards aufgrund informeller Sanktionen mit individuellen Kosten verbunden sind, sei es, weil der Entzug sozialer Achtung als Nachteil empfunden wird, sei es, weil mit dem Verstoß Einbußen an Selbstachtung – ökonomisch rekonstruiert: Abschreibungen an Humankapital – verbunden sind.[1]

---

1     Zum Umgang mit Normativität innerhalb der Ökonomik vgl. PIES 1993, 1998b und 1999.

# I. Persona Oeconomica: Der individualethische Ansatz von Annette Kleinfeld

In jüngster Zeit hat Annette Kleinfeld eine Arbeit vorgelegt, die das Thema der Zuschreibung von Verantwortung an Unternehmen aus einer dezidiert individualethischen Perspektive angeht.[2] Die Grundzüge ihrer Überlegungen sowie einige Anwendungsbeispiele sollen im Folgenden referiert werden.

Ob bzw. inwiefern Unternehmen Verantwortung übernehmen können, ist für Annette Kleinfeld eine unternehmensethische Frage. Zur Beantwortung dieser Frage wählt sie einen ganz bestimmten philosophischen Ansatz. Ihre Theoriestrategie besteht darin, sich um eine verbesserte anthropologische Grundlegung der Ethik zu bemühen und von hier ausgehend über die Wirtschaftsethik zur Unternehmensethik vorzustoßen. Zugrunde liegt der Versuch, Wirtschafts- und Unternehmensethik zu integrieren. Kleinfeld stellt sich das so vor: Von der wirtschaftsethischen Kategorie der Gerechtigkeit ausgehend wird, vermittelt über den innovativen Begriff der Persongerechtigkeit, schließlich die unternehmensethische Kategorie der Verantwortung zu erschließen versucht. Zur These zugespitzt: Für Kleinfeld ist Verantwortung im Unternehmenskontext Ausdruck und Konkretion von Persongerechtigkeit.

(1) Die Argumentation, die dieser Auffassung zugrunde liegt, lässt sich in drei Schritten rekonstruieren. Im ersten Schritt bestimmt Kleinfeld den Begriff der Person, im zweiten Schritt den Begriff der Persongerechtigkeit, im dritten Schritt den Begriff der Verantwortung.

*Erster* Schritt: In Abgrenzung zur einschlägigen Literatur, in der die Moralfähigkeit eines Akteurs üblicherweise von seiner Handlungsfähigkeit abhängig gemacht wird, schlägt Kleinfeld vor, genau andersherum vorzugehen. Aus ihrer Perspektive ist ein Akteur nur dann handlungsfähig, wenn er moralfähig – stärker noch: wenn er moral*willig* – ist. Dieser Gedanke, der einem Paradigmawechsel gleichkommt, wird durch den Begriff der ‚Person‘ einzufangen versucht. Im Kleinfeld-Ansatz gelten nur solche Akteure als Personen, die nicht nur moralisch handeln können, sondern auch moralisch handeln wollen. Der Person-Begriff wird hier so bestimmt, dass er per definitionem beinhaltet, dass eine Person sich nur als moralisches Subjekt selbst verwirklichen kann. Das Potential des Menschen zur Selbstentfaltung und Selbstver-

---

2   Vgl. KLEINFELD 1998.

vollkommnung als moralisches Subjekt – mitsamt der Intention, dieses Potential auszuschöpfen – wird also in den Begriff der Person hineindefiniert. Für Kleinfeld gehört es zur Würde der Person, intrinsisch motiviert zu sein und sich mittels einer solchen genuin moralischen Gesinnung von Anreizen emanzipieren und gegebenenfalls auch über Anreize hinwegsetzen zu können.[3]

*Zweiter* Schritt: Aus dem Begriff der Person wird ein modifizierter ‚kategorischer Imperativ' hergeleitet und als Prinzip der Persongerechtigkeit bezeichnet. Dieses lautet: „Handle so, dass du dem Wesen des Menschen als Person, deiner eigenen Person wie der eines jeden anderen, jederzeit Rechnung trägst."[4] Das Prinzip der Persongerechtigkeit formuliert also personale Pflichten gegenüber sich selbst sowie personale Pflichten gegenüber anderen, mit der besonderen Pointe, dass es stets zur Pflicht gegen sich selbst gehört, die Pflichten gegenüber anderen zu erfüllen.

*Dritter* Schritt: Eine besondere Pflicht, die aus dem Prinzip der Persongerechtigkeit folgt, ist die Pflicht zur Übernahme von Verantwortung. Kleinfeld entwickelt den Verantwortungsbegriff am Paradigma des Verhältnisses zwischen einem Erwachsenen und einem Neugeborenen. Aus ihrer Sicht ist es die bloße Existenz eines hilflosen Gegenüber, die zur Übernahme von Verantwortung verpflichtet.[5] Verallgemeinert bedeute dies, dass Verantwortung immer dort zu übernehmen sei, wo Starke und Schwache aufeinandertreffen.[6] Bemerkenswert ist, dass es für Kleinfeld nicht nur auf die Handlung ankommt, mit der Verantwortung übernommen wird, sondern auch auf die *Gesinnung*, die einer solchen Handlung zugrunde liegt.[7] Aus ihrer Sicht ist wich-

---

3  Vgl. KLEINFELD 1998, S. 317.

4  KLEINFELD 1998, S. 312.

5  Vgl. KLEINFELD 1998, S. 255.

6  KLEINFELD 1998, S. 248: „Der Überlegene ist dazu aufgerufen, seine ... Macht nicht gegen den anderen auszuspielen, sondern die eigene Stärke in den Dienst des Schwächeren zu stellen."

7  Zum Verantwortungsbegriff liest man bei KLEINFELD 1998, S. 246: „Bei der moralisch gedeuteten Handlungsverantwortung steht das der Handlung vorausgehende Moment der Entscheidungsfindung und die Gesinnung des Akteurs im Vordergrund. Moralisch verantwortlich handeln heißt demnach, aus dem Bewußtsein der eigenen Verantwortlichkeit heraus die Handlungsmotive und die möglichen absehbaren Folgen dieses Handelns unter ethischen Gesichtspunkten zu beurteilen." Die Kategorie moralischer Handlungsverantwortung ausdehnend zu einer Fürsorgepflicht für ein Gegenüber, heißt es sodann bei KLEINFELD (1998, S. 247): „Fürsorgende Verantwortung in diesem Sinne ist nicht nur Verantwor-

174

tig, dass man verantwortlich handeln will, um der Personalität des Gegenüber wie auch der eigenen Personalität Rechnung zu tragen.

(2) Diese drei Argumentationsschritte – die Definition des Person-Begriffs, das Konzept der Persongerechtigkeit und hieraus abgeleitet das Konzept der Verantwortungsübernahme – münden schließlich in zahlreiche Schlussfolgerungen. Drei dieser Schlussfolgerungen sollen hier in Thesenform vorgestellt werden.

Kleinfelds *erste* These besagt, dass nur Personen moralfähig und damit handlungsfähig sind und dass folglich Unternehmensorganisationen Verantwortung nur als sekundären Akteuren zugeschrieben werden kann. Stets sind es letztlich also (nur) Individuen, die Verantwortung tragen (können). – Warum? Weil, so Kleinfeld, nur Personen zu moralischen Überlegungen fähig sind und weil solche Überlegungen, d.h. moralische Gesinnungen, per definitionem für erforderlich erklärt werden, um Verantwortung übernehmen zu können.[8]

Kleinfelds *zweite* These besagt, dass Unternehmen als sekundäre Akteure zwei verschiedene Formen von Verantwortung übernehmen können: erstens eine primäre Verantwortung und zweitens eine sekundäre Verantwortung. Die primäre Verantwortung leitet Kleinfeld aus dem Prinzip der Sachgerechtigkeit her, die sekundäre aus dem Prinzip der Persongerechtigkeit.

In Anlehnung an Robert Spaemann vertritt Kleinfeld die Auffassung, dass der objektive Zweck der Unternehmung darin besteht, die Bevölkerung best-

---

tung für etwas, sondern vor allem Verantwortung für jemanden als Sorgen-für oder Sich-Sorgen-um den anderen. Als solche impliziert sie oftmals eine Überlegenheit des Trägers gegenüber dem Objekt der Verantwortung. Diese Asymmetrie kann durch unterschiedliche Machtverhältnisse zustande kommen, durch besondere Vermögen und Fähigkeiten oder temporär gegebene äußere Umstände, die den Verantwortungsträger in eine stärkere Position bringen bzw. sein Gegenüber in eine Situation der Hilfsbedürftigkeit. So gründet hier nicht nur die Zuschreibung, sondern auch der Grad der bestehenden Verpflichtung im Grad der Macht oder der Überlegenheit des Subjekts gegenüber dem Objekt der Verantwortung." – Im Klartext heißt das per definitionem: Je mehr Macht, desto mehr Verantwortung.

8 KLEINFELD 1998, S. 330: „Eine Unternehmensorganisation ... ist nicht handlungsfähig im eigentlichen Sinn. ... Zum Akteur wird sie ... erst dadurch, dass menschliche Individuen ihre Handlungsfähigkeit in den Dienst ... [der Organisation] stellen ... Das Unternehmen ist durch solche primäre Handlungen seiner Mitglieder in einem sekundären Sinn handlungsfähig."

möglich mit Gütern zu versorgen. Dem stehe der subjektive Zweck der Unternehmung gegenüber, Gewinne erzielen zu wollen. Vor diesem Hintergrund wird es zur primären Verantwortung der Unternehmung erklärt, den objektiven Zweck nicht vom subjektiven Zweck dominieren zu lassen.[9] Formelhaft zugespitzt besteht dieser Vorstellung zufolge die primäre Verantwortung der Unternehmung darin, durch eine konsequente Ausrichtung am Prinzip der Persongerechtigkeit dem Prinzip der Sachgerechtigkeit zur Geltung zu verhelfen: Es soll bewirkt werden, dass sich die Mitarbeiter mit dem objektiven Zweck des Unternehmens identifizieren, so dass deren Personalität als Garant dafür fungieren kann, dass es der Unternehmung nicht bloß um Gewinn geht. Hierbei geht Kleinfeld so weit, eine bloße Befolgung von Anreizen als lediglich a-moralisch auszuweisen:

„Wo durch staatliche Maßnahmen wie Öko-Steuer oder durch Sanktionen ... Anreize geschaffen werden, steigen die Chancen, daß auch rein gewinnorientierte Unternehmensaktivitäten im Ergebnis moralverträglich sind. Als solche entsprechen diese dem Prinzip der ökonomischen Sachgerechtigkeit im Sinne Koslowskis, welches die Vermeidung unethischer Praktiken in seine Forderung einschließt. Um moralisch verantwortliches Handeln im eigentlichen Sinn handelt es sich dabei nicht, weil die Person respektive ihre Würde weder dessen Subjekt noch dessen Adressat sind. Subjekt gewinnmaximierenden Handelns ist der zum homo oeconomicus reduzierte Unternehmensrepräsentant, Adressat und Motiv seiner Verantwortungsübernahme das mit dem Gewinnprinzip identifizierte Interesse des Systems, hier der Unternehmensorganisation. Der Personalität der Akteure wird jedoch nur da Rechnung getragen, wo sich diese im Rahmen der fraglichen Entscheidungsprozesse zu den jeweiligen Präferenzen und systemimmanenten Kriterien noch einmal kritisch ins Verhältnis setzen und deren inhaltliche Bestimmung, vor allem

---

9  KLEINFELD 1998, S. 334: „In der angemessenen Verhältnisbestimmung von objektivem und subjektivem Zweck der Unternehmensaktivitäten sieht Spaemann den zentralen Gegenstand dieser primären unternehmerischen Verantwortung. Wo die Gewinnerzielung dem objektiven Zweck der Güterproduktion nicht mehr untergeordnet, sondern zum eigentlichen Zweck erhoben ist, wird dem Prinzip der Sachgerechtigkeit widersprochen. Dem eigentlichen Sachzweck wird dann Rechnung getragen, wenn der Gewinn eines Unternehmens als positive Nebenwirkung der Herstellung eines guten Produkts entsteht ... Das bedeutet, daß sich ein Unternehmen letztlich aufgrund seines qualitätsorientierten Ethos als wettbewerbsfähig erweisen sollte.“

aber die Art und Weise ihrer Umsetzung auf der Grundlage eigentlich personaler Werte hinterfragen oder an solche Werte rückbinden können und dürfen."[10]

Im Gegensatz zur primären Verantwortung spricht Kleinfeld im Plural von
sekundären Verantwortlichkeiten der Unternehmung. Hierunter versteht sie
zum einen eine unbedingte Pflicht zur Internalisierung externer Effekte[11]
sowie eine bedingte Pflicht zur Übernahme freiwilliger Verantwortung für
nicht vorhersehbare und nicht kausal zurechenbare Folgen unternehmerischen
Handelns.[12] Auch hierbei spielt das Prinzip der Persongerechtigkeit für sie
eine zentrale Rolle, denn sie vertritt die Auffassung, dass ein Unternehmen
seine sekundären Verantwortlichkeiten nur durch die Personalität seiner (leitenden) Repräsentanten zur Geltung bringen kann.[13]

Kleinfelds *dritte* These betrifft die Umsetzung des moraltheoretischen
Prinzips der Persongerechtigkeit in die Unternehmenspraxis. Die These besagt, dass die Unternehmenskultur die Personalität der Mitarbeiter unterstützen soll, so dass diese dann als Person die ihnen auferlegten moralischen
Pflichten, insbesondere die Pflicht zur Verantwortung, auch tatsächlich erfüllen können. Von den konkreten unternehmensethischen Schlussfolgerungen,
mit denen Kleinfeld ihre These illustriert, seien hier die folgenden drei wie-
dergegeben. Die Schlussfolgerungen sind jeweils thetisch zugespitzt formuliert und mit einem ausführlichen Zitat als Beleg versehen.

(3) Kleinfelds *erste* Schlussfolgerung: Unternehmenskultur bedarf einer
mehr als nur rein ökonomischen Zielsetzung.

Beleg:

„Es liegt auf der Hand, daß es output-orientierte Überlegungen sind – extern Imagegewinn, intern Produktivitätssteigerung, Effizienzgewinn und die
Erhaltung von wertvollem firmenspezifischem »Humankapital« –, die bei dem
Bemühen um eine gute Unternehmenskultur die wesentlichen Impulsgeber
bilden. Es wäre nicht sachgerecht – unternehmensethisch also auch gar nicht
gefordert –, wenn Motive dieser Art keine Rolle spielen würden. Es wäre aber
ebenso falsch, wenn sie die einzige spielen würden. Zumal Unternehmen
dabei mit dem Paradox konfrontiert sind, daß der Erfolg solcher Bemühungen
gerade davon abhängt, nicht ausschließlich vom ökonomischen Nutzenkalkül

---

10 KLEINFELD 1998, S. 343 f.
11 Vgl. KLEINFELD 1998, S. 337.
12 Vgl. KLEINFELD 1998, S. 338.
13 Vgl. KLEINFELD 1998, S. 338 f.

geleitet zu werden."[14] Weiter heißt es hierzu: „Ein Unternehmen, das seine Angestellten ... nur mit sozialen Wohltaten und firmenspezifischen Zusatzleistungen verwöhnt, verfügt über eine Kultur, die den Kriterien ökonomischer Sachgerechtigkeit und Persongerechtigkeit gerade nicht genügt. Ebensowenig wie Geld und Geschenke im privaten Bereich Zeit, Liebe und Fürsorge ersetzen können, läßt sich personale Anerkennung, ein kooperativer Umgangsstil und eine vertrauenstiftende Kommunikationskultur durch »incentives« der genannten Art kompensieren."[15]

Kleinfelds *zweite* Schlussfolgerung: Man kann Unternehmenskultur auch übertreiben. Solche Übertreibungen sind zu unterlassen.

Beleg:

„Unternehmen sind heute darum bemüht, daß Arbeit nicht nur Geld, sondern auch Freude mit sich bringt. Dem Beispiel japanischer Unternehmen folgend, wird dabei häufig durch Integration von Sport, Spiel und gemeinsamem »Spaß« das überholte Modell des Familienbetriebs zur »Betriebsfamilie« transformiert. Die Gefahr, daß sich der einzelne mit »Leib und Seele« dem Unternehmen verschreibt und damit der reinen Erwerbsarbeit opfert, ist dadurch größer denn je. ... Dieses neue Entfremdungsphänomen äußert sich darin, daß der einzelne von seiner privaten Lebenssphäre abgetrennt wird. Die Gefahr des Vereinnahmtwerdens von der Erwerbsarbeit wird also gerade durch die »kulturstiftenden« Maßnahmen der letzten Jahre zusätzlich verschärft, wenn diese nicht gleichzeitig am Kriterium des Persongerechten orientiert sind. ... Die Kulturbildung in einem Unternehmen sollte von dem Bewußtsein getragen sein, daß der Mensch von der Arbeit und noch weniger von der Erwerbsarbeit allein nicht leben kann und nicht leben soll – mag sie noch so spielerisch, abwechslungsreich und »human« gestaltet sein."[16] – In aller Offenheit heißt es hierzu: „Wo subjektive Erfüllung ausschließlich im Bereich der Erwerbsarbeit gesucht wird, wie es der gegenwärtige Zeitgeist nahelegt, ist menschliche Personalität gefährdet."[17] Dies hat, so Kleinfeld, unmittelbare Auswirkungen auf Arbeitszeitgestaltung und Mitbestimmung: „Zur persongerechten Unternehmenskultur gehören ... Modelle wie Teilzeitarbeit oder Job-Sharing, die es der Freiheit des einzelnen überlassen, seine personale Erfüllung über das für den Broterwerb erforderliche Maß hinaus in der Erwerbsar-

---

14  KLEINFELD 1998, S. 359.
15  KLEINFELD 1998, S. 361.
16  KLEINFELD 1998, S. 362 f.
17  KLEINFELD 1998, S. 367.

beit zu suchen oder aber aus anderen Tätigkeiten zu schöpfen, beispielsweise im familiären, kirchlich-sozialen oder musischen Bereich."[18] Ferner liest man: „Betriebliche Mitbestimmung und andere Partizipationsmodelle sind letztlich nur da wünschbar und ethisch vertretbar, wo Unternehmenskultivierung kein Instrument der unbegrenzten Ressourcengewinnung darstellt, sondern Ausdruck des personalen Respekts der Unternehmensführung den Mitarbeitern wie sich selbst gegenüber ist."[19]

Kleinfelds *dritte* Schlussfolgerung: Das Prinzip der Persongerechtigkeit erfordert einen Abbau der Arbeitslosigkeit durch Solidarität, z.B. durch den Übergang zu einer Vier-Tage-Woche bei Lohnverzicht.

Beleg:

„Die sittliche Umsetzung der personalen Souveränität des Menschen würde sich demnach in einem spezifisch ökonomischen Kontext in Akten der Solidarität und im freiwilligen Verzicht auf eine infinite materielle Gewinnmaximierung zugunsten anderer äußern. Auf der Individualebene könnte das für den einzelnen Wirtschaftsakteur heißen...

...als Arbeitnehmer: Verzicht auf Lohn- und Gehaltserhöhungen bei Tarifabschlüssen; Bereitschaft zur Teilzeitarbeit ohne Lohnausgleich zugunsten gefährdeter bzw. zur Schaffung zusätzlicher Arbeitsplätze;

...als Kapitaleigner: Verzicht auf eine infinite Renditesteigerung zugunsten von Reinvestitionen in arbeitsplatzsichernde, soziale und ökologische Maßnahmen auf der Grundlage eines transformierten Wachstums-Begriffs und einer entsprechenden Auffassung über den »Wert« eines Unternehmens; eine gerechte Verteilung des nicht-produktiven Kapitals auf Produzierende und Arbeitnehmer qua Gewinnbeteiligung."[20]

(4) Vor dem Hintergrund der bisherigen Ausführungen lässt sich der individualethische Ansatz von Annette Kleinfeld als eine philosophische Unternehmensethik auf anthropologischer Grundlage kennzeichnen. Innovativ ist der Begriff der Person, und dieser wird für die Unternehmensethik fruchtbar zu machen versucht mittels einer Rückbindung der Institution „Unternehmung" an die Personalität der die Unternehmung letztlich konstituierenden Individuen. Die Unternehmung wird bestimmt als ein sekundärer Akteur, dessen Handlungen von Menschen als primären Akteuren ausgeführt werden. Diese Menschen verfügen als Personen über das Potential, moralisch handeln

---

18   KLEINFELD 1998, S. 364.
19   KLEINFELD 1998, S. 363.
20   KLEINFELD 1998, S. 370.

zu können, und über die Intention, moralisch handeln zu wollen. Diese Bestimmung zieht drei Konsequenzen nach sich. Die *erste* Konsequenz besteht
darin, dass moralkonformes Handeln als im Eigeninteresse jener Menschen
liegend ausgewiesen werden kann, die sich selbst als Person vervollkommnen
wollen. Die *zweite* Konsequenz besteht darin, dass dem Einzelnen Pflichten
gegenüber der eigenen Person sowie Pflichten gegenüber anderen Personen
auferlegt sind, insbesondere die Pflicht zur Übernahme von Verantwortung
gegenüber Schwachen. Die *dritte* Konsequenz schließlich besteht darin, Unternehmen die Verantwortungspflicht aufzuerlegen, die Personalität der das
Unternehmen konstituierenden Personen zu schützen und aktiv zu fördern.
Hierdurch soll sichergestellt werden, dass jeder Einzelne einen Spielraum
erhält, sich selbst als Person zu verwirklichen und gerade dadurch dazu beizu-
tragen, dass es dem Unternehmen nicht bloß um Gewinnmaximierung geht,
sondern dass das unternehmerische Handeln durch eine moralische Gesinnung – vor allem der das Unternehmen leitenden Personen – ‚veredelt' wird.
Zugrunde liegt die Vorstellung, dass ein bloß moralkonformes Handeln gemäß Anreizen noch nicht als moralisch qualifiziert werden kann und dass
vielmehr die Motivation eines bewussten Moralisch-Handeln-*Wollens* – als
zentrales Kennzeichen von Personalität – noch ergänzend bzw. korrigierend
hinzukommen muss.

## II. Institutionelle Selbstbindung zur Überwindung sozialer Dilemmata: Der unternehmensethische Beitrag einer ökonomischen Theorie der Moral

In diesem Abschnitt geht es nicht darum, nun auch den Ansatz einer ökonomischen Theorie der Moral in seinen Grundzügen zu referieren.[21] Statt
dessen sollen lediglich drei Punkte herausgearbeitet werden, an denen deutlich wird, dass im Vergleich zu dem soeben referierten philosophischen Ansatz der ökonomische Ansatz zur Unternehmensethik zu signifikant unterschiedlichen Einschätzungen gelangt. Diese Diskrepanzen betreffen erstens

---

21 Vgl. hierzu HOMANN/PIES 1994a und 1994b, HOMANN 1997, 1998 und PIES 1997,
2000.

die Unterscheidung zwischen Gerechtigkeit und Verantwortung und mithin die Integration von Wirtschafts- und Unternehmensethik; sie betreffen zweitens die Konzeptualisierung des Verhältnisses von Eigeninteresse und Moral sowie schließlich drittens das Kriterium, das für die Zuschreibung von Verantwortung an Unternehmen als ausschlaggebend angesehen wird.

(1) Auch der Ansatz einer ökonomischen Theorie der Moral strebt eine Integration von Wirtschafts- und Unternehmensethik an. Während Kleinfelds philosophischer Ansatz jedoch mit der Unterscheidung von Makro- und Meso-Ebene arbeitet, um die Wirtschaftethik und die Unternehmensethik – sowie analog die primär wirtschaftsethische Kategorie ‚Gerechtigkeit' und die primär unternehmensethische Kategorie ‚Verantwortung' – unterschiedlichen *Bereichen* zuzuordnen,[22] arbeitet der ökonomische Ansatz mit einer Zuordnung unterschiedlicher *Probleme*: Die Kategorie der Gerechtigkeit wird als Heuristik zur Lösung von Problemen *kollektiver* Selbstbindung, die Kategorie der Verantwortung hingegen als Heuristik zur Lösung von Problemen *individueller* Selbstbindung rekonstruiert. Erstere sind der primäre Gegenstand von Wirtschaftsethik, letztere der primäre Gegenstand von Unternehmensethik. Das beide Ethik-Disziplinen verbindende methodische Element ist eine sozialstrukturelle Anreizanalyse sozialer Dilemmata.

(a) Das paradigmatische Beispiel für ein Problem kollektiver Selbstbindung ist das zweiseitige PD (für prisoners' dilemma). Es handelt sich um eine *symmetrische* Situation, in der die Möglichkeit *wechselseitiger* Ausbeutung antizipiert wird und in eine soziale Falle mündet: in eine kollektive Selbstschädigung (Abbildung 1). Diese ist das Resultat einer institutionell bedingten Anreizstruktur, bei der die Verfolgung des eigenen Vorteils dazu führt, dass rationale Akteure einen möglichen gemeinsamen Vorteil nicht realisieren können, mit der Folge, dass sie insgesamt unter ihren Möglichkeiten bleiben. Genau das wird durch die Bezeichnung ‚soziales Dilemma' auf den Begriff gebracht.

Das sozialstrukturell entscheidende Kennzeichen eines zweiseitigen PD besteht darin, dass kein einzelner Akteur das Ergebnis der Inter-Aktion (sic) allein bestimmen kann. Das Ergebnis wird nicht gewählt. Gewählt wird vielmehr eine Handlungsstrategie, und das Ergebnis stellt sich ein als Resultat einer Kombination von Handlungsstrategien. Es stellt sich ein als nicht-intendiertes – und sogar kontra-intentionales – Ergebnis intentionalen Handelns. Folglich ist es nicht auf die Präferenzen, sondern auf die situativen

---

22 Vgl. KLEINFELD 1998, S. 88, S. 244 und passim.

Restriktionen der Akteure zurückzuführen, dass sie durch ihr Handeln zu einem Ergebnis beitragen, das niemand von ihnen anstrebt und das sie dennoch nicht vermeiden können: Jeder verhält sich so, wie er es vom anderen befürchtet.

| | | Spieler B | | |
|---|---|---|---|---|
| | | **D** | **K** | |
| **Spieler A** / **K** | **IV** | 4 | **I** | 3 |
| | | 1 | 3 | |
| | **III** | 2 | **II** | 1 |
| **D** | | 2 | 4 | |

Abb. 1: Das zweiseitige PD als soziales Dilemma

Zur Überwindung des zweiseitigen PD im Sinne einer Ausschöpfung des gemeinsamen Vorteilspotentials – d.h. eines Wechsels von Quadrant III zu Quadrant I in Abbildung 1 – reicht es nicht aus, dass ein Akteur allein sein Verhalten ändert. Wenn beispielsweise Spieler A von Defektion (D) auf Kooperation (K) umstellt, nimmt er ein individuelles Opfer in Kauf. Anstelle einer wechselseitigen Besserstellung würde eine einseitige Schlechterstellung realisiert. Als Ergebnis würde sich nicht Quadrant I, sondern Quadrant IV einstellen – der für A schlimmste Fall. Eine im Vergleich zum Status quo des Quadranten III wechselseitige *Besser*stellung erfordert, dass *beide* Spieler *simultan* ihr Verhalten ändern und von Defektion auf Kooperation umschalten. Das am besten geeignete Mittel hierzu ist eine kollektive Selbstbindung: eine institutionelle Reform der situativen Anreize, die für beide Akteure gleichermaßen gilt und es für beide individuell vorteilhaft macht, jene Handlungsstrategien zu wählen, aus deren Kombination sich das gewünschte Resultat in Quadrant I ergibt.

Das Gleichheitsmoment im Gerechtigkeitsbegriff spiegelt genau dies wider: Gerechte Gleichheit ist das semantische Pendant zur sozialstrukturellen

182

Symmetrie einer Dilemmasituation, deren Überwindung voraussetzt, dass alle Akteure gleichermaßen solchen Regeln unterworfen werden, die es individuell rational machen, von wechselseitiger Ausbeutung auf wechselseitige Besserstellung umzuschalten. *Gerechtigkeit ist eine Heuristik kollektiver Selbstbindungen.*

(b) Das paradigmatische Beispiel für ein Problem individueller Selbstbindung ist das einseitige PD (Abbildung 2). Es handelt sich um eine *asymmetrische* Situation, in der Spieler A aufgrund einer brisanten Investition[23] (Strategie i) das Opfer einer Ausbeutung durch Spieler B werden kann (Strategie a), ohne seinerseits Spieler B ausbeuten zu können. Dies bedeutet freilich nicht, dass Spieler A der Willkür von Spieler B hilflos ausgeliefert wäre. Vielmehr kann er seine brisante Vorleistung verweigern (Strategie ni) und auf diese Weise von vornherein vermeiden, sich in die Gefahr einer Ausbeutung zu begeben. Im einseitigen PD führt die Ex-ante-Antizipation von Ex-post-Opportunismus dazu, dass eine prinzipiell für beide Akteure vorteilhafte Investition unterlassen wird. Auch hier ist das Resultat eine *kollektive* Selbstschädigung: Beide Spieler bleiben unter ihren gemeinsamen Möglichkeiten.

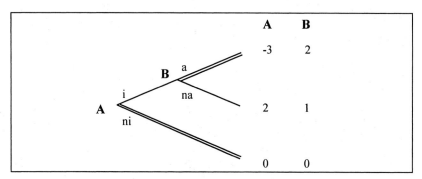

Abb. 2: Das einseitige PD als soziales Dilemma

Auch im einseitigen PD stellt sich die soziale Falle ein als nicht-intendiertes – und sogar kontra-intentionales – Ergebnis intentionalen Handelns. Der entscheidende Unterschied zum zweiseitigen PD besteht allerdings darin, dass hier für eine Überwindung des sozialen Dilemmas keine kollektive

---

23 Zum Konzept brisanter Investitionen vgl. PIES 1993, S. 230-242.

Selbstbindung nötig ist, sondern eine *individuelle* Selbstbindung ausreicht: Wenn Spieler B glaubhaft machen kann, Spieler A nicht auszubeuten, so wird es für Spieler A vorteilhaft, jene brisante Investition zu tätigen, die andernfalls unterbleiben würde (Strategiewechsel von ni zu i). Um ein kooperatives Verhalten glaubhaft zu machen, reicht jedoch eine bloße Ankündigung im Allgemeinen nicht aus. Vielmehr ist es erforderlich, die Pay-off-Struktur so zu verändern, dass die Ankündigung kooperativen Verhaltens auch tatsächlich anreizkompatibel wird. Es muss intersubjektiv nachvollziehbar sein, dass es für B nicht länger vorteilhaft wäre, die von A erbrachte Vorleistung opportunistisch auszunutzen (Strategiewechsel von a zu na). Hierfür sind (formelle oder informelle) institutionelle Bindungen ein geeignetes Mittel, sei es, indem B sich bei Strafe von Sanktionen verpflichtet, sein Versprechen einzuhalten, sei es, indem B ein Pfand hinterlegt, dessen er verlustig ginge, wenn er sein Versprechen brechen würde. Entscheidend ist also die sozialstrukturelle Asymmetrie, der zufolge es allein auf Spieler B ankommt, ob das soziale Dilemma überwunden wird.

Der Verantwortungsbegriff spiegelt genau dies wider: Verantwortung übernehmen – im Sinne von jemandem Rede und Antwort für das eigene Verhalten stehen (können) – heißt, einer Verpflichtung nachzukommen, auf die das Gegenüber einen berechtigten Anspruch hat. Freilich ist aus ökonomischer Sicht nicht die bloße Existenz eines Gegenüber der Verpflichtungsgrund, sondern eine Vorleistung des Gegenüber, die aufgrund der schützenswerten Erwartung zustande gekommen ist, dass diese Vorleistung nicht ausgebeutet, sondern mit der versprochenen Gegenleistung vergolten wird. Verpflichtungsgrund zur Übernahme von Verantwortung ist nicht die (vermeintliche) Macht des potentiellen Ausbeuters, sondern vielmehr der sozialstrukturelle Tatbestand, dass diese virtuelle Macht faktisch in Ohnmacht umschlägt, weil die Antizipation möglicher Ausbeutung dazu führt, dass andere sich auf ausbeutungsgefährdete Interaktionen gar nicht erst einlassen.[24] Das ökonomische Argument zugunsten einer Übernahme von Verantwortung besagt, dass eine individuelle Selbstbindung wechselseitig vorteilhafte Interaktionsmöglichkeiten eröffnet, die andernfalls verschlossen blieben. Verantwortung ist somit das semantische Pendant zur sozialstrukturellen Asymmetrie einer Dilemmasituation, deren Überwindung voraussetzt, dass ein Akteur sich einseitig bindet, um es für beide Spieler individuell rational werden zu lassen, auf

---

24  Um es mit den Worten von TULLOCK 1985, S. 1081 zu sagen: „If you choose the noncooperative solution, you may find you have no one to noncooperate with."

wechselseitige Besserstellung umzuschalten. *Verantwortung ist eine Heuristik individueller Selbstbindungen.*

(2) Jede Ethik, d.h. jede Theorie der Moral, muss sich mit dem Problem auseinandersetzen, das Verhältnis von Eigeninteresse und Moral zu bestimmen. Der philosophische Ansatz von Annette Kleinfeld geht davon aus, dass eigeninteressiertes Verhalten nur dann als moralisch bezeichnet werden kann, wenn es von einer moralischen Gesinnung – also einer im Allgemeinen empirisch nicht beobachtbaren Größe – begleitet wird. Ihr Ansatz geht so weit, das ‚wahre' Eigeninteresse einer Person so zu definieren, dass es ein Moralisch-Handeln-Wollen nicht nur mit einschließt, sondern konstitutiv voraussetzt. Es wird nicht verschwiegen, dass dies bedeuten soll, sich von Anreizen zu emanzipieren und gegebenenfalls auch über Anreize hinwegzusetzen. Für Kleinfeld gilt das Verdikt: Bloßes Handeln aus Anreizen ist zwar nicht unbedingt unmoralisch, aber doch generell a-moralisch.

Demgegenüber nimmt der ökonomische Ansatz eine völlig andere Differenzierung vor. Es wird nicht danach unterschieden, ob das Eigeninteresse stark oder schwach ausgeprägt, d.h. durch eine moralische Gesinnung ‚geläutert', ist. Unterschieden wird vielmehr danach, ob das Eigeninteresse zu Lasten oder zu Gunsten anderer verfolgt wird.[25] Das entscheidende Kriterium dafür, ob bzw. inwieweit eigeninteressiertes Verhalten als moralisch qualifiziert werden kann, wird nicht innerhalb, sondern außerhalb des Individuums verortet. Für die Zuschreibung von Moral kommt es demnach nicht darauf an, was ein Handelnder denkt, sondern wie er sich im sozialen Raum anderen gegenüber verhält. Mithin ist das aus ökonomischer Sicht ausschlaggebende Kriterium die – empirisch beobachtbare – Unterscheidung zwischen einer einseitigen Besserstellung auf Kosten anderer und einer wechselseitigen Besserstellung durch Realisierung gemeinsamer Vorteile.

Dieser Unterschied lässt sich anhand des einseitigen PD anschaulich machen. Wenn Spieler B darauf aus ist, Spieler A zu einer brisanten Investition zu verleiten, um diese Vorleistung anschließend ausbeuten zu können, so handelt es sich um ein eigeninteressiertes Vorteilsstreben zu Lasten anderer. Wenn jedoch Spieler B mittels einer individuellen Selbstbindung es für sich selbst unattraktiv macht, auf die Ausbeutungsoption zu setzen, so handelt es sich um ein eigeninteressiertes Vorteilsstreben, von dem beide Akteure wechselseitig profitieren.

---

25  Vgl. hierzu die noch heute lesenswerten Ausführungen bei EUCKEN 1952, 1990; Kapitel XX, S. 350-368.

Folglich muss es als grundsätzlich verfehlt erscheinen, Moral dadurch zur Geltung bringen zu wollen, dass eine Mäßigung, Abschwächung, Konditionierung, Domestizierung eigeninteressierten Vorteilsstrebens empfohlen bzw. eingefordert wird. Moral wird vielmehr dadurch wirksam zur Geltung gebracht, dass individuelles Vorteilsstreben mit Hilfe geeigneter institutioneller Arrangements so kanalisiert wird, dass der einzelne sein eigeninteressiertes Handeln – ob bewusst oder unbewusst – mittelbar (auch) in den Dienst der anderen stellt. *Forciertes Vorteilsstreben zur wechselseitigen Förderung gemeinsamer Interessen* – so lautet das Leitmotiv einer ökonomischen Theorie der Moral. Sie zielt nicht auf eine ‚Läuterung' individueller Handlungs*motive*, sondern auf eine Er-Läuterung institutioneller Handlungs*anreize*.

Vor diesem Hintergrund wird eine höchst wichtige Differenz zwischen dem philosophischen und dem ökonomischen Ansatz deutlich sichtbar: Während Annette Kleinfelds Ansatz die Übernahme von Verantwortung als *Opfer* ausweist, geht es aus ökonomischer Perspektive nicht um ein Opfer, sondern um eine *Investition*, d.h. um eine Inkaufnahme von Kosten, die – hierin zeigt sich der Unterschied – durch entsprechende Erträge mehr als aufgewogen werden.

(3) In der unternehmensethischen Diskussion wird die Verantwortungsfähigkeit der Unternehmung als eines korporativen Akteurs im Allgemeinen vom Kriterium der *Handlungsfähigkeit* abhängig gemacht. In Abgrenzung zur vorfindlichen Literatur legt Annette Kleinfelds Ansatz statt dessen das Kriterium der *Moralfähigkeit* zugrunde. Da ihrem Ansatz zufolge nur Personen moralfähig sind, könne ein Unternehmen allenfalls als sekundärer Akteur Verantwortung tragen. Letztlich bleibt in diesem anthropologischen Ansatz das Konzept der Verantwortungsübernahme sehr weitgehend gebunden an die Personalität jener Individuen, die die Unternehmung – und das Handeln der Unternehmung – konstituieren. In letzter Konsequenz handelt es sich bei dieser Art von Unternehmensethik damit um eine Führungsethik für Manager in leitenden Positionen.

Demgegenüber ist aus ökonomischer Sicht nicht eine anthropologische Moralfähigkeit, sondern die *Selbstbindungsfähigkeit* eines Akteurs ausschlaggebend dafür, ob er Verantwortung übernehmen kann. Während Kleinfelds philosophischer Ansatz aktionsanalytisch, handlungstheoretisch ansetzt und – kulminierend im Begriff der Person – Moralfähigkeit zur Voraussetzung für Handlungsfähigkeit erklärt, setzt der ökonomische Ansatz interaktionsanalytisch, institutionentheoretisch an. Nicht eine moralische Gesinnung wird zur Voraussetzung für verantwortungsvolles Handeln erklärt, sondern die Fähigkeit, den eigenen Optionenraum im Wege einer individuellen Selbstbindung so zu gestalten, dass wechselseitig vorteilhafte Interaktionen zustande kommen können.

Während Annette Kleinfelds philosophischer Ansatz auf die Schlussfolgerung zugeschnitten ist, dass korporative Akteure im Gegensatz zu natürlichen Personen allenfalls eingeschränkt verantwortungsfähig sind, gelangt der ökonomische Ansatz zur diametral entgegengesetzten Einschätzung: Im Vergleich zu natürlichen Personen verfügen korporative Akteure als juristische Personen im Allgemeinen nicht über eine kleinere, sondern über eine *größere* Selbstbindungsfähigkeit. Sie sind daher in besonderer Weise dafür prädestiniert, Verantwortung übernehmen zu können. Ihre überlegene Verantwortungsfähigkeit ist sogar integraler Bestandteil ihrer raison d'être. Wäre die Unternehmung nicht ein institutionelles Arrangement zur Förderung produktiver Interaktionen, so gäbe es sie nicht.

Die überlegene Selbstbindungsfähigkeit korporativer Akteure und folglich ihre überlegene Verantwortungsfähigkeit resultiert aus zwei Faktoren, die sich wechselseitig unterstützen und verstärken: Erstens verfügen korporative Akteure im Unterschied zu natürlichen Personen über einen prinzipiell unendlichen Zeithorizont. Dadurch ist es ihnen möglich, langfristige Investitionen zu tätigen, die sich für einzelne Individuen nicht auszahlen würden. Zweitens wird der ‚Charakter‘ eines korporativen Akteurs durch eine Organisationsverfassung konstituiert, die formelle und informelle Regeln umfasst. Neben ‚äußeren‘ Institutionen wie z.B. dem Vertragsrecht stehen einem korporativen Akteur daher auch ‚innere‘ Institutionen als Medium individueller Selbstbindung zur Verfügung. Hierdurch ist der ‚Charakter‘ eines korporativen Akteurs leichter programmierbar – und für Außenstehende wesentlich transparenter – als der Charakter einer natürlichen Person. Korporative Akteure sind verlässlichere, berechenbarere Interaktionspartner. Sie können nicht nur eindeutiger ganz bestimmte Ziele verfolgen, als dies natürlichen Personen möglich ist,[26] sie können sich auch bei der Auswahl der Mittel sehr viel eindeutiger beschränken. Folglich sind sie ganz hervorragend dazu geeignet, nicht nur sich passiv Verantwortung zuschreiben zu lassen, sondern auch – im Wege individueller Selbstbindung – Verantwortung aktiv tatsächlich zu übernehmen.

---

26  Vgl. MAYNTZ 1999.

# III. Zur Überlegenheit der ökonomischen Theorie der Moral: Implementation durch Begründung

Sowohl Kleinfelds philosophischer Ansatz als auch der ökonomische Ansatz verstehen sich als normative Ethik, d.h. als eine Moraltheorie, die Empfehlungen generiert, wie Moral zur Geltung gebracht werden kann. In gewisser Weise geben beide Theorien Ratschläge. Diese Ratschläge sind nicht nur unterschiedlich, sie sind auch unterschiedlich gut. Die stark differierende Qualität der jeweiligen Ratschläge tritt besonders deutlich vor Augen, wenn man sich vergegenwärtigt, dass diese Ratschläge die logische Struktur eines Syllogismus aufweisen (Abbildung 3) und dass sich die syllogistische Struktur folglich als Systematisierungsschema anbietet zur Identifizierung der Fehler, die bei der Generierung von Ratschlägen unterlaufen können.

Aussagenlogisch betrachtet, formuliert ein Ratschlag eine Schlussfolgerung (conclusio), die aus normativen und positiven Prämissen hergeleitet wird.

Den ersten Fehler, der bei der Generierung von Ratschlägen auftreten kann, bezeichnet man im Allgemeinen als *,positivistischen'* Fehlschluss. Ein solcher Fehlschluss liegt vor, wenn der Eindruck erweckt wird, die normative Aussage des Ratschlags könne ohne normative Prämisse hergeleitet werden – so als lasse sich Sollen aus Sein ableiten. Einen naturalistischen Fehlschluss vermeiden jedoch *beide* Ansätze, indem sie die zugrunde gelegte normative Prämisse ausdrücklich ausweisen.

Der zweite Fehler, der bei der Generierung von Ratschlägen auftreten kann, lässt sich als *,dogmatischer'* Fehlschluss bezeichnen. Er kommt zustande, wenn die normative Prämisse des Ratschlags den Interessen der Adressaten nicht systematisch Rechnung trägt. Normativität wird dann extern eingeführt: ohne Rücksicht auf die Präferenzen derer, die den Ratschlag befolgen sollen. Üblicherweise beruft man sich dann auf eine ,höhere' Instanz wie Gott, Natur, Evolution oder Geschichte bzw. – utilitaristisch – auf das Gemeinwohl. Freilich wird auch dieser Fehler von *beiden* Ansätzen vermieden. Beide Ansätze führen Normativität intern ein. Sie rekurrieren auf das *Wollen* der Adressaten. Hierbei fällt allerdings auf, dass der philosophische

Ansatz sehr stark auf ein ‚aufgeklärtes‘, von der faktischen Interessenlage unter Umständen deutlich abweichendes ‚Wollen‘ setzt.[27]

Der dritte Fehler, der bei der Generierung von Ratschlägen auftreten kann, lässt sich als *normativistischer* Fehlschluss bezeichnen. Er liegt vor, wenn der Eindruck erweckt wird, ein Ratschlag lasse sich allein aus normativen Prämissen herleiten, ohne systematisch auf die situativen Restriktionen Rücksicht nehmen zu müssen, mit denen sich die Adressaten des Ratschlags konfrontiert sehen.

Interessant ist nun, dass die beiden Ansätze sehr unterschiedliche Strategien verfolgen, um einen normativistischen Fehlschluss zu vermeiden. Annette Kleinfelds Ansatz setzt auf eine sehr weitgehend rein *semantische* Strategie, während dem ökonomischen Ansatz die Strategie zugrunde liegt, die auf einer *sozialstrukturellen* Anreizanalyse basierenden positiven Prämissen offen auszuweisen.

Während Kleinfelds Ansatz den Schwerpunkt auf die anthropologisch fundierte normative Prämisse legt und ohne eine ausgearbeitete Situationsanalyse auszukommen scheint, bilden die positiven Prämissen den Schwerpunkt des ökonomischen Ansatzes. Hier wird genau differenziert, unter welchen Bedingungen ein moralisches Opfer zur Investition wird. Genau diese Differenzierungen jedoch fehlen im Kleinfeld-Ansatz, weil hier nahezu jedes Opfer – solange es die Unternehmung nicht ruiniert – als im wohlverstandenen Eigeninteresse derer ausgewiesen wird, die sich als Person selbst verwirklichen wollen. Hier wird das zugrunde liegende Problem rein definitorisch zu lösen versucht: mit Hilfe des Person-Begriffs, der so gefasst wird, dass er geradezu

---

27 Kleinfeld setzt voraus, dass eine bloße Nutzenmaximierung dem eigentlichen Wollen einer Person zuwiderlaufen muss. So liest man in Bezug auf eine moralisch wünschenswerte Lösung ökologischer Probleme bei KLEINFELD (1998, S. 352 f., H.i.O.): „Ethischer Verpflichtungsgrund beim Umgang mit natürlichen Ressourcen ist ... die Personalität der Unternehmensrepräsentanten selbst: Ihrer eigenen Würde und Integrität sind sie es schuldig, ihre berufliche Rollenverantwortung auch unter ethischen Gesichtspunkten wahrzunehmen ... An erster Stelle steht dabei gegenwärtig, sich für eine internationale Anerkennung und Durchsetzung von Umweltschutzstandards einzusetzen. Dies setzt jedoch bei den Entscheidungsträgern eine innere Motivation voraus, die weder von der unternehmerischen Ausrichtung auf Gewinnmaximierung noch von ihrem individuellen Streben nach unmittelbarer subjektiver Nutzenmaximierung allein bestimmt sein kann. Indem sie also nicht primär aus Eigeninteresse ... aktiv werden, handeln sie gerade *in* ihrem eigenen Interesse – in ihrem Selbst-Interesse als Person.“

voraussetzt, sich *gegen* Anreize zu verhalten. Demgegenüber stellt der ökonomische Ansatz darauf ab, wie die Handlungssituation verändert werden sollte, damit ein Verhalten gemäß Anreizen zu besseren Ergebnissen führt.

| Syllogismus | Kleinfelds philosophischer Ansatz | Ökonomischer Ansatz |
|---|---|---|
| Normative Prämisse:<br><br>(Wollen) | Selbst auferlegte Pflicht zur moralischen Mäßigung des eigeninteressierten Vorteils-strebens zwecks Selbstver-wirklichung als Person | Eigeninteressiertes Vorteilsstreben |
| Positive Prämisse(n):<br><br>(Können) | ??? | Individuelle Selbstbindung zur Überwindung eines sozialen Dilemmas |
| Conclusio:<br><br>(Sollen) | Übernahme von Verantwor-tung als Opfer: einseitige Besserstellung des Gegenüber | Übernahme von Verantwor-tung als Investition: wechsel-seitige Besserstellung |

Abb. 3: Philosophischer und ökonomischer Ansatz im Vergleich

Kleinfelds Ansatz ist nur für jene anschlussfähig, die sich ihren Person-Begriff als Ideal zu eigen machen. Der ökonomische Ansatz zur Unternehmensethik jedoch ist anschlussfähig für all jene, die nach individuellen Vorteilen streben und ihre Situation angesichts eines sozialen Dilemmas durch eine individuelle Selbstbindung verbessern können. Da sich die Übernahme von Verantwortung als im eigenen Interesse liegend ausweisen lässt, wird eine Implementation des ökonomisch generierten Ratschlags durch die Begründung erleichtert. In Kleinfelds philosophischem Ansatz hingegen ist die Begründung so geartet, dass sie die Implementation der Ratschläge erschwert bzw. auf den Kreis jener Adressaten einengt, die sich die Anschauung zu eigen machen, durch einen Verzicht auf eigene Vorteile ihre Persönlichkeit weiterentwickeln zu wollen.

Fazit: Ein Ratschlag ist nur dann ein guter Ratschlag, wenn er auch tatsächlich befolgt werden kann. Hierfür muss er anschlussfähig sein an die

Interessenlage der Adressaten. Vor diesem Hintergrund besteht der theoriestrategische Kunstgriff des Kleinfeld-Ansatzes darin, dass im Person-Begriff
eine Appellationsinstanz festgeschrieben wird, an die Ethik sich wenden
kann, wenn sie moralisches Handeln einfordern will, und zwar mit dem Argument wenden kann, dass ein solches moralisches Handeln doch – per definitionem! – im wohlverstandenen Eigeninteresse der Person liegt. Hier wird
das Implementationsproblem *semantisch* zu lösen versucht. Demgegenüber
setzt der ökonomische Ansatz bei einem vergleichsweise voraussetzungsar-
men Vorteilsbegriff an. Als Vorteil gilt, was die Adressaten für sich selbst
jeweils als Vorteil anerkennen. Im Zentrum der Betrachtung steht, wie diese
Vorteile wechselseitig angeeignet werden können. Deshalb sind ökonomische
Argumente für eine individuelle Selbstbindung zur Überwindung sozialer
Dilemmata ‚self-enforcing‘. Die Begründung solcher Ratschläge erhöht ihre
Implementationschancen. Hierin liegt ein entscheidender Unterschied zum
philosophischen Ansatz von Annette Kleinfeld.

## IV. Sozialstruktur und Semantik: Zur anreizethischen Rekonstruktion des vermeintlichen Gegensatzes zwischen Individual- und Institutionenethik

Die bisherigen Ausführungen lassen ein Grundlagenproblem erkennbar
werden, und zwar nicht nur ein Grundlagenproblem der Wirtschafts- und
Unternehmensethik im besonderen, sondern ein Grundlagenproblem der Ethik
allgemein. Dieses Problem lässt sich mit Hilfe von Abbildung 4 verdeutlichen.

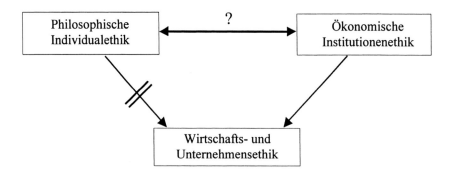

Abb. 4: Das ethische Grundlagenproblem: Individual- versus Institutionenethik?

Der Ansatz einer ökonomischen Theorie der Moral folgt einer gesell-
schaftstheoretischen Forschungsperspektive, die auf ein institutionelles Management sozialer Dilemmastrukturen fokussiert ist. Demgegenüber setzt der
philosophische Ansatz – oder zumindest eine maßgebliche Variante der philosophischen Analysetradition – individualethisch an. Angesichts wirtschaftsethischer Probleme, die auf symmetrische Dilemmastrukturen vom Typ zwei-
seitiges PD zurückzuführen sind, ist die individualethische Methode hoff-
nungslos unterlegen, weil sie nicht sicherstellen kann, dass moralisches Verhalten einzelner gegen Ausbeutung geschützt wird. Angesichts unternehmensethischer Probleme, die auf asymmetrische Dilemmastrukturen vom Typ
einseitiges PD zurückzuführen sind, ist die individualethische Methode ebenfalls eindeutig unterlegen, denn ihr fehlt das Differenzierungsvermögen, um
zwischen Opfer und Investition unterscheiden zu können.

Wenn man akzeptiert, dass ein institutionenethischer Ansatz für Probleme
der Wirtschafts- und Unternehmensethik geeigneter ist als ein individualethischer Ansatz, so entsteht das Problem, dass man diese beiden Ethiktypen
systematisch zueinander ins Verhältnis setzen muss, wenn man sich nicht mit
bloßem Eklektizismus zufrieden geben will. Für eine solche Verhältnisbestimmung bieten sich unterschiedliche Alternativen an. Auf zwei sei hier
hingewiesen.

Die *erste* Alternative verbindet sich mit dem Namen Josef Wieland. Er
schlägt vor, die philosophische Ethik solle sich auf Begründungsfragen spezi-

alisieren und die in wirtschafts- und unternehmensethischen Kontexten auftretenden Implementationsfragen anderer Wissenschaftsdisziplinen, zuvörderst der Ökonomik, überlassen.[28] Der Sache nach handelt es sich um ein Plädoyer zugunsten einer forcierten Desintegration von philosophischer und ökonomischer Ethik. Wieland verspricht sich von einer solchen Abgrenzung, dass die jeweiligen Wissenschaftsdisziplinen ihre je spezifische Aufgabe besser wahrnehmen können, wenn sie sich auf ihre komparativen Vorteile konzentrieren. Hier liegt die Vorstellung zugrunde, philosophische Ethik habe die Aufgabe zu erfüllen, die Gesellschaft mit begründungsfähigen Normen zu bevorraten, wohingegen die Aufgabe ökonomischer Ethik darin bestehe, die Gesellschaft angesichts wirtschafts- und unternehmensethischer Probleme lokal und situationsspezifisch mit implementationsnahen Entscheidungshilfen zu versorgen.

Demgegenüber wird hier die These vertreten, dass Begründung und Implementation konstitutiv zusammengehören und dass eine forcierte Desintegration wissenschaftlicher Ethikdisziplinen entlang einer Trennlinie zwischen Begründung und Implementation eine Entwicklung fortsetzen würde, die als Fehlentwicklung eingestuft werden muss. Aus dieser Einschätzung heraus soll im Folgenden eine *zweite* Alternative skizziert werden, wie philosophische und ökonomische Ethik, d.h. Individualethik und Institutionenethik, sinnvoll zueinander ins Verhältnis gesetzt werden können. Die Überlegungen hierzu lassen sich anhand von Abbildung 5 in drei Argumentationsschritten anschaulich machen.

*Erster* Schritt: Philosophische Individualethik rechnet Moral immer auf die ganze Person zu: auf Tugend, die sich in einzelnen Handlungen äußert. Die handlungsbestimmenden Faktoren lassen sich aus ökonomischer Sicht in die beiden Kategorien Präferenzen und Restriktionen aufspalten. In einem ersten Zugriff lässt sich die philosophische Individualethik folglich als eine Ethik individueller Präferenzen charakterisieren. Der Kleinfeld-Ansatz mit seiner Betonung moralischer Gesinnung ist ein anschauliches Beispiel hierfür.

*Zweiter* Schritt: Was Restriktionen und was Präferenzen sind, ist aus ökonomischer Sicht keine ontologische Frage, sondern eine pragmatisch vom jeweiligen Problem abhängig zu machende Frage. In der Tat lässt sich ein großer Teil des ökonomischen Erkenntnisfortschritts darauf zurückführen, dass immer mehr Verhaltensaspekte nicht länger als eine Frage gegebener Präferenzen, sondern als eine sozialwissenschaftlich traktable Frage situativer

---

28  Vgl. WIELAND 1999, S. 23 ff.

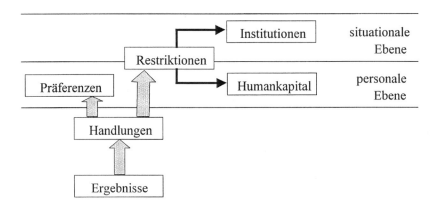

Abb. 5: Zur Integration von Individual- und Institutionenethik: Semantische Konsequenzen moderner (dilemmatischer) Sozialstrukturen

Restriktionen aufgefasst werden können. Hierfür steht der Name Gary S. Becker.[29] Die nicht zuletzt auf ihn zurückgehende Kategorie des Humankapitals macht es nun möglich, die individualtheoretische Tugendethik als eine Ethik personaler Restriktionen zu rekonstruieren. Bildlich gesprochen, lässt sich der Moralbegriff von links nach rechts schieben und statt auf Präferenzen auf Restriktionen anwenden – hier: auf intra-personale Restriktionen, die die Form einer individuellen Selbstbindung annehmen. Wichtig ist, dass schon hier sichtbar wird, dass auch die traditionelle Moralauffassung einer Anreizlogik folgt: Unabhängig davon, ob man dies nun als Ausprägung personaler Identität bezeichnet oder vom Erwerb einer zweiten Natur spricht oder von der Internalisierung von Normen oder gar vom Entstehen einer intrinsischen Motivation, stets führt die sanktionsbewehrte Einübung bestimmter Verhaltensweisen zu einer Gewohnheit, gegen die zu verstoßen schließlich psychische Kosten verursacht.

*Dritter* Schritt: In der modernen Gesellschaft wird die soziale Funktion intra-personaler Anreize durch inter-personale Anreize ergänzt und sogar zunehmend ersetzt. Deshalb spricht vieles dafür, aus dieser sozialstrukturellen Diagnose die semantische Konsequenz zu ziehen, den Moralbegriff nun nicht nur von links nach rechts zu schieben, sondern zusätzlich auch von unten

---

29　Vgl. BECKER 1976, 1982 und 1996 sowie als Überblick PIES 1998a.

nach oben und ihn nunmehr auch auf jene situativen Restriktionen anzuwenden, die als institutioneller Anreiz wirken.

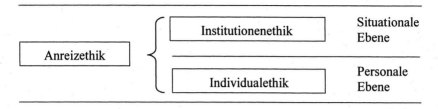

Abb. 6: Anreizethik als methodische Klammer zur Integration von Indivdual-
und Institutionenethik

Mit diesen Überlegungen verbindet sich der Vorschlag, die Ethik vom Problem der sozialen Ordnung her zu rekonstruieren und die Form der philosophischen Individualethik, d.h. eine Ethik einzelner Handlungen, nicht als Widerspruch zu einer Ethik institutioneller Handlungsstrukturen aufzufassen. Die theoriestrategische Option, auf die hier aufmerksam gemacht werden soll, besteht darin, dass beide Ethikkonzeptionen als miteinander kompatibel und sogar als komplementär aufgefasst werden können. Die methodische Klammer für eine solche Integration kann auf der Basis einer ökonomischen „Anreizethik"[30] bereitgestellt werden (Abbildung 6). Sie bietet eine Integrationsplattform für ein fruchtbares Gespräch zwischen unterschiedlichen Wissenschaftsdisziplinen, die sich wechselseitig als – sei es inter-personaler, sei es intra-personaler – Spezialfall ein und desselben Paradigmas von Ethik wahrnehmen und ernstnehmen können. Von hier ausgehend sollte es sodann möglich sein, beide Disziplinen in einem fruchtbaren Dialog weiter auszudifferenzieren, um ihre komparativen Vorteile stärker zur Geltung zu bringen.

---

30   Vgl. hierzu speziell HOMANN 1997.

# V. Zusammenfassung

In einer modernen Gesellschaft sind soziale Dilemmasituationen allgegenwärtig. Insofern ist es kein Zufall, dass im Kontext moderner Sozialstrukturen eine philosophische Individualethik auf Anwendungsschwierigkeiten stößt, ganz im Gegenteil. Solche Anwendungsschwierigkeiten haben einen systematischen Grund: Sie sind methodisch bedingt und damit gewissermaßen vorprogrammiert. Zur Illustration dieses Sachverhalts wurde der unternehmensethische Ansatz von Annette Kleinfeld vorgestellt. Der dogmatische und normativistische Kurzschlüsse kennzeichnende Fehler, an Akteure zu appellieren, um der Moral willen auf eigene Interessen zu verzichten, wird hier dadurch zu vermeiden versucht, dass die Fähigkeit und Bereitschaft zu moralischem Handeln in den Begriff der Person hineindefiniert wird. Es handelt sich mithin um eine rein semantische Auflösung des Widerspruchs zwischen Eigeninteresse und Moral.

Die ökonomische Alternative hierzu besteht darin, den (vermeintlichen) Widerspruch zwischen Eigeninteresse und Moral nicht semantisch, sondern sozialstrukturell aufzulösen: mit Hilfe institutioneller Arrangements, die es den einzelnen Akteuren erlauben, sich im eigenen Interesse moralisch zu verhalten. Auf das Kernproblem zugespitzt besteht die theoriestrategische Alternative darin, Moral entweder *gegen* Anreize oder aber *durch* Anreize ins Spiel zu bringen. Diese Alternative markiert eine Gretchenfrage nicht nur der Wirtschafts- und Unternehmensethik, sondern der Ethik allgemein.

Einem Votieren für die zweite, ökonomische Option steht eine semantische Tradition nicht nur der Moral, sondern auch der Moraltheorie im Wege, die Tradition nämlich, Moral stets mit einem Verzicht auf individuelle Vorteile in Verbindung zu bringen. Zur Rekonstruktion (und Dekonstruktion) dieser Tradition wurde der Vorschlag unterbreitet, das Kennzeichen von Moral in einer – je nachdem individuellen oder kollektiven – Selbstbindung zu sehen und diese als eine (einen Verzicht durchaus beinhaltende) Investition aufzufassen. Lässt man sich auf eine solche Sichtweise ein, dann dient Moral nicht der Aussetzung des individuellen Vorteilsstrebens, sondern der Forcierung eines auf wechselseitige Besserstellung zielenden Vorteilsstrebens.

Die hier vorgestellten Überlegungen zielen also auf einen grundlegenden Paradigmawechsel der Moraltheorie. Dies bedeutet freilich nicht, dass die philosophische Ethik nun ad acta zu legen wäre, ganz im Gegenteil. Es besteht ein immenser Bedarf, den über Jahrhunderte hinweg akkumulierten

Theoriebestand in den Kategorien des neuen Paradigmas zu rekonstruieren. Philosophische Individualethik wird dadurch nicht falsifiziert, sondern differenziert. In diesem Sinne versteht sich der vorliegende Beitrag als eine Einladung zur Kooperation: zur *wechselseitig* vorteilhaften Zusammenarbeit, wobei es besonders interessant wäre, gemeinsam der Frage nachzugehen, inwiefern die philosophische Theorietradition selbst – ähnlich wie die Soziallehre im Bereich der Theologie – bereits Ansatzpunkte dafür liefert, die dringend erforderliche Differenzierung der Individualethik vorzunehmen.[31] Jedenfalls spricht einiges dafür, dass das Potential einer Ethik für die moderne Gesellschaft nur durch interdisziplinäre Zusammenarbeit voll ausgeschöpft werden kann.

**Literaturverzeichnis**

BECKER, G.S.: *Der ökonomische Ansatz zur Erklärung menschlichen Verhaltens*, Tübingen 1976/1982.

BECKER, G.S.: *Familie, Gesellschaft und Politik – die ökonomische Perspektive*, (Hg. I. Pies), Tübingen 1996.

EUCKEN, W.: *Grundsätze der Wirtschaftspolitik*, (Hg. E. Eucken und K.P. Hensel), 6. Aufl., Tübingen 1952/1990.

GERECKE, U.: *Soziale Ordnung in der modernen Gesellschaft. Ökonomik – Systemtheorie – Ethik*, Tübingen 1998.

---

31 Bei dieser Formulierung war zunächst an Hegels Kritik abstrakten Sollens und an Rawls Vorrang des Rechten vor dem Guten gedacht worden sowie vielleicht an die Kant-Interpretation, an der Karl Homann zur Zeit arbeitet (zentriert um Kants Diktum: „Denn alles Sollen ist ein Wollen.") Christoph Hubig ist der Hinweis zu verdanken, dass die auf Aristoteles zurückgehende Tradition einer Ermöglichungs-Ethik ebenfalls Anknüpfungspunkte bietet für einen fruchtbaren interdisziplinären Dialog über den Versuch, Ethik so zu konzeptualisieren, dass die institutionellen Bedingungen moralischen Handelns ins Zentrum der Betrachtung gerückt werden.

HOMANN, K.: „Wettbewerb und Moral", in: *Jahrbuch für Christliche Sozialwissenschaften* 31 (1991), S. 34-56.

HOMANN, K.: „Die Bedeutung von Anreizen in der Ethik", in: HARPES, J.P./KUHLMANN, W. (Hg.): *Zur Relevanz der Diskursethik. Anwendungsprobleme der Diskursethik in Wirtschaft und Politik*, Münster 1997, S. 139-166.

HOMANN, K.: „Normativität angesichts systemischer Sozial- und Denkstrukturen", in: GAERTNER, W. (Hg.): *Wirtschaftsethische Perspektiven* IV, Berlin 1998, S. 17-50.

HOMANN, K./PIES, I.: „Wirtschaftsethik und Gefangenendilemma", in: *Wirtschaftswissenschaftliches Studium* (WiSt) 20, Heft 12 (1991), S. 608-614.

HOMANN, K./PIES, I.: „Liberalismus: Kollektive Entwicklung individueller Freiheit – Zu Programm und Methode einer liberalen Gesellschaftstheorie", in: *Homo Oeconomicus* X, 3/4 (1993), S. 297-347.

HOMANN, K./PIES, I. (1994a): „Wirtschaftsethik in der Moderne: Zur ökonomischen Theorie der Moral", in: *Ethik und Sozialwissenschaften* 5, Heft 1 (1994), S. 3-12.

HOMANN, K./PIES, I. (1994b): „Wie ist Wirtschaftsethik als Wissenschaft möglich? Zur Theoriestrategie einer modernen Wirtschaftsethik", in: *Ethik und Sozialwissenschaften* 5, Heft 1 (1994), S. 94-108.

KLEINFELD, A.: *Persona Oeconomica. Personalität als Ansatz der Unternehmensethik*, Heidelberg 1998.

LUHMANN, N.: „Soziologie der Moral", in: LUHMANN, N./PFÜRTNER, ST.H. (Hg.): *Theorietechnik und Moral*, Frankfurt a.M. 1978.

LUHMANN, N.: „Ethik als Reflexionstheorie der Moral", in: LUHMANN, N.: *Gesellschaftsstruktur und Semantik. Studien zur Wissenssoziologie der modernen Gesellschaft*, Band 3 (1989), S. 358-447.

LUHMANN, N.: *Paradigm lost: Über die ethische Reflexion der Moral*, Frankfurt a.M. 1990.

LUHMANN, N.: *Die Gesellschaft der Gesellschaft*, 2 Bände, Frankfurt a.M. 1997.

MAYNTZ, R.: „Rationalität in sozialwissenschaftlicher Perspektive", in: *Lectiones Jenensis*, Heft 18, Jena 1999.

PIES, I.: *Normative Institutionenökonomik. Zur Rationalisierung des politischen Liberalismus*, Tübingen 1993.

PIES, I.: „Theologische Sozialethik und ökonomische Theorie der Moral: Ein Verständigungsversuch", in: AUFDERHEIDE, D./DABROWSKI, M. (Hg.): *Wirtschaftsethik und Moralökonomik*, Berlin 1997, S. 183-195.

PIES, I. (1998a): „Theoretische Grundlagen demokratischer Wirtschafts- und Gesellschaftspolitik – der Beitrag Gary Beckers", in: PIES, I./LESCHKE, M. (Hg.): *Gary Beckers ökonomischer Imperialismus*, Tübingen 1998, S. 1-29.

PIES, I. (1998b): „Ökonomischer Ansatz und Normativität: Zum wertfreien Umgang mit Werten", in: PIES, I./LESCHKE, M. (Hg.): *Gary Beckers ökonomischer Imperialismus*, Tübingen 1998, S. 107-135.

PIES, I.: *Ordnungspolitik in der Demokratie. Ein ökonomischer Ansatz diskursiver Politikberatung*, unveröffentlichte Habilitationsschrift, Westfälische Wilhelms-Universität Münster 1999.

PIES, I.: „Wirtschaftsethik als ökonomische Theorie der Moral – Zur fundamentalen Bedeutung der Anreizanalyse für ein modernes Ethikparadigma", in: GAERTNER, W. (Hg.): *Wirtschaftsethische Perspektiven* V, Berlin 2000.

TULLOCK, G.: „Adam Smith and the Prisoners' Dilemma", in: *Quarterly Journal of Economics* 100, Supplement (1985), S. 1073-1081.

WIELAND, J.: *Die Ethik der Governance*, Marburg 1999.

# Verzeichnis der Autoren

PROF. DR. PHIL. CHRISTOPH HUBIG
ist Ordinarius für Philosophie (Wissenschaftstheorie und Technikphiloso-
phie) sowie Prorektor Struktur/Controlling der Universität Stuttgart. Er ist
Vorsitzender des Bereichs „Mensch und Technik" des VDI sowie Spre-
cher des Alcatel SEL-Stiftungskollegs an der Universität Stuttgart.

DR. HABIL. MATTHIAS KETTNER
ist Privatdozent für Philosophie an der Universität Frankfurt/Main und am
Wissenschaftszentrum NRW, Kulturwissenschaftliches Institut Essen,
sowie Leiter eines Forschungsprojekts zur angewandten Ethik. Deutscher
Idealismus, Medienphilosophie und die universalpragmatischen Diskurs-
theorien sind seine philosophischen Arbeitsschwerpunkte, Methodenprob-
leme der Psychoanalyse und der kognitiven Verhaltenstherapie seine psy-
chologischen. Mitglied mehrerer Studiengruppen; diverse Veröffentli-
chungen.

DR. MATTHIAS MARING
ist Privatdozent am Institut für Philosophie an der Universität Karlsruhe
(TH). Seine Hauptarbeitsgebiete sind Wirtschaftsethik, Technikphiloso-
phie und Technikethik. Zu diesen Bereichen hat er zahlreiche Aufsätze
veröffentlicht und Sammelbände herausgeben; die Habilitationsschrift
„Kollektive und korporative Verantwortung" ist in Vorbereitung.

DR. HABIL. INGO PIES
ist Privatdozent am Institut für Verkehrswissenschaft der Universität
Münster, Mitherausgeber der Schriftenreihe „Konzepte der Gesellschaftstheorie" und Autor diverser Buchveröffentlichungen. Forschungsschwer-
punkte: Institutionenökonomik, Wirtschafts- und Unternehmensethik,
Theorie wissenschaftlicher Politikberatung.

PROF. DR. BIRGER P. PRIDDAT
ist Inhaber des Lehrstuhls für Volkswirtschaft und Philosophie an der Fa-
kultät für Wirtschaftswissenschaft der Universität Witten/Herdecke. For-
schungsschwerpunkte: Institutional economics, Economics, epistemics &
culture, Fragen der Ethik/Ökonomie-Relation, New governance (New political economics), Theoriegeschichte der Ökonomie.

# VERZEICHNIS DER AUTOREN

PROF. DR. GOTTFRIED SEEBASS

ist Inhaber des Lehrstuhls für Praktische Philosophie an der Universität Konstanz. Seine hauptsächlichen Arbeitsgebiete sind Handlungs- und Motivationstheorie, Theorien der Freiheit, Rechtsphilosophie und Sprachphilosophie. Verschiedene Buchpublikationen; in Vorbereitung ist eine Monographie zum Thema „Freiheit und Determinismus".

PROF. DR. HABIL. JOSEF WIELAND

ist Professor für Allgemeine BWL mit Schwerpunkt Wirtschafts- und Unternehmensethik an der FH Konstanz sowie Direktor des Konstanz Institut für WerteManagement (KIeM) und Wissenschaftlicher Direktor des Zentrum für Wirtschaftsethik gGmbH (ZfW). Arbeitsschwerpunkte: Neue Institutionen- und Organisationsökonomik, Empirische Gerechtigkeitsforschung, Ökonomische Theoriegeschichte, Wirtschafts- und Unternehmensethik.

MIX
Papier aus verantwortungsvollen Quellen
Paper from responsible sources
FSC® C105338
FSC
www.fsc.org

Printed by Books on Demand, Germany